Gwŷr Llên Sir Benfro
yn yr Ugeinfed Ganri

EIRWYN GEORGE

Gwasg
Gwynedd

Argraffiad cyntaf — 2001

© Eirwyn George 2001

ISBN 0 86074 172 9

Cyhoeddwyd ac argraffwyd
gan Wasg Gwynedd, Caernarfon

Cynnwys

Rhagair

Pleser o'r mwyaf oedd mynd ati i ysgrifennu hanes rhai o wŷr llên Sir Benfro yn yr ugeinfed ganrif. Beirdd ac ysgrifenwyr rhyddiaith a aned yn y sir sydd wedi hawlio eu lle yn y gyfrol hon. Cyflwyno'r awduron ar ffurf sylwadau bywgraffyddol, dilyn trywydd rhai o'r prif themâu yn eu gweithiau, a mynd i'r afael â dadansoddi ambell gerdd neu ddarn o ryddiaith oedd nod a phwrpas yr ysgrifau. Y mae'r pwyslais ar ddehongli a gwerthfawrogi, a bwrw golwg ar gynnyrch rhai awduron na chawsant sylw o'r blaen mewn ysgrif neu draethawd yn ymdrin â llenyddiaeth Gymraeg. Dylwn ddweud hefyd mai gweithiau awduron *llenyddiaeth greadigol* yn unig a drafodir. Y mae'r hanesydd, yr addasydd a'r ysgolhaig yn perthyn i faes gwahanol.

Mae'n rhaid imi ddweud mai edmygedd o lenorion Sir Benfro oedd y cymhelliad y tu ôl i'r ysgrifennu. Ni ellir, wrth gwrs, o fewn cwmpas un gyfrol ond codi cwr y llen ar gynnyrch rhai awduron sy'n haeddu trafodaeth lawn a manwl ar eu gweithiau. Agor cil y drws oedd y bwriad gan obeithio codi awydd ar y darllenydd i fynd ati i chwilio'n fanylach ac i gloddio'n ddyfnach yn nhraddodiad llenyddol y rhan hon o Gymru. Mae'r maes yn eang ac yn ddiddorol.

Diolchaf i'r awduron, Llyfrgell Genedlaethol Cymru a pherthnasau'r awduron ymadawedig am luniau i'w cynnwys yn y gyfrol. Diolch hefyd i Nest Llwyd, Bonni Davies a chwmni E. L. Jones a'i Fab am deipio'r deunydd; ac i Graham Thomas am gynllunio'r map. Yr wyf yr un mor ddyledus i'r Bwrdd Croeso am fenthyg y llun ar gyfer y clawr.

Dymunaf ddiolch yn arbennig i Wasg Gwynedd am gyhoeddi *Gwŷr Llên Sir Benfro* ac am ei glendid a'i gofal arferol wrth ddwyn y gyfrol i olau dydd.

EIRWYN GEORGE

Llandudoch ■

ABERTEIFI ■

■ Cilgerran

Garn Fawr ■
▲

■ Trefdraeth

ABERGWAUN ■
■ Carningli
▲

Afon Nyfer

■ Bwlch-y-groes

Aber-mawr

Afon Gwaun

Foel Drigarn
▲

Y Frenni Fawr
▲

■ Crymych

■ Tre-fin

Cas-mael ■

■ Rehoboth

Foel Eryr
▲

Pentregalar ■

Foel Cwm Cerwyn
▲

■ Tegryn

■ Y Glog

Carn Llidi
▲

Treletert ■

Tufton ■

Mynachlog-ddu ■

■ Llanfyrnach

Tyddewi ■

Porth Clais

Mynydd Plumston
▲

Maenclochog ■

■ Glandŵr

Ynys Dewi

■ Niwgwl

■ Efail-wen
■ Rhydwilym

Cleddau Wen

Cleddau Ddu

Afon Taf

■ Castell y Garn

HWLFFORDD ■

■ Arberth

■ Aberllydan

Ynys Sgomer

■ San Ffraid

■ Amroth

Ynys Skokholm

ABERDAUGLEDDAU ■

■ Angle

■ Doc Penfro

PENFRO ■

DINBYCH-Y-PYSGOD ■

■ Castellmartin

■ Maenorbŷr

Ynys Bŷr

■ Trefydd a phentrefi yn cynnwys
ardaloedd genedigol yr awduron

▲ Rhai o fynyddoedd Sir Benfro

— Priffyrdd

EVAN REES (DYFED)
(1850 – 1923)

Pan own i'n blentyn bach yn byw gyda Nhad a Mam yn Nhyrhyg Isaf arferwn fynd am dro yn awr ac yn y man i ran uchaf y ffarm a elwid gennym Y Cewn a'r Perci Top. Weithiau mentrwn wthio fy nghorff eiddil o dan y wifren bigog ar y clawdd ffin a chrwydro i ben Mynydd Cas-fuwch. Ar gopa'r mynydd roeddwn i'n edrych i lawr ar bentref Casmael. Rwy'n cofio'n dda hefyd amdanaf yn mynd i ben Mynydd Cas-fuwch yn llaw fy nhad ar brynhawn hyfryd o wanwyn. Roedd yntau newydd orffen trwsio'r clawdd ffin ac wedi penderfynu mynd â mi am dro i weld y golygfeydd ysblennydd cyn troi adre i de. Rwy'n cofio amdano'n pwyntio at ffordd y mynydd oedd yn arwain i gyfeiriad Llanychâr ac yn dweud mewn llais cyffrous, 'Fan co ma' Bwlch Wil lle cas Dyfed y bardd ei eni. Fe enillodd Dyfed y Gadair yn

Eisteddfod Ffair y Byd yn America.' A dyna'r tro cyntaf imi glywed sôn am Dyfed. Do, ganed ef ym mwthyn Bwlch Wil ar y ffordd sy'n ymestyn o Gas-mael i gyfeiriad Llanychâr. Yn fuan wedyn symudodd y teulu i dŷ bychan yn dwyn yr enw Pwll y Broga ym mhentre Cas-mael. Saer maen oedd ei dad ac oherwydd prinder gwaith o unrhyw fath yn y gymdogaeth yr adeg honno bu'n rhaid iddo fynd i Sir Forgannwg i hel ei damaid. Ymhen tipyn daeth o hyd i waith sefydlog mewn pwll glo a symudodd y teulu cyfan i Aberdâr. Naw mis oed oedd Dyfed ar y pryd. Rhyw ddwy filltir, fel mae'r frân yn hedfan, oedd rhwng ein cartre ni a man geni bardd Ffair y Byd. Felly, nid yw'n syndod fod Dyfed wedi dod yn un o enwau mawr fy mhlentyndod.

Ar ôl symud i Aberdâr daeth pob math o drallodion ar ben y teulu, ac yn dilyn marwolaeth y tad o ganlyniad i effeithiau damwain yn y pwll, aeth Dyfed ei hun i weithio i'r lofa yn wyth mlwydd oed. Yr oedd hi'n fater o reidrwydd ar y plentyn wythmlwydd i gynorthwyo ei fam a'i ddau frawd hŷn i gynnal y teulu niferus. Fodd bynnag, yr oedd traddodiad llenyddol cryf yng nghymdogaeth Aberdâr a dechreuodd Dyfed a'i frawd hŷn Jonathan (a fabwysiadodd yr enw barddol Nathan Wyn) gystadlu ar farddoniaeth yn eisteddfodau'r fro. Eisteddfodau Alban Hefin ac Alban Elfed oedd prif wyliau llenyddol cylch Aberdâr, ac yn sgîl yr eisteddfodau hyn daeth Dyfed i gysylltiad agos â rhai o feirdd amlycaf ei oes. Bu cymdeithasu â phobl fel Llew Llwyfo, Islwyn a Chaledfryn yn gyffaeliad mawr iddo yn y cyfnod hwn. Yr oedd Dyfed yn datblygu'n fardd medrus ac o dan gyfarwyddyd William Morgan (Y Bardd) dysgodd y cynganeddion yn drwyadl. Ond daeth tro ar fyd. Yn dilyn marwolaeth ei fam, a rhyw anghydweld rhyngddo ef ac un o swyddogion y pwll glo, cododd Dyfed ei bac a symud i Gaerdydd. Cafodd waith yn y dociau ac yn ddiweddarach fel porter yng ngorsaf y rheilffordd.

Wedi symud i Gaerdydd ymaelododd yn Eglwys y Methodistiaid yn Seion. Perswadiwyd ef gan ei weinidog, Y Parchedig (Dr. ar ôl hynny) J. Morgan Jones, i fynd i'r afael â

phregethu ar y Sul a'i gyflwyno'i hun yn ymgeisydd am y
weinidogaeth. Bu am gyfnod byr yn y coleg yng Nghaerdydd
ac ordeiniwyd ef yn Nhai-bach, Port Talbot yn 1884. Yr oedd
galw mawr am ei wasanaeth fel pregethwr ond gwrthododd
bob galwad i fynd i fugeilio eglwys.

Yr oedd Dyfed hefyd yn deithiwr dihafal. Yr oedd wrth ei
fodd yn mynd am gyfnodau hir o wyliau mewn gwledydd
tramor – Yr Aifft, Unol Daleithiau America, Yr Eidal,
Deheudir Affrica a Gwlad Canaan. Wedi iddo ddychwelyd
roedd galw cyson arno i draddodi darlithoedd ar y lleoedd y
bu'n ymweld â hwy. Yn wir, dywedir ei fod yn darlithio yn
rhywle bron bob nos o'r wythnos yn ystod y gaeaf. Yn ogystal
â hanes ei deithiau mewn gwledydd pell yr oedd ganddo hefyd
ddarlithiau cynhwysfawr ar 'Islwyn', 'Beirdd a Barddoniaeth',
'Pantycelyn', ac 'Ann Griffiths'.

Profodd Dyfed lwyddiant mawr yn y byd eisteddfodol.
Daeth i amlygrwydd fel bardd yn gynnar yn ei yrfa ac enillodd
y Gadair yn y Genedlaethol bedair gwaith: Merthyr 1881 ar
'Cariad', Lerpwl 1884 ar 'Gwilym Hiraethog', Aberhonddu
1889 ar 'Y Beibl Cymraeg', a Merthyr (eto) 1901 ar 'Y
Diwygiwr'. Ond y sicr, uchafbwynt ei orchestion eisteddfodol
oedd ennill y Gadair yn Eisteddfod Ryng-genedlaethol (Ffair
y Byd) Chicago yn 1893 am ei awdl 'Iesu o Nazareth'. Yn
ogystal â'r Gadair derbyniodd £100, medal aur, a darn o dir yn
dâl am ei fuddugoliaeth. Dyrchafwyd Dyfed yn Arch-
dderwydd Cymru yn 1906 a chyflawnodd y swydd hon gydag
urddas a thrylwyredd hyd ei farw yn 1923.

Beth am ansawdd a theithi ei farddoniaeth? Plant eu
cyfnod oedd yr awdlau eisteddfodol. Cynhwysir chwech
ohonynt yn ei ddwy gyfrol *Gwaith Barddonol Dyfed, Cyfrol 1
(1903)*, a *Gwaith Barddonol Dyfed, Cyfrol 2 (1907)*. Awdlau
hirwyntog a di-fflach ydynt. Mae'n wir fod iddynt gynllun
pendant a diamwys ond fe fyddent ar eu hennill yn ddirfawr
o'u tocio. Yr oedd meithder a cheisio dweud popeth oedd yn
berthnasol i'r testun yn un o ragoriaethau pennaf yr awdl yn
ôl safonau beirniadol diwedd y bedwaredd ganrif ar bymtheg

yng Nghymru. Dyma un hir-a-thoddaid o'r awdl 'Cariad' sy'n
enghraifft nodedig o ansawdd ei ganu cynganeddol:

Tydi a roddi dy falm ireiddiol
I'n holl deimladau'n wellhad ymledol;
Rhywiog synhwyrau a doniau dynol,
Fegi'n addfwynaf gyneddfau unol;
Dy gain fywyd gwynfäol – O Gariad!
Ddaw â dylanwad o hedd adlonol.

Na, nid chwilio am bennill gwan a wneuthum, ond dewis darn
sy'n nodweddiadol o'i ddawn. Beth yw ei wendidau? Pentwr o
ansoddeiriau. Defnyddio geiriau marw wedi eu codi o eiriadur
ac ymadroddion haniaethol a diawen. Dyna brif nodweddion
y cyfnod yn ei grynswth. Amheuthun yw dod o hyd i ambell
ddarn trawiadol fel yr englyn i'r Beibl yn ei awdl 'Y Beibl
Cymraeg':

Aur melyn ar ei ymylau – roddir,
    I arwyddo haenau
O aur uwch sydd yn parhau
Yn ei dirion ddyfnderau.

Go brin fod yr ansoddair 'dirion' yn taro deuddeg yn ei gyd-
destun ychwaith. Ond mae'n datblygu'r syniad o werth yn
effeithiol ac yn gofiadwy. Yn wir, ni ellir ond gresynu na
fyddai Dyfed, a oedd yn gynganeddwr meistrolgar wedi ei eni
mewn oes ddiweddarach, ar ôl i farddoniaeth Gymraeg
ymddihatru o'r moesoldebau a fu'n gymaint o lyffethair iddi
ar ddiwedd y bedwaredd ganrif ar bymtheg.

Y mae ei ganu rhydd, efallai, yn fwy croyw, uniongyrchol, a
phersain ei apêl. Eto, y mae'r foeswers yn un o arfau hwylusaf
y bardd. Y mae craffu ar destunau fel, 'Paid mynd i gwrdd â
gofid', 'Chwiliwch yr Ysgrythurau', 'Dywedwch y Gwir',
'Gwell Dysg na Golud', 'Paid Breuddwydio ar Ddi-hun', yn
rhagfynegi'r cynnwys. Testunau sy'n rhybuddio a chynghori'r
darllenydd yw llawer ohonynt. Y mae Dyfed hefyd mewn
darnau fel 'Taro'r Fam' yn hoff o ddyfeisio stori ar ffurf

dameg. Nid gormodiaith ychwaith yw dweud fod y pregethwr
ynddo, weithiau, yn cael yr afael drechaf ar y bardd.

Un o'i ddarnau mwyaf diddorol sy'n perthyn i ddosbarth y
foeswers yw 'Anelu at Ddim, a'i Daro'. Dyma'r ddau bennill
cyntaf:

> Mi welais foneddwr a'i wn ar ei gefn,
>   Yn dringo y mynydd i hela;
> A churodd yr eithin a'r grug yn ddi-drefn,
>   I godi y pryf o'i ymguddfa;
> Ei gi yn y rhedyn gyfarthodd yn gryf,
>   A'r gwn yn yr awyr daranodd;
> Fe gliriodd y mwg, ond ni welwyd y pryf,
>   Anelodd at ddim, ac fe'i t'rawodd.

> Mi welais barablwr, a storm yn ei lwnc,
>   Yn cymell ei hun ar y dyrfa;
> Rhaeadrai ei ddawn, yn ddiystyr o'r pwnc,
>   Fel cenllif cynhyrfus Naiagra;
> Roedd pawb wedi synnu, yn gwrando fel coed
>   Ar ymchwydd di-bwynt ei ymadrodd;
> A chwalodd y dyrfa mor ddwl ag erioed –
>   Anelodd at ddim, ac fe'i t'rawodd.

Credai mewn gonestrwydd ac nid oes yr un amheuaeth nad yr
anghyfiawnderau a brofodd o bryd i'w gilydd a barodd iddo
ysgrifennu darnau dychanol fel 'Trychfilod a Chorgwn'.
Dyma bennill cyntaf y ddychangerdd honno sy'n cynnwys un
ar hugain o benillion:

> Tyrd awen, gyda mi ar newydd hynt,
> Ti elli ganu weithiau'n ddigynghanedd;
> Rho anfarwoldeb ar geiliogod gwynt,
> Heb ofni cyfarthiadau cŵn di-ddannedd;
> Rhaid iti ddisgyn o dy dŵr i lawr,
> A suddo i'r dyfnderoedd fil o raddau;
> Cei weled yno yn y pellter mawr
> Weddillion beirdd, a gollwyd mewn angladdau;

Cei weld ymhonwyr, meinach na drychiolaeth,
O olwg byd yn ymladd am fodolaeth.

Mae ei ddychan yn finiog hefyd yn y gerdd 'Marwnad Dic Siôn Dafydd'. (Enw ar fath arbennig o Gymro diwreiddiau a grewyd gan Jac Glan y Gors yw Dic Siôn Dafydd, a ddaeth yn gymeriad amlwg mewn llenyddiaeth Gymraeg.) Ni allai Dyfed ddygymod â'r Cymry Cymraeg oedd yn troi cefn ar eu treftadaeth er mwyn dilyn ffasiynau Llundain; ac yr oedd gweld Cymro Cymraeg yn gwadu ei iaith a'i Gymreictod er mwyn dod ymlaen yn y byd yn dân ar ei groen bob amser. Ni ellir amau ychwaith nad yw Dyfed yn cyrraedd calon ei ddarllenydd yn ei ganu telynegol. Er iddo gael ei fagwraeth mewn ardal lofaol, a threulio'r rhan helaethaf o'i oes yn nhre Caerdydd, yn ardaloedd cefn gwlad Cymru y mae ei baradwys. Y gwir yw, nid oedd lle i leisiau'r bywyd dinesig a'r fro ddiwydiannol mewn barddoniaeth Gymraeg yn ei gyfnod ef. Goroesiad o'r bedwaredd ganrif ar bymtheg oedd Dyfed ym mhob ystyr.

Y mae dylanwad yr ysgol delynegol a rhamantaidd – cerddi beirdd fel Gwenffrwd, Tegid ac Alun – yn drwm ar ei delynegion. Cerddi yn ymdrin â harddwch a symlrwydd byd natur yw llawer ohonynt. Yn sicr, y mae pynciau fel swyn a thynerwch blodau'r grug mewn lleoedd di-nod, egni anorchfygol y friallen yn treiddio drwy rew Ionawr, a sŵn adar y coed yn deffro'r bore yn bwysig iddo. Cerddi ydynt na ellir eu clymu wrth na lle nac amser.

Nid yw Dyfed ychwaith yn osgoi'r demtasiwn (neu'r ffasiwn) o ddelfrydu'r bwthyn to gwellt. Yn y gerdd 'Tyddyn fy Nhad' y mae'r bardd yn hiraethu am baradwys bore oes ar aelwyd ddiddan lle nad oedd unrhyw gyfoeth materol o fewn cyrraedd y teulu. Y mae gwerthoedd amhrisiadwy ym mywyd tlawd a gwareiddiedig bugeiliaid Hafod y Glyn; a thlodi'r tŷ to gwellt yn esgor ar gymdeithas hapus a chymwynasgar:

Magwyd engyl ar y ddaear,
Mewn bythynnod isel ddôr,
Cyn i ysbryd Mamon anwar

> Gario bryniau dros y môr;
> Cewri iach yr hen amseroedd,
> Cofgolofnau'r bara haidd;
> Pererinion y mynyddoedd,
> Haf a gaeaf gyda'u praidd.

Un o nodweddion y canu rhamantaidd oedd mawrygu'r tlawd a'r difreintiedig.

Gwladgarwch, yn ddiamau, yw un o themâu amlycaf barddoniaeth Dyfed. Yr oedd Cymru Fydd, mudiad yn ymgyrchu dros hunanlywodraeth i Gymru, yn ei anterth rhwng 1886 a 1896, a daeth yr ymwybyddiaeth genedlaethol yn bwnc trafod a myfyrdod i lawer. Y mae'n deg dweud mai yn y cyfnod hwn yr ysgrifennodd Dyfed gerddi gwladgarol eu naws fel 'Y Deffroad', 'Mae Cymru wedi Deffro', 'Gŵyl Dewi', 'Molawd Cymru', 'Cymru Fydd', 'Dysgwch Gymraeg i'ch Plant' a 'Saf i Fyny Dros Dy Wlad'. Yn sicr, dyma lais beiddgar a chyffrous yng Nghymru Oes Victoria:

> Os ydyw Cynlas annwyl yn ei fedd,
> Dysgodd wladgarwch i chwifio'i gledd;
> Profir ei fin yn Senedd Prydain Fawr,
> Meda'n gelynion yn gnwd i lawr;
> Feib diwyro ar eu newydd hynt,
> Teilwng o wehelyth y tadau gynt;
> Gobaith gwerin, blaenffrwyth Cymru Fydd,
> Ernes o gynhaeaf mewn gloywach dydd.

Nid culni plwyfol o unrhyw fath oedd wrth wraidd canu gwladgarol Dyfed. Ychydig o feirdd Cymru oedd wedi teithio gymaint ag ef mewn gwledydd tramor. Efallai mai oherwydd iddo weld cymaint o'r byd y daeth i garu Cymru mor angerddol. Yn wir, daeth rhai o'i ganeuon – 'Hen Gloddiau fy Ngwlad', 'Hen Wlad yr Alawon', 'Bryniau Aur fy Ngwlad', 'O Hen Walia Fendigaid', a 'Cenwch Gerddi Cymru', yn ffefrynnau mawr yn eu dydd.

Er gwaethaf y ddelwedd o Gymru Brydeinig Oes Victoria, a'r gred ddiwyro mewn cynnydd a llwyddiant, yr oedd Dyfed

yn Gymro i'r carn. Un o'i brif ragoriaethau fel bardd oedd ei
allu i ddewis mesur addas i'w gyfrwng. Y mae'r amrywiaeth
mydrau a geir yn ei gerddi rhydd yn anhygoel. Dim ond
bardd sy'n feistr ar ei ddull o ddweud a fedrai ystumio
llinellau ei benillion i gyfleu sioncrwydd, tristwch, gorfoledd,
myfyrdod a hiraeth yn ôl y galw. Gwelir ei ddawn i amrywio'i
fydrau'n effeithiol yn ei rieingerdd 'Ardudfyl' hefyd – y mae'n
newid ei fesur un ar bymtheg o weithiau wrth adrodd y stori
ramantus am Ardudfyl, y ferch o blas Cryngae ar lannau Teifi,
yn syrthio mewn cariad â Dafydd ap Gwilym, y bardd o fro
Gynin. Nid mympwy na hap a damwain yw'r dewis o fesur ym
marddoniaeth Dyfed.

Y mae llawer o'i ganeuon hefyd wedi eu gosod ar geinciau
adnabyddus. Onid oedd Ceiriog wedi poblogeiddio'r canu
cyngerdd yn y bedwaredd ganrif ar bymtheg? Cofiwn hefyd
fod Dyfed yn un o gyfoeswyr Mynyddog a Samuel Roberts a
fu fyw mewn oes pan oedd barddoniaeth yn perthyn i fyd y
gân.

Ei gamp fwyaf fel bardd, efallai, oedd ei awdl 'Iesu o
Nazareth'. Pan gyhoeddwyd Rhestr Testunau Eisteddfod Ffair
y Byd, 1893, yr oedd rhyddid i'r beirdd ganu tair mil o
linellau yng nghystadleuaeth yr awdl. Cwynodd rhai o'r
ymgeiswyr a'r canlyniad fu newid y rheolau i ofyn am awdl
heb fod dros ddwy fil o linellau. Cafodd Dyfed destun wrth
fodd ei galon a chwynodd yn arw am y newid. Dywed yn ei
ragair i'r awdl fuddugol 'O'm rhan fy hun buasai'n well
gennyf ganu pedair mil na dwy. Yr oeddwn wedi tynnu
cynllun eang i mi fy hun, cyn i'r terfynau gael eu newid, ac
wedi cyfansoddi cannoedd lawer o linellau y bu yn rhaid imi
eu bwrw allan.'

Ni ellir amau ei ddidwylledd. Ond yn sicr, fe fyddai'r awdl
hon eto ar ei hennill pe bai'r bardd wedi mynd ati i chwynnu
rhai o'r darnau gwannaf. Y mae iddi gynllun manwl yn
dechrau gyda'r ymgnawdoliad ac ymddangosiad y Creawdwr
yng ngwisg baban, a gorffen gyda'r Iesu ar y Groes. Gwelir,
felly, fod yma ymgais i roi portread cyflawn o fywyd a
gweithredoedd y Crist Croeshoeliedig yng ngoleuni'r Efengyl.

Y mae rhai o ddarnau disgleiriaf yr awdl yn gafael. Dywed am Judas:

> Ysig loes i'r Iesu glân – ddyfeisiodd
> Â'i wefusau aflan;
> Gwiriodd dwyll, a gyrrodd dân
> Ei ddygasedd i'w gusan.

Y mae grym yn y disgrifiad o'r greadigaeth yn gwegian wedi i'r Iesu farw ar y Groes:

> Y moelydd yn ymwelwi – a meini'r
> Mynydd yn gwallgofi;
> A gewynol glogwyni – yn nhryblith
> Cawodau melltith yn cyd-ymhollti.

a'r cwpled ysgytwol hwn:

> Tawel iawn oedd telynau – angylion
> A sŵn yr hoelion yn synnu'r heuliau.

Y mae angerdd ac ing personol i'w deimlo yng ngeiriau Crist ar y Groes hefyd:

> O! fy Nuw! paham fy Nhad – ydwyt fud
> At dy Fab amddifad?
> A oerodd gwres dy gariad
> Yn hir ystorm fy nhristâd?

Ond efallai iddo fod ar ei orau yn rhai o'i ddarnau ymson:

> Os yw dy holl groesau di – O! f'enaid,
> Yn finiog, anghofi
> Y poen eilwaith, pan weli
> Glwyfo'r Oen ar Galfari.

Do, bu 'Iesu o Nazareth' yn gloddfa gyfoethog i bregethwyr o bob enwad.

Ond fel emynydd y cofir am Dyfed yn bennaf. Cyhoeddwyd casgliad swmpus o'i emynau yn y gyfrol *Emynau Dyfed* wedi ei golygu gan Ap Nathan yn 1924. Afraid dywedyd fod graen ar y mynegiant a dyfnder defosiwn yn y dweud bob amser. Yr

oedd Dyfed wedi ymdrwytho yng ngwaith yr emynwyr mawr
– Pantycelyn ac Ann Griffiths yn fwyaf arbennig. Weithiau, y
mae nodyn personol cryf i'w deimlo yn ei emynau fel yn yr
emyn 'Pen Calfaria' a ysgrifennwyd yn ystod cyfnod o
waeledd:

> I Galfaria trof fy wyneb,
> Ar Galfaria gwyn fy myd,
> Y mae gras ac anfarwoldeb
> Yn diferu drosto i gyd;
>   Pen Calfaria
> Yno f'enaid gwna dy nyth.

Profodd Dyfed rym Diwygiad 1904 a ffrwyth eirias y diwygiad
hwnnw yw rhai o'i emynau dyfnaf:

> Pe gwelwn y ddaear ar dân,
>   Wyf ddiogel yng nghwmni fy Nuw;
> A byth ni ddistewir fy nghân,
>   Mi wn fod fy Mhrynwr yn fyw.

Er i Dyfed fyw drwy flynyddoedd y Rhyfel Byd 1914-18 ni
thaniwyd ei awen gan waed y ffosydd. Yn wir, yn ei emynau y
bu iddo ymateb yn ddwys i gyflwr truenus dyn ar y ddaear yn
ystod blynyddoedd cythryblus y Rhyfel Mawr:

> Mae lluoedd byd yn awr
>   Yn gorwedd yn eu gwaed;
> O! tyred, Iesu Mawr,
>   I'w codi ar eu traed;
> Er mwyn y gwaed a gollaist Ti,
> Dywysog heddwch, gwrando'n cri.

Pan oedd gorseddau'r byd yn chwalu'n sarn a gobeithion ar
chwâl yn y gwynt canodd Dyfed am y pethau tragwyddol nas
ysgytwir gan weithredoedd dynion:

> Ysgydwed sylfeini'r mynyddoedd,
>   A llamed y bryniau i'r môr,
> Diffodded yr haul yn y nefoedd,

Ni siglir addewid fy Iôr;
Uwchlaw y rhyferthwy'n ddihangol
Caf yno anadlu yn rhydd;
O danaf, y breichiau tragwyddol
Yn cynnal fy enaid a fydd.

Ond er sicred ei afael ar y grefft, o'i ddefnydd o eiriau angerddol a chanadwy, efallai mai yn ei ddiwinyddiaeth eang y mae cryfder Dyfed fel emynydd. Diwinyddiaeth y galon ydyw ac nid diwinyddiaeth y pen. Un o'i emynau mwyaf cofiadwy yw 'Diolch Iddo', emyn sy'n gyfuniad o ddyfnder diwinyddol a gloywder mynegiant. Bodlonwn ar ddyfynnu'r pennill cyntaf:

Arnom gweina Dwyfol Un
  Heb ei ofyn;
Mae ei ras fel Ef ei hun
  Yn ddiderfyn;
Blodau'r maes ac adar nef
  Gedwir ganddo;
Ond ar ddyn mae'i gariad Ef;
  Diolch iddo.

Ar ôl dadorchuddio'r gofeb yng Nghas-mael ar brynhawn oer ym mis Mai 1985 a gwrando ar Gôr Crymych o dan arweiniad D. J. Lewis yn canu rhai o'i brif emynau yn Neuadd yr Ysgol ni ellir peidio â theimlo mai fel emynydd o'r radd flaenaf y bydd Dyfed byw yng nghalon ei genedl. Y mae ei emynau yn gyfraniad arhosol.

Llyfryddiaeth

Dyfed, *Gwlad yr Addewid a Iesu o Nazareth*, Caernarfon, 1894.
  Gwaith Barddonol Dyfed, Cyf. 1. Caerdydd, 1903.
  Gwaith Barddonol Dyfed, Cyf. 2. Caerdydd, 1907.
Ap Nathan, *Emynau Dyfed*, Gwrecsam, 1924.
Beti Rhys, *Dyfed*, Dinbych, 1984.

T. E. NICHOLAS
(1879 – 1971)

C ymeriad urddasol ei osgo a garw ei lais oedd T. E. Nicholas. Fe'i gwelais am y tro cyntaf yn ffermdy Dyffryn Mawr ar gyrion pentre Crymych yn annerch Cymdeithas Fforddolion Dyfed ar ddechrau'r chwedegau. Roedd ei gyfrol olaf *Rwy'n Gweld o Bell* newydd ddod o'r wasg ac yr oedd ganddo lond bocs o lyfrau i'w gwerthu i'r gwrandawyr. Cofiaf amdano'n dweud ar ddechrau'r ddarlith iddo gael ei eni ar noson stormus iawn ym mis Hydref 1879. Yn ôl awgrym y darlithydd dewisodd ddilyn y storm (neu'r storm yn ei ddilyn yntau) am weddill ei oes.

Fe'i ganed yn Y Llety, Pentregalar, yn fab i Dafydd a Bet Nicholas; adeilad sydd bellach wedi mynd â'i ben iddo. Symudodd y teulu i Frynceirios, ryw filltir i lawr y ffordd yn ddiweddarach. Roedd y rebel yn gryf ynddo o'r cychwyn cyntaf. Ffieiddiai'r addysg Saesneg yn Ysgol Hermon a

pharhaodd i gasáu'r gyfundrefn addysg hyd ei farw. Bu'n
gweithio am gyfnod fel negesydd yn Nhafarn y Swan.
Dyma'r adeg yr ysgrifennodd gân yn ymwneud ag offeiriad plwyf
Eglwys-wen; ac oherwydd cynnwys y gân honno y bu'n rhaid
iddo adael yr ardal!
Troes T. E. Nicholas ei fryd tua'r weinidogaeth. Cafodd ei
addysgu yn Academi'r Gwynfryn yn Rhydaman wrth draed
Watcyn Wyn a Gwili. Ordeiniwyd ef yn weinidog gyda'r
Annibynwyr yn Llandeilo; a bu am flwyddyn yn gwasanaethu
yn y Weinidogaeth Gynulleidfaol yn Dodgeville, U.D.A. Yn
1904 derbyniodd alwad i fugeilio eglwys Annibynnol y Glais
yng Nghwm Tawe, gweinidogaeth a barodd am ddeng
mlynedd. Yn ystod y cyfnod hwn y daeth i amlygrwydd fel
bardd y werin a phroffwyd y Blaid Lafur Annibynnol yng
Nghymru. Ysgrifennodd yn helaeth i'r wasg Gymraeg ac
adwaenid ef gan amlaf fel Niclas y Glais. Bu'n weinidog yn
Llangybi a Llanddewibrefi yn Sir Aberteifi o 1914 hyd 1918.
    Ef, yn anad neb arall, oedd lladmerydd Cymraeg y
chwyldro sosialaidd yn Ne Cymru. Daeth yn un o gyfeillion
agos Keir Hardie. Nid oedd pall ar ei weithgarwch. Bu'n
ysgrifennu'n gyson i'r papurau newydd yn condemnio rhyfel
a thrais, ac yn annerch ar lwyfannau politicaidd ar hyd a lled
y wlad. Roedd yn heddychwr digymrodedd a daliai ar bob
cyfle i ladd ar y frenhiniaeth a'r cyfalafwyr. Aeth ati i
ysgrifennu colofn Gymraeg yn y *Merthyr Pioneer.* Roedd min
ar ei leferydd; a bu'r golofn hon yn gyfrwng parhaus i gorddi'r
dyfroedd gwleidyddol yn Ne Cymru. Daeth i amlygrwydd
mawr fel gwrthwynebydd cydwybodol ar ddechrau'r Rhyfel
Byd a bu'n rhaid iddo ddioddef sen a gwaradwydd llawer o'i
gyd-Gymry (a'i gyd-weinidogion hefyd) oherwydd ei
ddaliadau gwrth-filitaraidd. Pan ddaeth y Rhyfel i ben yn
1918, T. E. Nicholas a ddewiswyd gan y Blaid Lafur
Annibynnol i ymladd hen sedd Keir Hardie yn etholaeth
Aberdâr.
    Wedi diwedd y Rhyfel dysgodd ef a'i briod grefft
deintyddion a sefydlu practis ym Mhontardawe. Symudodd i
Aberystwyth yn fuan wedyn a bu'r hen rebel gwleidyddol yn

ddeintydd yn y dref honno hyd ei farw yn 1971. (Rwy'n cofio amdano'n dweud wrthyf unwaith mai ei nod fel deintydd oedd ceisio tynnu dant heb achosi llawer o boen i'w gwsmer. Maentumiai hefyd mai ei nod fel bardd oedd ceisio dweud y gwir heb frifo pobl yn ormodol). Ni ellir peidio â dod i'r casgliad ychwaith nad yr erlid diddiwedd a gafodd gan yr heddlu, a'r condemnio diarbed a fu arno gan ei wrthwynebwyr gwleidyddol a chrefyddol am iddo siarad yn erbyn y Rhyfel, a barodd iddo roi'r gorau i'r weinidogaeth lawn amser. Ond daliodd i bregethu bron bob Sul hyd ddiwedd ei oes.

Un o drobwyntiau mawr ei fywyd oedd ymuno â'r Blaid Gomiwnyddol yn 1920. Cafodd y Chwyldro Mawr yn Rwsia yn 1917 effaith ddofn ar ei syniadau gwleidyddol. Ffurfiodd ei weledigaeth ei hun o'r ddelwedd Gomiwnyddol a llwyddodd hefyd i gyfuno Marcsiaeth a Christionogaeth yn yr un gorlan! Troes yn un o broffwydi tanbeitiaf y Blaid Gomiwnyddol yng Nghymru. Roedd yn edmygydd mawr o Rwsia a dywedir iddo rhwng 1917 a 1945 draddodi dros fil o ddarlithoedd ar yr Undeb Sofietaidd yn unig.

Daliodd i fod yn heddychwr cadarn yn ystod yr Ail Ryfel Byd hefyd. Ni allai beidio â phrotestio yn erbyn erchyllterau'r ymladd mewn gair a gweithred. Cafodd ei ddrwgdybio o fod yn bleidiol i'r gelyn a thaflwyd ef a'i fab Islwyn i garchardai Abertawe a Brixton. Yn ystod ei arhosiad yn y carchar fe ysgrifennodd 283 o sonedau (y rhan fwyaf ohonynt yn condemnio'r rhyfel) ac fe'u cyhoeddwyd mewn dwy gyfrol yn ddiweddarach. Cafodd y ddau eu traed yn rhydd ymhen deufis heb i'r awdurdodau ddwyn yr un cyhuddiad yn eu herbyn.

Fel bardd, daeth T. E. Nicholas â llais newydd i farddoniaeth ei gyfnod. Cyhoeddodd bedair cyfrol o gerddi yn ystod ei arhosiad yn y Glais. Gwadodd y canu rhamantaidd a'r ymhyfrydu mewn byd natur yn gyfan gwbl. Byd dynion oedd anadl einioes ei farddoniaeth ef. Dyma ddyfyniad o un o'i gerddi cynnar sy'n dwyn y teitl 'Hiraeth am Forgannwg':

Sŵn y dyrfa wyf yn hoffi,
Murmur yr ystrydoedd llawn;
Ym Morgannwg gyda dynion
Y byddwn byw o hyd pe cawn.

Dyma nodyn dieithr ac anghonfensiynol yn y dyddiau pan oedd beirdd fel R. Williams Parry a W. J. Gruffydd wedi gorseddu'r bardd mewn tŵr ifori; a thelynegion pruddglwyfus Ceiriog ac Eifion Wyn yn ffefrynnau mawr gan ddarllenwyr cerdd dafod.

Ond fel bardd y werin bobl y dymunai T. E. Nicholas gael ei gydnabod. Roedd yn gas ganddo farddoniaeth astrus a chymhleth. Eglurder ac uniongyrchedd mynegiant oedd un o brif nodweddion ei ganu. Dywedodd unwaith 'Does dim ots gen i os nad yw'r ysgolheigion yn hoffi fy ngwaith. Yr hyn sy'n bwysig i mi yw bod y werin yn deall fy marddoniaeth.'

Mae'n wir iddo ddechrau ymhel â'r awen mewn cyfnod pan oedd bri mawr ar ddelfrydu'r gweithiwr cyffredin mewn barddoniaeth Gymraeg. Ond nid darlun delfrydol a welai Niclas yn y cymoedd diwydiannol na'r ardaloedd cefn gwlad ychwaith. Plant y gorthrwm oedd y werin ym mhob cwr o Gymru, yn gaeth i ormes y meistri a'r cyfalafwyr:

Plant y gorthrwm ydym ninnau,
Plant y nos a'r cystudd mawr...

Daliodd i godi ei lais dros y gorthrymedig drwy gydol ei oes hirfaith:

Cydiwyd mewn maes a mynydd
Gan dwyll ac ysbail a rhaib,
A gadael y tlawd heb erw o dir,
Heb offer ond rhaw a chaib.

Eto, y werin bobl yw asgwrn cefn pob cymdogaeth. Hwy sy'n cynnal bywyd yn ei amryfal agweddau. Un o'i gerddi hir pwysicaf yw 'Gweriniaeth a Rhyfel' (1916). Cerdd ar fesur penrhydd yn null Whitman. Cerdd ydyw sy'n gorseddu gweriniaeth ym mhob oes; ac y mae iddi lefaru cignoeth a chyfochredd gyhyrog mewn mannau:

> Myfi yw Gweriniaeth.
> Bûm am ganrifoedd yn adeiladu tai ac yn trin y meysydd.
> Plennais goed a chloddiais ffynhonnau; codais demlau
> a chartrefi; tynnais y grug o'r tir, a llenwais y
> dyffrynnoedd â gwenith; fy nwylaw fu yn trin
> y perthi ac yn cloddio'r ffosydd...
> Myfi yw Gweriniaeth, ac yr wyf yn hollalluog.

Y mae i'r gerdd rychwant eang yn dyrchafu'r gweithwyr mewn pob math o amgylchiadau; ac mae'n amheus gennyf a gafodd y werin y fath ddwyfoliad erioed mewn llenyddiaeth Gymraeg. Gwnaeth gymwynas â'i ddarllenwyr hefyd drwy gyfieithu pryddest Edwin Markham, 'The Man with the Hoe' i'r Gymraeg. Cerdd ydyw sy'n ymdrin â safle israddol y gweithiwr a cherdd sy'n adlewyrchu llawer o syniadau T. E. Nicholas ei hun.

Ond heddychwr oedd T. E. Nicholas uwchlaw popeth. Y mae min ar ei ddychan wrth annerch y milwyr sy'n ymateb i wŷs y gad ar ddechrau'r Rhyfel Byd Cyntaf:

> Rhoddwch eich hunain i'ch darnio,
>   I'ch sathru dan draed y meirch,
> Rhoddwch eich hunain i fawrion byd
>   I farw yn ddewr ar eu heirch;
> Rhoddwch eich hunain i'r fagnel,
>   Rhoddwch eich hunain i'r cledd,
> Cofiwch am unwaith hawliau eich gwlad,
>   A pheidiwch â sôn am hedd.

Taranu yn erbyn y lladd a'r dinistrio oedd un o nodau amlycaf ei awen drwy gydol y ddau Ryfel Byd. Gwnaeth hynny hefyd pan oedd lleisio barn o'r fath yn costio'n ddrud iddo. Roedd Niclas yn hyrwyddwr propaganda heb ei ail a chyfansoddodd lawer o benillion i'w canu ar donau poblogaidd. Dywed yn 'Nadolig Arall':

Cyfartha corgwn rhyfel gylch fy sodlau,
Ond sefyll wnaf yn gryf dan faner hedd...

Sefyll a wnaeth hefyd mewn storm a hindda. Yr un safiad diwyro a fynegir yn 'Y Gwrthwynebwr Cydwybodol':

Ni phlygaf byth: gall deddfau daear ofyn,
A llywodraethwyr ddeddfu nos a dydd...

Troes ei eiriau yn weithredoedd.

Lluniodd hefyd, o bryd i'w gilydd, nifer o gerddi baledol eu naws yn rhybuddio'r darllenwyr o dwyll a rhagrith y llywodraeth a'r cadfridogion sy'n annog y bechgyn i ymuno â'r rhengoedd er mwyn sicrhau tecach dydd. Yn 'Gwlad Deilwng o Wroniaid' mae'n adrodd stori gyffrous am dad i ddau o blant yn ateb yr alwad i wasanaethu yn y Lluoedd Arfog adeg y Rhyfel Byd Cyntaf. Mae'n dychwelyd yn ddall ar ddiwedd y brwydro i dreulio gweddill ei oes yn ffaeledig a digalon. Eto, ar ddechrau'r Ail Ryfel Byd, mae'r mab, (wedi ei swyno gan bropaganda'r rhyfelwyr), yn ateb yr un alwad i ymladd dros ei wlad. Twyll y seneddwyr sy'n ennill y dydd.

Efallai fod yna ddwy nodwedd wrthgyferbyniol yng nghanu rhyfel T. E. Nicholas. Y mae ei ddychan yn gryf mewn cerddi fel 'Bomio Tokio' pan roddwyd gorchymyn i'r awyrlu beidio â bomio plas yr Ymerawdwr:

Peidiwch â'i fomio, fechgyn,
Hen genau â'i ddwylo'n waed...

Ond, weithiau, mae'n taro ar nodyn disgrifiadol a theimladwy. Adeg bomio Abertawe yn ystod yr Ail Ryfel Byd aeth plentyn pumlwydd ar goll yn yr adfeilion:

A Phero'n dychwel wedi chwilio'r dref,
A llaw'r un annwyl rhwng ei ddannedd ef.

Gŵyr y ffordd yn iawn i galon ei ddarllenwyr.
Yr oedd y frenhiniaeth bob amser yn dân ar ei groen. Gwelai'r sofraniaeth fel symbol o'r gallu eithaf i chwalu

delfrydau'r werin. Yr oedd y brenin hefyd yn cynrychioli'r
llywodraeth yn ei phenderfyniadau rhyfel:

> Y brenin o fewn ei balas,
> A'r miloedd yn marw draw...

Ond beth yw tynged y dewrion a adawyd yn gelain yn y
ffosydd? Byrhoedlog yw eu clod hwythau. Dywed yn 'Wedi'r
Frwydr':

> Mae'r gwaed ar y gruddiau'n oer,
> Oer fel y llafn yn eu llaw;
> Ac nid oes brenin a'u harddel hwy
> Bellach ond Brenin Braw!

Y mae ei ddychan ar y frenhiniaeth yn finiog hefyd yn y soned
'Dydd Coroni':

> Darfu y ffair ynfyta' a fu erioed,
> A daeth gwallgofrwydd gwlad i'w gyflawn oed.

Yr un yw ei safbwynt ar ddiwedd ei oes. Y mae James
Nicholas yn ei gyfrol *Pan Oeddwn Grwt Diniwed yn y Wlad* yn
dyfynnu ei soned 'Syrcas Caernarfon 1969' yn llawn. Hyd y
gwyddys hon yw'r gerdd olaf i Niclas ei hysgrifennu.
Gwrthodwyd hi gan olygydd y *Tivy Side* ar drothwy Arwisgiad
y Tywysog Siarl. Y mae ei ddychan mor finiog ag erioed wrth
ddisgrifio'r sioe yng Nghaernarfon:

> Yng nghymanfa gwallgofiaid cyhoeddaf yn groch
> Fod ystafelloedd y Castell yn dylcau moch.

Dyma brotest olaf yr hen rebel 90 oed yn erbyn gwegi'r
frenhiniaeth.

Gwelai'r offeiriaid a'r gyfundrefn eglwysig hefyd yn gefn i
gyfalafiaeth a thywallt gwaed. Onid:

> Milwriaeth ac Offeiriadaeth
> Fu'n llunio yr hoelion a'r groes...

meddai yn ei gerdd 'Croeshoelio'r Crist'; ac y mae ei lach yr
un mor feiddgar ac uniongyrchol yn ei soned ' Yr Offeiriad':

> Pan welwyf yr offeiriad yn ymgroesi
> A phlygu ei ben o flaen y delwau mud,
> Ac wedi ei bregeth fasw yn arloesi
> Llwybrau di-drefn i deyrnas twyll a hud,
> Chwarddaf yn wyneb ei gelwyddau ebrwydd
> A throi tuag ato saethau sen a gwawd...

Ond y mae'n cyrraedd anterth ei ymosodiad ar ragrith yr
offeiriad yn 'Yr Ail-Groeshoelio'. Dyma un o'r cerddi mwyaf
beiddgar a deifiol a ddaeth o'i law erioed.
    Y mae gormes cyfalafiaeth ar weithwyr Cymru yn ddraenen
yn ei ystlys. Y mae cyfalafiaeth a rhyfel hefyd yn mynd law yn
llaw yn ei hymgais i dwyllo'r werin dlawd a dwyn elw i
goffrau'r cyfoethogion:

> Bydded Cyfalaf! A bu gwaed a dagrau
> A bomiau dur ar feysydd gwlad a thref...

meddai yn un o sonedau'r carchar. Ond nid ar adeg rhyfel yn
unig y cwyd mamon ei ben. Y mae ei effaith yn fawr ar yr
ardaloedd diwydiannol ym mhob tywydd. Ef yw'r diafol sy'n
difa glendid byd natur a throi bywyd y gweithiwr cyffredin yn
uffern ar y ddaear:

> Melltith cyfalaf ar y gwellt a'r blagur,
> Ac anadl angau'n felyn ar y cae...

Y trachwant am gyfoeth yw'r ddinas distryw yn y byd sydd
ohoni!
    Eto, er gwaethaf y cyni a'r rhwystredigaeth sy'n caethiwo
dyn ar y ddaear, bardd gobaith yw T. E. Nicholas. Ni
pheidiodd erioed â bod yn optimistig. Ffydd yn y ddynoliaeth
a gallu'r werin bobl i ennill y dydd yn y pen draw yw byrdwn
ei genadwri. Dywed yn 'Rwy'n Gweld o Bell':

Pethau dros dro yw tlodi a brenhinoedd,
Tristwch, gorthrymder dyn ar ddyn, a chad;
Gwelaf o bell fyddinoedd y gwerinoedd
Yn gyrru'r treiswyr allan o bob gwlad.

Er gwaethaf pob siomedigaeth ac anfri a ddioddefodd yn bersonol, y mae ei ffydd yn ddiysgog:

Mi a gerddaf gam yn nes, er llid treialon,
I drothwy gwynfyd dyn a newydd oes...

Bu T. E. Nicholas fyw mewn oes a welodd lawer o gyfnewidiadau cymdeithasol a gwleidyddol, a theg yw dweud iddo weld gwireddu llawer o'i freuddwydion. Na, nid ofer fu'r protestio ac annerch cynulleidfaoedd bychan ar hyd a lled y wlad. Gwelodd orseddau rhai o orthrymwyr y byd yn troi'n deilchion a'r werin yn ymddatod o'i chadwynau.

Cafodd y chwyldro yn Rwsia effaith fawr arno. Gwelodd y werin honno yn llwyddo i gael gwared ar ei llyffetheiriau a sefydlu ffordd newydd o fyw. Yn Rwsia y gwelodd y dull newydd (pobl nad oedd yn mynychu addoldai Cristnogol o unrhyw fath):

Yn tynnu'r Iesu'n rhydd o bren y groes.

Dengys James Nicholas hefyd fod ei ddyddiau cynnar ym Mhentregalar wedi cael dylanwad arhosol arno. Yma y gwelodd y tyddynwyr yn helpu ei gilydd gyda'r cynhaeaf gwair a'r cynhaeaf llafur. Mae'n ddiddorol sylwi fod T. E. Nicholas a Waldo wedi eu magu o fewn dwy filltir i'w gilydd yn ardal y Preselau. Yr un frawdoliaeth gymdeithasol oedd profiad y ddau wrth weld parodrwydd cymdogion i gynnal braich ei gilydd mewn cymdeithas gydweithredol. Yn y gymdogaeth hon y mae had Comiwnyddiaeth T. E. Nicholas.

Yr oedd yn Gomiwnydd ac yn Gristion. Iddo ef yr oedd modd cyfuno athrawiaeth Karl Marx a'r traddodiad Radicalaidd Anghydffurfiol Cymreig. Efengyl ymarferol oedd efengyl T. E. Nicholas. Yng nghalonnau pobl y mae darganfod Duw. Dywed yn 'Dyfodiad Mab y Dyn' *(Salmau'r Werin* 1909):

> Mae'n dod i fywyd dynion
> Nid ar gymylau'r nef;
> Dod yng nghalonnau gonest, pur
> Y werin y mae ef.

Yr Arglwydd Iesu yn ei ddatgelu ei hun yng ngweithredoedd meibion llafur. Cristionogaeth sosialaidd oedd ei Gristionogaeth ef. Y mae'n deg dweud hefyd ei fod yn Gymro argyhoeddedig a'i wladgarwch yn brigo i'r wyneb mewn llawer o'i gerddi. Dywedodd unwaith fod lle i'r ddraig goch a'r faner goch ar dir Cymru. Gwelai Gomiwnyddiaeth yn cydfyw â Christionogaeth a chenedlaetholdeb. Cymru mewn cyddestun byd-eang oedd ei Gymru ef.

Yr oedd yn fardd cynhyrchiol iawn. Cyhoeddodd 15 o gyfrolau (rhai ohonynt ar ffurf llyfrynnau) yn ystod ei oes. Y mae ôl brys ar ei gerddi cynnar. Ymddangosodd y rhan fwyaf ohonynt am y tro cyntaf mewn papurau newydd, cylchgronau a chyfnodolion. Nid oedd yn ymboeni llawer â'i fynegiant. Yn wir, anodd yw dygymod â'r llacrwydd, y geiriogrwydd a'r gorrwyddineb yn ei weithiau cynharaf. Efallai fod brys mawr arno i gyhoeddi ei gerddi a chael y neges drosodd i'w gynulleidfa mewn da bryd. Ond daeth tro ar fyd. Y mae ei gyfrolau diweddarach yn dangos ôl disgyblaeth ar ei gyfrwng. Perswadiwyd ef gan un o'i gyfeilion i droi at fesur y soned er mwyn ffrwyno'i ddawn lifeiriol. Bu hyn yn fanteisiol i'w awen a daeth caboledigrwydd yn air pwysig iddo yn ei gerddi diweddar. Cofiaf amdano'n dweud unwaith iddo gyfansoddi soned gyfan heb fod ynddi yr un ansoddair! Bardd yn symud gyda'i oes ydoedd, a daeth ffurf y soned laes yn un o'i ffefrynnau. Daeth y bardd ffwrdd-â-hi yn grefftwr cydwybodol.

Yr oedd T. E. Nicholas hefyd yn eisteddfodwr pybyr. Dywed Gwilym R. Tilsli yn y Gyfrol Deyrnged *T. E. Nicholas, Proffwyd Sosialaeth a Bardd Gwrthryfel* fod Niclas yn cofio pwy oedd bardd y Goron a bardd y Gadair bob blwyddyn o ganol y bedwaredd ganrif ar bymtheg ymlaen. Nid yn unig cofiai pwy oedd y buddugwyr ond cofiai hefyd pwy oedd yr ail a'r trydydd ynghyd â sylwadau'r beirniaid ar nifer o'r ymgeiswyr. Yr oedd Niclas ei hun yn gystadleuydd cyson. Ymhlith y pryddestau anfuddugol yng nghystadleuaeth y Goron a gyhoeddwyd ganddo y mae 'Gwerin Cymru' (1911), 'Y Gorwel' (1934), 'Y Gân Ni Chanwyd' (1929), 'Terfysgoedd Daear' (1939), 'Y Porthladdoedd Prydferth' (newidiwyd y testun) (1947), 'Meirionnydd' (1949), a 'Ffenestri' (1955).

Gwelir ei ddatblygiad crefft yn amlwg yn ei bryddestau eisteddfodol hefyd. Mae'n wir iddo ddweud droeon ei fod yn awyddus i ennill y Goron Genedlaethol, ond teg yw dweud hefyd mai neges fawr ei galon oedd cynnwys y gân. Nid oedd rhyw driciau cystadlu (fel canu i blesio'r beirniaid) o fewn cwmpas ei ddidwylledd. Ei bryddest gryfaf, efallai, yw 'Bwthyn Bach Melyn Fy Nhad' – cerdd yn ymdrin ag arwyddocâd a lleoliad nifer o ffenestri ei gartref; a cherdd a gafodd ganmoliaeth mawr gan y tri beirniad yn Eisteddfod Genedlaethol Pwllheli 1955. Y mae'r gerdd hon yn cwmpasu cylch ei fywyd hefyd. Y mae bywyd gwledig Pentregalar yma; effaith y llwch diwydiannol ar y gweithwyr; a chrefydd ymneilltuol cefn gwlad ar ei gorau. Ond mae galanastra'r Rhyfel Byd a phwerau Mamon yn dinistrio pob delfryd. Mae Cymru gyfan yn dod yn rhan o faes ei fyfyrdod a champau technegol dyn yn cael eu camddefnyddio at ddibenion llanastr. Eto i gyd, wrth annerch y Gymru sydd ohoni, y mae ei ffydd ddihysbydd yng ngallu'r werin i ennill y dydd, yn anorchfygol:

Canfyddaf obaith byd, a gwlad, a bro,
Yn llifo atat drwy ffenestri'r to.

Mae'n wir hefyd fod T. E. Nicholas yn fardd oedd yn symud gyda'r amserau. Disgrifiodd fywyd cefn gwlad Pentregalar ar ddiwedd y bedwaredd ganrif ar bymtheg; a chanodd i oruchafaiaeth dyn yn y gofod ar ddiwedd ei oes. Mewn un ystyr gellir ei alw yn fardd cyfoes. Ond daliodd hefyd i fawrygu a chlodfori'r bwthyn to gwellt. Yng nghefn

gwlad Cymru, aelwyd y tân mawn a'r llymru yr oedd ei
baradwys. Er gwaethaf y tlodi a'r caledi, yma yr oedd y
Gymraeg yn loyw ar dafodau'r bobl, bri ar ddarllen y Beibl, a
chymdogion parod eu cymwynas. Ni wadodd unwaith nad yn
y gymdeithas hon y daeth o hyd i'r gwerthoedd a fowldiodd ei
gymeriad.

Yn ei gyfrol olaf, *Rwy'n Gweld o Bell*, ymddangosodd rhyw
ugain o gerddi teyrnged i'w gyfeillion a'i gydnabod. Y mae'r
teyrngedau hyn yn fwy tyner a hamddenol na'i gerddi protest.
Ceir rhyw ymlacrwydd yn y dweud ac ambell fflach o hiwmor
a direidi yn taro'r darllenydd yn ei dalcen. Ond yn ei gerddi
personol, efallai, y mae'r bardd yn cael yr afael drechaf ar y
cenhadwr. Y mae 'I Aderyn y To', un o'r sonedau a
ysgrifennodd yn y carchar, yn un o'i gerddi mwyaf cofiadwy.
Ymglywir â naws henaint hefyd mewn nifer o'i ganiadau yn ei
gyfrol olaf. Daeth y dilorni a'r fflangellu uniongyrchol i ben
mewn sonedau fel 'Yr Antur Olaf', 'Yr Wyf yn Hen' a 'Darfod
Teithio', a throes ei ganu yn fwy mewnblyg a myfyrdodus.
Enghraifft deg o'r bardd ar ei orau yw'r soned symbolaidd 'Y
Pren Crin'. Dyma ei dyfynnu'n llawn:

> Nid oes un pren mor grin na fyn aderyn
>   Ganu'n ei frigau pan ddaw'r haul i'r fro,
> Na gwraidd mor grin na rydd y nant ddiferyn
>   O'i dyfroedd i feddalu ei wely gro,
> A chlywir murmur gwenyn rhwng y cangau
>   Wedi i'r ddeilen olaf syrthio i'r llawr;
> Ni chofia'r awel am weddillion angau
>   Pan chwyth drwy'r brigau noethlwm gyda'r wawr.
> Rwyf innau'n hen a musgrell ar y dalar,
>   A hwyl y bore wedi cilio'n llwyr,
> Y ddaear wedi troi yn ddyffryn galar,
>   Ac ym mhob breuddwyd hunllef drom yr hwyr:
> Weithiau daw cân mor bêr â dafnau gwin
> I ganu gobaith rhwng y cangau crin.

Pa mor bwysig yw cyfraniad T. E. Nicholas i goffrau
llenyddol y genedl? Beth oedd effaith ei farddoniaeth ar y

cyhoedd? Dyma rai o'r cwestiynau a wibiai drwy'r meddwl ar achlysur gwasgaru ei lwch yn ymyl ei hen gartref ar fynydd Crugiau Dwy ym mis Tachwedd 1971. Cenhadwr ydoedd yn anad dim arall. Dewisodd y cyfrwng mydryddol i leisio'i genadwri, ac yr oedd min ar ei ddweud. Yn sicr, dyma lais a barodd i Gymru wrando arno – a llais a siglodd y genedl i'w seiliau.

Llyfryddiaeth Ddethol

T. E. Nicholas, *Salmau'r Werin*, Cwmni Llais Llafur, 1909.
        Cerddi Gwerin, Caernarfon, 1912.
        Cerddi Rhyddid, Abertawe, 1914.
        Dros Eich Gwlad, Pontardawe, 1920.
        Llygad y Drws, Gwasg Aberystwyth, 1940.
        Canu'r Carchar, Gomer, 1942.
        Y Dyn a'r Gaib, Gee, 1944.
        Dryllio'r Delwau, Gwasg yr Arad, 1949.
        Rwy'n Gweld o Bell, Undeb yr Annibynwyr Cymraeg, 1963.
J. Roose Williams, *T. E. Nicholas (Cyfrol Deyrnged)*, Bangor, 1971.
James Nicholas, *Pan oeddwn grwt diniwed yn y wlad*, Gomer, 1979.
Eirwyn George, (gol.) *Blodeugerdd y Preselau*, Cyhoeddiadau Barddas, 1995.

EDGAR PHILLIPS (TREFIN)
(1889 – 1962)

Unwaith yn unig y gwelais i Edgar Phillips yn y cnawd. Adeg Eisteddfod Genedlaethol Caerdydd, 1960, oedd hi, a minnau'n mynychu'r Brifwyl am y tro cyntaf erioed. Ef oedd yr Archdderwydd y dwthwn hwnnw a daeth i'w ran y gorchwyl amhleserus o atal y Gadair. Cofiaf amdano'n sefyll ar y llwyfan ynghanol regalia'r Orsedd yn ceisio codi calonnau'r dyrfa siomedig. Clamp o ddyn cydnerth yr olwg a oedd yn ymgorfforiad o urddas a boneddigeiddrwydd.

Trefin oedd ei enw barddol, enw ei bentref genedigol ar arfordir gorllewinol Sir Benfro. Fe'i ganed yn Rose Cottage yn 1889 yn unig blentyn i William a Martha Phillips. Morwr oedd ei dad a dywedir fod ei Gymraeg wedi rhydu yn ystod ei fordeithiau aml! Collwyd y fam o'r aelwyd pan oedd Trefin yn bedair oed a mabwysiadwyd ef gan ei fodryb a'i ewythr, John a Mari Martin ym mhentre Tre-fin. Saesneg yn bennaf oedd iaith yr aelwyd a Saesneg hefyd oedd iaith yr ysgol leol. Ond mae'n amlwg fod y Gymraeg yn ddigon da i'w defnyddio fel cosb. A'r ôl i Trefin droseddu rywdro'n yr ysgol rhoddwyd y dewis iddo naill ai i gael blas y gansen neu ddysgu 'Cywydd y Farn Fawr' (Goronwy Owen). Dewisodd ddysgu'r cywydd. Dywedodd yn ddiweddarach mai dysgu llinellau'r 'Farn Fawr' (er na wyddai hynny ar y pryd) a roes iddo ei olwg gyntaf ar fyd y cynganeddion!

Priododd ei dad, am yr ail waith, â gwraig o Drefgarn a dreuliodd y rhan fwyaf o'i hoes ym Mryste, pan oedd Trefin yn un ar ddeg oed. Symudodd y teulu cyfan wedyn i fyw yng Nghaerdydd. Roedd ei lysfam yn wrth-Gymreig, ac nid oedd y tad yn fodlon i'r plentyn llengar ddarllen llyfrau Cymraeg o gwbl. Ond roedd wrth ei fodd yn prynu llyfrau Saesneg iddo. Fodd bynnag, pan anfonwyd Trefin i Ysgol Sloper Road, daeth newid ar bethau. John Rowlands, y Cymro gwlatgar o Dregaron, oedd yr athro Cymraeg yno. Ymhen dim llwyddodd i ennyn diddordeb y bachgen o Dre-fin yng ngweithiau beirdd a llenorion megis Daniel Owen, Ceiriog a Dyfed. Arferai fenthyca llyfrau Cymraeg ar y slei hefyd o Lyfrgell y Dref i'w darllen yn ei wely.

Pan oedd Trefin yn bedair ar ddeg oed anfonwyd ef yn ôl i'w bentref genedigol i fod yn brentis teiliwr gyda'i ewythr. Yr oedd mainc y teiliwr yn gyrchfan i wŷr llengar y fro ac fe aeth y prentis ifanc ati i ddysgu'r cynganeddion drwy ddefnyddio *Ysgol Farddol* (Dafydd Morgannwg). Daeth yn gystadleuydd peryglus hefyd yn eisteddfodau'r cylch.

Wedi gorffen ei brentisiaeth bu'n teilwra yn Nhreletert a Hendy-gwyn am gyfnodau byr cyn dychwelyd i Gaerdydd i ddilyn ei alwedigaeth yn un o siopau mwya'r ddinas. Symudodd i Lundain yn 1913 i berffeithio'i grefft fel cynlluniwr a thriniwr dillad merched. Tystia yn ei hunangofiant (a adawyd mewn llawysgrif cyn ei farw) iddo gael amser diddorol yn y brifddinas, rhwng ysbeidiau o ddiweithdra a gweithio mewn siopau dillad o bob math. Dychwelodd i Gaerdydd yn 1914 i agor busnes teilwra mewn

partneriaeth â Trefor Roberts o'r Garnant. Cyfarfu â'i ddarpar
wraig, Hannah Clements, yn nhŷ ei dad ym Mhorth-cawl, a
phriodwyd hwy yn 1915.

Erbyn hyn roedd y Rhyfel Mawr yn galw'r bechgyn i'w
rengoedd. Ymunodd Trefin â'r *Royal Garrison Artillery* a
dyrchafwyd ef yn *Bombardier*. Ond yn 1917 cafodd ei glwyfo'n
drwm mewn brwydr yn Ffrainc a bu'n rhaid ei ryddhau o'r
fyddin. (Bu'n dioddef yn arw o'r effeithiau am weddill ei oes).
Nyrs oedd ei wraig wrth ei galwedigaeth a dywed amdani: 'Ei
gofal tyner a'm dygodd eilwaith i iechyd'.

Wedi diwedd y Rhyfel perswadiwyd ef i fynd yn athro
ysgol. Dilynodd gwrs hyfforddi athrawon yng Ngholeg
Caerllïon a'i benodi'n athro yn Ysgol Elfennol Pengam yn
1923. Daeth yn athro Cymraeg yn Ysgol Uwchradd Pontllan-
fraith, Sir Fynwy, y flwyddyn ddilynol, swydd y bu ynddi hyd
nes iddo ymddeol yn 1954.

Bu farw ei briod yn 1943 ar ôl dioddef cystudd creulon.
Ganed un ferch iddynt, Margaret Eluned, ac iddi hi y
cyflwynodd ei gyfrol o farddoniaeth *Caniadau Trefin*.
Ailbriododd yn 1946, â Violet Annie Burnell, athrawes yng
nghyffiniau Llundain. Ond ychydig o fywyd priodasol a fu
rhyngddynt ac fe'u hysgarwyd yn 1950. Y flwyddyn ddilynol
priododd â'r awdures Saesneg Maxwell Frazer. Er bod cefndir
y ddau yn wahanol iawn i'w gilydd yr oedd yr uniad, yn ôl
Trefin, yn un delfrydol. Tystia hefyd i Max, er na fedrai
Gymraeg, fod yn gefn ac yn ysbrydoliaeth iddo yn ei waith
ysgrifennu.

Yr oedd Trefin yn gystadleuydd cyson yn yr Eisteddfod
Genedlaethol. Bu'n fuddugol ar y cywydd chwech o weithiau
(y canu caeth oedd ei briod faes) yn ogystal â chipio'r Gadair
yn Eisteddfod Genedlaethol Wrecsam, 1933, am ei awdl
'Harlech'. Bu'n weithgar iawn gyda'r Orsedd hefyd. Ef oedd
Ceidwad y Cledd o 1947 hyd 1959, ac fe'i dyrchafwyd yn
Archdderwydd i weithredu yn Eisteddfodau Caerdydd,
Dyffryn Maelor a Llanelli. Ymfalchïai yn yr anrhydedd ond
yn anffodus cafodd ei flino gan afiechyd drwy gydol ei dymor
fel Archdderwydd. Symudodd Trefin a'i briod o'u cartref yng

Nghoed Duon i fyw yn Slough ym mis Mawrth 1962, er mwyn bod yn nes at Ysbyty Hammersmith. Bu farw yn yr ysbyty hwnnw y mis Awst dilynol a chladdwyd ei lwch ym mynwent Capel Rehoboth heb fod nepell o bentref Tre-fin.

Datblygodd Trefin yn gynganeddwr medrus yn ifanc iawn. Ar ôl dychwelyd i Gaerdydd ar ôl cyfnod ei brentisiaeth fel teiliwr cafodd gyfle i gyfarfod â llawer o wŷr llengar yr ardal. Roedd wrth ei fodd hefyd yn cystadlu mewn eisteddfodau o bob math. Dyma ei englyn 'Yr Ysbïwr' a enillodd mewn eisteddfod yng Nghaerdydd o dan feirniadaeth Dyfed:

> Gwas bywiog yw ysbïwr, – dyn diwyd
>   Yn dawel ymchwiliwr;
>   Dial gwaed a wêl y gŵr
>   Drwy fwled y rhyfelwr.

Gwelir fod cynghanedd croes o gyswllt ym mhob llinell. Pan esgynnodd Trefin i'r llwyfan i dderbyn ei wobr fe gyhoeddodd Dyfed – 'Dyma fachgen â'r Genedlaethol o'i flaen, neu nid wyf yn broffwyd na mab i broffwyd.' Daethant yn gyfeillion mawr wedi hynny a bu'r ddau'n cyfarfod yn rheolaidd yng nghartre Dyfed yng Nghaerdydd i drafod barddoniaeth. Tystia Trefin iddo ddysgu llawer am gelfyddyd Cerdd Dafod wrth siarad â bardd 'Iesu o Nazareth'. Enillodd hefyd ar yr englyn mewn eisteddfod ym Mhen-coed yn 1915 o dan feirniadaeth Wil Ifan. Roedd y Rhyfel Mawr yn ei anterth erbyn hyn a 'Sybmarîn' oedd y testun. Dyma'r englyn buddugol:

> Hen satanes y tonnau – ddaw ynghudd
>   Yng nghôl y dyfnderau;
>   Gyr o hyd heb drugarhau
>   Ryw longwr i law angau.

Nid oes angen dweud ei fod yn gynganeddwr tan gamp yn ifanc iawn, a'r groes o gyswllt yn offeryn hyblyg yn ei ddwylo.

Ennill y Gadair yn Eisteddfod Genedlaethol Wrecsam yn 1933 oedd ei brif orchest ym myd cystadlu. Erbyn hyn roedd ef a'i briod wedi ymgartrefu ym mhentref Coed Duon yn Sir

Fynwy. 'Harlech' oedd y testun a dywed iddo fod yn myfyrio
uwchben y posibiliadau am rai misoedd ond yn methu'n lan â
darganfod thema bwrpasol i fynd i'r afael â'r awdl. Ond un
min nos daeth y band lleol heibio i gasglu arian a chanu 'Gwŷr
Harlech' y tu allan i ddrws y tŷ. Gwnaed hynny, mae'n debyg,
fel teyrnged i fardd Cymraeg. Dywedodd Trefin yn
ddiweddarach, 'Ymhen pum munud roeddwn yn ysgrifennu'r
awdl, ac felly y bûm hyd onid oeddwn bron â syrthio i lawr
gan ludded. Ni allwn gadw i fyny gyda'r syniadau a ddôi i'r
meddwl a rhaid imi gyfaddef mai mewn brys aruthr y'i
hysgrifennwyd'.

Nid oes i'r awdl gynllun manwl. Ar y dechrau sonia'r bardd
amdano'i hun yn alltud 'ym Morgannwg' yn gwrando ar hen
delynor yn canu 'Rhyfelgyrch Gwŷr Harlech' ar noson o aeaf.
Mae nodau'r dôn yn deffro rhyw dant atgofus yn ei enaid a
gwêl ddaear Ardudwy yn ymrithio o flaen ei lygaid. Nid y tir
yn unig ond ei hanes a'i thraddodiadau hefyd. Mae rhai o brif
gymeriadau'r Mabinogion yma ynghlwm wrth yr ardal ac yn
rhan o gof a chynhysgaeth y genedl. Ni ellir peidio â theimlo
a chlywed rhyw swyn anghyffredin yn ei linellau decsill:

Daw Bendigeidfran o hyd i'w glannau
A'i fad wroniaid a'i fyw dariannau;
Ar ei hoyw draethell y rhodia'u rhithiau
Yn giwed ddiail – yn gad o dduwiau –
Gwŷr agwrdd mal hen greigiau y fro lân,
A llid a thân yn eu llwyd wythiennau.

Ymrithia Branwen ym mhyrth ei bryniau,
Yn ail i'r awel ar ael y rhiwiau;
Ango ei phenyd – ei hing a'i phoenau,
Ni bu eiry unwedd â gwyn ei bronnau!
Rhoddwyd i'w thirion ruddiau liwiau'r nawn,
A gwellt a gwawn yw ei gwallt a'i gwenau.

Dilyn hanes yr ardal yn nhrefn amser a wneir yn bennaf ac y
mae i'r castell le canolog iawn yn yr awdl. Ni pheidia'r bardd
ag ymglywed â'r brwydro a'r tywallt gwaed a fu o amgylch ei

furiau treuliedig. Mae'n gresynu hefyd mai'r estroniaid oedd yn ennill y dydd. Ond daw gorfoledd i'w lais wrth ddisgrifio Owain Glyndŵr a'i filwyr yn ei gipio adeg y Gwrthryfel. Dychwelodd yr hen fywyd Cymreig i'r ardal a chroeso i'r beirdd rhwng muriau'r hen gastell a fu'n ddraenen yn ystlys y Cymry:

> Yno, ba radau na fu i brydydd,
> (Bendefig awen!) ban difai'i gywydd!
> Ba saig a fynnai o bysg afonydd –
> Gwin Rhosiel ac osai a huliai heilydd,
> A gorau gig ieir y gwŷdd yn ei dro,
> A fwriwyd yno ar ford awenydd.

Ond byrhoedlog fu buddugoliaeth Owain Glyndŵr hefyd. Syrthio'n ôl i ddwylo'r Sais a fu hanes y castell eto. Dychwelodd y trais a'r gormes i fro Ardudwy.

Ond mae gwrando ar yr alaw 'Gwŷr Harlech' yn codi calon y bardd. Mae'r cof am Adar Rhiannon a'r Urddol Ben (pen Bendigeidfran) a fu'n ysbrydoli'r Seithwyr a ddychwelodd i Harlech o'r frwydr yn Iwerddon yn chwedl *Branwen Ferch Llŷr*, yn ysbrydoliaeth i ninnau i wynebu'r dyfodol hefyd. Mae'n sylweddoli fod y genedl a'r iaith Gymraeg wedi goroesi brad y goresgynwyr. Daeth byd newydd i fro Ardudwy:

> A llwybr i goleg lle bu iau'r gelyn.

Gwelir felly mai Harlech ddoe a heddiw yw thema'r awdl. Yr hen delynor sy'n clymu'r dechrau a'r diwedd wrth ei gilydd. Diau fod i'r awdl ei gwendidau. Mae'r bardd yn rhy hoff o ddefnyddio hen eiriau marw fel *elgeth, agwrdd, mal, dien, terwyn, gwŷl, iesin, grwndwal, osai, eurin,* nes gwneud inni deimlo weithiau mai yn y ganrif flaenorol y lluniwyd hi. Digwydd ailadrodd dianghenraid a thraethu cwmpasog ar adegau hefyd ac ambell air llanw hwnt ac yma i gynnal hyd y llinell.

Ond y mae i'r awdl ei rhagoriaethau amlwg. Lluniwyd dros ddau draean ohoni ar fesur hir-a-thoddaid ac y mae swyn a miwsig y llinellau decsill ar adegau yn ein cyfareddu. Mae

rhyw egni geiriol yn y dweud yn cario'r darllenydd o bennill
i bennill fel rhyw lifeiriant nerthol. Gofalodd yr awdur hefyd
fod sŵn y môr yn gefndir ac yn gyfeiliant i'r golygfeydd a'r
myfyrio fel ei gilydd. (Ac fel hen fyfyriwr o Goleg Harlech
medraf ei werthfawrogi'n llawn). Mae rhyw ddiffuantrwydd
mawr yn y canu a llais Cymro gwlatgar a glywir yn llefaru o'r
dechrau i'r diwedd. Mae'n werth nodi hefyd fod 'Harlech'
wedi ei chynnwys yn y gyfrol *Awdlau Cadeiriol Detholedig
1925-1950*.

Gwnaeth Trefin gymwynas fawr â llenyddiaeth ei gyfnod
hefyd drwy fynd ati i gyfansoddi cerddi i blant. Cyhoeddodd
bedair cyfrol rhwng 1930 a 1936 yn dwyn y teitl *Trysor o Gân*.
Cofiwn mai athro Cymraeg ydoedd mewn ardal Seisnig yng
Ngwent, ac y mae'n siŵr iddo weld yr angen am farddoniaeth
syml a diddorol yn iaith y plentyn. Cynhwysir yn y gyfres
Trysor o Gân 40 o gerddi ar bob math o destunau. Y mae'n siŵr
iddo weld yr angen hefyd am gyflwyno hen arwyr y gorffennol
i blant Cymru. Baledi hanes yn seiliedig ar gymeriadau
adnabyddus fel Caradog, Hywel Dda, Marchogion Arthur,
Owain Glyndŵr a William Morgan yw cynnwys *Y Trydydd
Llyfr*. Ymddangosodd amryw o'r darnau hyn yn *Yr Athro*,
cyhoeddiad newydd sbon a oedd yn dechrau ennill ei blwyf fel
cylchgrawn athrawon Cymru.

Lluniodd rai o'r cerddi plant ar ffurf chwaraegan yn
cynnwys nifer o gymeriadau. Cafodd gymorth parod Rhyddid
Williams i gyfansoddi'r gerddoriaeth ar eu cyfer. Mae'n debyg
iddo gael hwyl anghyffredin pan glywodd fod Dug Caeredin
ar ôl gwrando ar Gôr Merched Merthyr yn canu 'Dere di,
Dere do', wedi gofyn am recordiad tâp er mwyn i'r Frenhines
ei glywed! Afraid dweud ei fod yn gwybod i'r dim pa fath o
destunau a pha fath o arddull oedd yn apelio at blant. Dyma
un enghraifft o'i gerddi yn ymwneud â byd yr anifeiliaid:

Y WIWER CHWIM

Ni chefais gip ar ddrws ei thŷ
Fry ar y gangen goed,
Ond mynych, mynych, gwelwn hi
Yn gwrando ar sŵn fy nhroed.
Ha, wiwer fach, pwy fedrai ddal
Un chwim fel hi ar laslwyn tal.

Mi wn fod ganddi un neu ddau
O blant, fry uwch fy mhen,
Yn nythu mewn rhyw gornel gau,
Bob un mewn gwasgod wen.
Wel, dringed hithau, wiwer chwim,
Ymhell rhag ci a'i ddannedd llym.

Un fach ddiniwed ydyw hi,
Ni wnaeth ddim drwg erioed,
A'r pennaf peth a fyn yw sbri,
Fry, fry, ar frigau'r coed.
Bydd yno'n iach pan dyr y wawr, –
Bydd yno pan â'r haul i lawr.

Pob lwc fo iddi hyd yr haf,
I gasglu cnau a mes,
Hwyl iddi hyd y tymor braf,
Tra pery'r haul a'i wres,
A'i chwsg fo'n dawel gyda'i stôr
Nes dyfod Gwanwyn dros y môr.

Ond bardd eisteddfodol oedd Trefin yn anad dim arall. Roedd y dwymyn gystadlu yn ei waed. Rhoes ennill y Gadair yn Eisteddfod Genedlaethol Wrecsam, 1933, foddhad mawr iddo. Gwyddys hefyd iddo ddod yn drydydd yng nghystadleuaeth y Gadair yn Eisteddfod Genedlaethol Lerpwl, 1929, pan enillodd Dewi Emrys am ei awdl 'Dafydd ap Gwilym'. Richard Hughes, Penbedw oedd yr ail. Yn ôl y beirniaid roedd yr ail a'r trydydd yn deilwng iawn o'r Gadair, a chyhoeddwyd y ddwy awdl anfuddugol yn fuan wedi'r

Eisteddfod. Daeth yn agos at ennill y Gadair Genedlaethol hefyd ym Mangor yn 1931 pan enillodd Gwenallt am ei awdl 'Breuddwyd y Bardd'; ac yn Eisteddfod Llandybïe 1944, pan ddyfarnwyd awdl D. Lloyd Jenkins yn fuddugol ar y testun 'Ofn'.

Boddi yn ymyl y lan fu hanes Trefin yng nghystadleuaeth y Goron. Daeth yn ail i Caradog Prichard yn Eisteddfod Treorci 1928 pan enillodd y bardd o Fethesda ei ail Goron ar y testun 'Penyd'. Pryddest ddramatig wedi ei seilio ar gyfnod y Normaniaid oedd ganddo a chafodd glod uchel gan y beiniaid. Aeth ati wedi hynny i'w diwygio'n arw a'i hanfon i gystadleuaeth y Goron yn Eisteddfod Caernarfon 1935 ar y testun 'Ynys Enlli'. Yn ôl ei eiriau ef ei hun 'ni fu'n llwyddiannus yno'. Pryddest Gwilym R. Jones a gipiodd yr anrhydedd.

Ni ellir darganfod unrhyw athroniaeth sefydlog yn ei farddoniaeth. Nid oes unrhyw thema gyfrodedd ychwaith yn ei waith. Ac, yn sicr, nid oedd yn broffwyd nac yn bamffletîr. Ei duedd ef, fel llawer o feirdd eisteddfodol eraill, oedd canu ar bob math o destunau gosod, ac ymateb i destun yn ôl mŵd y funud. Ond fel cywyddwr y meddyliwn amdano yn bennaf. Enillodd yn y Genedlaethol chwech o weithiau ar y cywydd rhwng 1928 a 1940. *Caniadau Trefin* a gyhoeddwyd yn 1950 yw ei unig gyfrol o farddoniaeth (ar wahân i'r cerddi ar gyfer plant) ac mae'n ddiddorol sylwi mai cerddi caeth yn unig a gynhwysir ynddi. Nid oedd yn arloeswr nac yn arbrofwr o fath yn y byd. Roedd yn gynganeddwr llithrig iawn, yn tueddu i ganu'n rhy rwydd, efallai, a maentumiai mai unedau o gwpledi oedd un o hanfodion mesur y cywydd. Yr oedd yn gas ganddo'r dechneg o oferu brawddegau i orffen ar ganol y llinell. Cyfresi o gwpledi hunangynhaliol oedd y cywydd iddo ef. Mae'n wir hefyd ei fod wedi astudio gwaith yr hen gywyddwyr yn drylwyr. Roedd efelychu'r meistri yn bwysig iddo. Dyma gwpled o'r cywydd 'Llys Aberffraw' (cywydd sydd wedi ei gynnwys gan Thomas Parry yn *The Oxford Book of Welsh Verse*), lle mae'n disgrifio ysblander yr hen lys hanesyddol yn Sir Fôn:

> Deunaw cog wrth dân cegin,
> A deunaw gwalch yn dwyn gwin.

Ni fedrai Beirdd yr Uchelwyr ddweud yn amgenach. Llwyddodd i gipio naws ac awyrgylch oes aur y cywyddau yn ei gywyddau serch hefyd. Dywed yn ei gywydd i'w briod Maxwell Frazer:

> Fy mun wâr, oni'th garaf
> Am awr yn hwy marw a wnaf.

Gallech dyngu mai Dafydd Nanmor sy'n llefaru! Dynwared celfyddyd yr hen gywyddwyr a wneir hefyd yn 'Cywydd Serch'. Dyma enghraifft o ddyfalu yn yr hen ddull:

> Euraid wallt a roed i hon,
> Aur a chŵyr yw ei choron.
> Dwylo ail i dw' lili,
> Ufudd a hael a fedd hi.
> Llio fwyn a'r llaw fynor,
> Gwae y dyn fyn gau ei dôr!

Y mae Eiddig a'r hen wrach yma hefyd yn creu pob math o anawsterau. Llwyddodd i efelychu Dafydd ap Gwilym hefyd drwy sôn amdano ef a'r ferch yn yr eglwys ar y Sul. Mae'r bardd yn marw o gariad ond yn methu â chyrraedd ei anwylyd. Ar ddiwedd y cywydd mae'n anfon pioden yn llatai i'w chartref yn Sir Fôn. Dyma gelfyddyd beirdd yr Oesoedd Canol ar ei orau.

Gwelir hefyd fod Trefin wedi llwyddo i gyfuno'r hen a'r newydd yn ei farddoniaeth. Weithiau mae'n canu ar destunau'n seiliedig ar hanes a thraddodiad fel 'Dwynwen Santes' a 'Dafydd ap Gwilym'. Fel hyn y mae'n agor ei gywydd i'r bardd o Fro Gynin:

> Fardd y Mai! mewn difai dôn
> Y deil ef odlau afon;
> Llais y ffrwd a'i siffrwd sydd
> Wedi'u gweu hyd ei gywydd...

A phryd arall sefyllfa gyfoes sy'n sbarduno ei awen mewn

cywyddau fel 'Y Dafarn Datws' ac 'Y Blitz'. Awyrennau'r
gelyn yn ymosod ar y wlad adeg yr Ail Ryfel Byd yw pwnc yr
olaf:

> Eryrod dur yrr eu tân
> O'r awyr ddu yrwan,
> Ac â'n daer uwch gwaun a dôl
> Adar nos y drin ysol.

Yn rhyfedd iawn ni chynhwyswyd yr un englyn unigol o'i
waith yn *Caniadau Trefin* er iddo gyfansoddi a chyhoeddi
llawer o englynion trawiadol o bryd i'w gilydd. O blith ei
englynion diweddaraf y mae'r englyn a luniwyd ganddo ar
achlysur dadorchuddio maen coffa Dewi Emrys ym
Mhwllderi, yn un o'r rhai mwyaf cofiadwy. Llwyddodd hefyd
i gipio naws ac awyrgylch y llecyn hwn ar arfordir Pencâr yn
ei englyn 'Pwllderi' a ymddangosodd yn *Beirdd Penfro*:

> Lle i guryll a garan, – gwiw adwy
> Sy'n geudwll i'r gigfran,
> A gwna mil o gywion mân
> Groglofft ar ei arw greiglan.

Yn dilyn Eisteddfod Genedlaethol Llanelli, 1962, aeth
Trefin a'i briod am wyliau i'w fro enedigol yn Sir Benfro.
Profodd yn ormod iddo yn ei lesgedd a bu'n rhaid iddynt
ddychwelyd yn fuan i'w cartref yn Slough. Bu farw'n dawel
cyn diwedd y mis. Hwyrach mai'r hiraeth sy'n cael ei fynegi
yn ei gywydd i Dre-fin a'i dug yn ôl i fro ei febyd yn ei
waeledd olaf:

> Hoff Dre-fin ym min y môr,
> I'th gannaid, euraid oror
> Af o hyd i ymfywhau –
> Tyn hiraeth at hen erwau!

Ond dieithriaid yw'r rhan fwyaf o'r bobl iddo bellach. Nid
yw'n adnabod y plant a'r ieuenctid ac y mae llawer o'i
gyfoedion dan bridd y fynwent. Yn wir, mae'n ffaith greulon
iddo nad yw'r rhan fwyaf o drigolion y pentre erbyn hyn yn

cofio amdano. Eto, mae rhywbeth o gwmpas Tre-fin sy'n ei dynnu'n ôl. Y mae'r môr yn galw ac yn denu. Ar ôl rhoi inni ddisgrifiad byw o gampau'r gwylanod yn yr awyr ac ar ddŵr yr heli, y mae'n diweddu'r cywydd â nodyn tyner a theimladwy:

> Ar ôl f'awr eu halaw fydd
> Ar lasar war Iwerydd,
> Trônt yn llon at gywion gwâr
> A'u bardd du tan bridd daear,
> Cans rhyw ddydd bydd imi ben
> Ar fywiog eiriau f'awen;
> Derfydd chwerthin y min mau
> A'r gân a ddaw o'r genau,
> A throf eilwaith ar f'elor
> I Dre-fin ym min y môr.

Gorwedd ei lwch o dan ddarn o garreg a naddwyd ar lun Croes Geltaidd ym mynwent noethlwm capel Rehoboth. Islaw'r fynwent y mae ehangder y môr yn ymledu tua'r gorllewin a'r gwylanod yn chwarae'r ddrama oesol a ddisgrifiwyd mor fyw yn ei gywydd i fro ei febyd.

Llyfryddiaeth

Edgar Phillips, *Caniadau Trefin*, Gwasg Aberystwyth, 1950.
Brinley Richards, *Cofiant Trefin*, Gwasg John Penry, 1963.

D. J. DAVIES
(1885 – 1970)

Wrth deithio ar hyd y ffordd lydan o Aberteifi i Ddinbych-y-pysgod y mae'r pentrefi mawrion: Blaen-ffos, Crymych, Llandysilio a Chlunderwen yn siŵr o lygad-dynnu pob ymwelydd effro. Ond tybed faint sy'n cofio'r daith garlamus drwy Bentregalar? Mae'n wir nad oes yno ond prin hanner dwsin o dai ar fin y ffordd fawr. Digon tebyg hefyd fod y trosglwyddydd teledu tal, unionsyth, wedi peri i'r anghyfarwydd ddyrchafu ei lygaid i'r mynyddoedd. Ond y mae i Bentregalar le pwysig yn hanes llenyddiaeth Gymraeg.

Y lle cyntaf y deuir iddo o gyfeiriad Crymych yw ffermdy Waunfelen. Yma y ganed Daniel John Davies; a dyma gartre bore oes Dr Thomas Rees, yr heddychwr a'r ysgolhaig pybyr, a ddaeth yn Brifathro Coleg Bala Bangor. Pan oedd D. J. Davies yn ifanc iawn fe symudodd y teulu i ffarm Tycanol, y lle agosaf at Waunfelen, ac yno y magwyd ef. Gyferbyn â

Thycanol, yr ochr arall i'r ffordd fawr, y mae Brynceirios, a dyma gartref Dafydd a Bet Nicholas a'u nythaid o blant wedi iddynt symud o'r Llety. Magwrfa beirdd a llenorion oedd Pentregalar ar ddiwedd y bedwaredd ganrif ar bymtheg yng ngwir ystyr y gair. Ond D. J. Davies sy'n hawlio ein sylw yn yr ysgrif hon.

Enwau ei rieni oedd John ac Ann Davies. Collodd ei dad yn ifanc iawn pan fu farw o ganlyniad i ddamwain gyda thrên yng ngorsaf Boncath. Wedi marwolaeth y tad y symudodd y fam a'i thri mab i ffarm Tycanol. Ond daeth rhagor o brofedigaethau i lethu'r teulu. Bu farw'r fam a gadael y tri bachgen yn amddifad. Yn y dyddiau helbulus hyn y cafodd Daniel John brofiad a wnaeth argraff ddofn arno. Gwelodd Dafydd a Bet Nicholas yn agor eu cartref iddynt a rhoi lloches i'r tri phlentyn amddifad ar aelwyd Brynceirios. Nid bychan o gymwynas a meddwl fod llond tŷ o blant yno'n barod. Yr enwocaf ohonynt oedd Thomas Evan a adwaenid yn ddiweddarach wrth yr enw Niclas y Glais, ond William ei frawd a gafodd y dylanwad mwyaf ar D. J. Davies. Bardd y mesurau caeth oedd William Nicholas a dywedir ei fod yn medru adrodd cannoedd o englynion ar ei gof. Ef a ddysgodd y cynganeddion i'w gymydog ifanc o ffarm Tycanol.

Deunaw oed oedd Daniel John pan fu farw ei fam. Ond roedd profedigaethau eraill ar y gorwel. Bu farw ei frawd ymhen blwyddyn, a'r brawd arall ymhen blwyddyn wedyn. Gadawyd ef ar ei ben ei hun a'r tro hwn bu'n rhaid chwalu'r cartref yn Nhycanol. Trefnwyd iddo fynd i fyw at chwaer ei fam a'i phriod, Mr a Mrs David Griffiths ar ffarm Aberdyfnant, yng nghymdogaeth Llanfyrnach.

Yng nghapel Annibynnol Glandŵr yr oedd y teulu'n addoli. (Yn ysgol Glandŵr y cafodd Daniel John ei addysg fore hefyd). Y Parchedig O. R. Owen, yr emynydd talentog, oedd y gweinidog, a thystiodd D. J. Davies i'r gŵr amryddawn hwn gael dylanwad mawr arno. Ond y Parchedig P. R. Price, olynydd O. R. Owen yng Nglandŵr, a'i cymhellodd i fynd i'r weinidogaeth. Aeth yn fyfyriwr yn ysgol yr Hen Goleg, Caerfyrddin, y diwrnod cyn iddo gael ei ben-blwydd yn 21 oed. Roedd y byd academig wrth fodd ei galon. Wedi iddo lwyddo yn arholiad y *Welsh Matric* derbyniwyd ef i Goleg y Brifysgol, Caerdydd. Ond yn rhyfedd iawn nid oedd y Gymraeg yn un o'r pynciau a ddewisodd i'w hastudio. Yn ôl barn athrawon y Coleg Diwinyddol yr oedd mynd i'r afael â Groeg, Lladin a Hebraeg yn hanfodol i fyfyrwyr â'u bryd ar y weinidogaeth. Ond ni lesteiriwyd diddordeb y bachgen o Bentregalar ym myd barddoniaeth. Cipiodd gadair yr Eisteddfod Ryng-golegol, a rhai o fyfyrwyr yr adrannau Cymraeg, yn ôl yr hanes, yn amau ei hawl i gynnig o gwbl.

Ar ôl graddio gydag anrhydedd yn yr Hebraeg aeth yn ei flaen i'r Coleg Coffa yn Aberhonddu, ac wedi cwblhau ei gwrs yno derbyniodd alwad i fugeilio Capel Als, Llanelli. Ordeiniwyd ef yn 1916. Ceir stori ddiddorol am ryw gymeriad yn dweud wrtho ar ddydd ei ordeinio: 'Rwyt ti wedi dechrau ar ben yr ysgol. Os cwympi di o'r fan honno fe fydd yn gwymp mawr'. Ond mynd o nerth i nerth fu hanes y gweinidog newydd yng Nghapel Als. Cyrhaeddodd yr eglwys uchafbwynt rhif ei haelodaeth o 1007 yn ystod ei weinidogaeth ef, a bu yno hyd nes iddo ymddeol yn 1958. Teg yw nodi hefyd i'w briod, Enid, fod yn gefn mawr i'r achos yng Nghapel Als drwy gydol y blynyddoedd.

Dyrchafwyd ef yn Llywydd Undeb yr Annibynwyr Cymraeg yn 1956; ac fe'i dewiswyd yn un o olygyddion *Y Caniedydd* a gyhoeddwyd yn 1960. Wedi diwrnod caled o waith dros ei Greawdwr bu farw yn 84 oed a chladdwyd ei weddillion ym mynwent ei fam eglwys yng Nglandŵr.

Casglodd ei gerddi ynghyd a'u cyhoeddi'n gyfrol o dan y teitl *Cywyddau a Chaniadau Eraill* yn 1968. Un o uchafbwyntiau ei yrfa lenyddol oedd ennill y Gadair yn Eisteddfod Genedlaethol Aberafan, 1932, am awdl ar y testun 'Mam'. Y mae ei gefndir a'i brofiad ef ei hun ymhlyg yn yr awdl hon. Mab ffarm sydd yma yn hiraethu am ei fam weddw ar ddydd ei hangladd. (Cofiwn i D. J. Davies golli ei fam pan oedd yn fachgen deunaw oed ar ffarm Tycanol). Mae rhan gyntaf yr awdl (ar ffurf penillion 4 llinell o gywydd) yn disgrifio'r claddu yn y fynwent ac ymateb y bardd ei hun i'r

brofedigaeth. Ceir yma ddarlun teimladwy iawn o
nodweddion mam wedi eu rhoi mewn bedd:

> Rhoed dan âr y tynerwch,
> A'r llaw dirionaf i'r llwch.
> Oer yw'r wefus a'i chusan;
> Oered gro lle bu wrid grân!

Cywydd o benillion 4 llinell yw'r ail ran eto. Yma cawn
hanes y bardd yn troi adre wedi'r angladd ac yn teimlo'r
gwacter a'r hiraeth ar ôl colli ei fam o'r aelwyd. Mae'n cofio ei
rhinweddau a'i hymroddiad:

> Hon a wybu anobaith,
> A phla ar gorff lawer gwaith,
> Wrth droi i roi i rywun
> O werth ei haberth ei hun.

Cawn ddisgrifiadau cynnil o fywyd bob dydd ar y ffarm. Ond
nid yw'r lle yr un fath bellach heb ei fam. Mae'r 'pridd i'r
pridd' hwnnw yn y fynwent ar ddiwrnod ei hangladd yn aros
yn ei glyw ac yn ei galon o hyd. Yn ei feddwl a'i fyfyrdod y
mae ei fam yn troi yn un â phridd y ddaear ac yn peri iddo
ymserchu fwyfwy yng ngweryd y maes:

> Addolaf ei phridd eilwaith.
> Mae rhin Mam i rynnau maith.
> Pridd y ddaear a garaf;
> O'r pridd mud gwynfyd a gaf.

Yn y trydydd caniad, mae'r bardd yn troi i drin y tir yn y
gwanwyn ac yn ymdeimlo â phresenoldeb ei fam wrth ddilyn
y wedd geffylau:

> Dyddiau'r oed oedd aredig – i mi mwy
> Â Mam anweledig...

A heb yn wybod inni, ymron, mae ei fam yn mynd yn un â'r
Fam Ddaear. Yn ei chwmni hi un diwedydd mae'n syrthio i
gysgu ar y tir âr ac yn cael breuddwyd neu weledigaeth sy'n
drobwynt yn ei fywyd. Mae'n canfod ei fam ar ei newydd

wedd ar ryw orsedd uchel a'r darlun ohoni yn graddol
ymffurfio'n Dduw o flaen ei lygaid. Hi yw 'Mam y Mamau' a
hi sy'n llefaru wrth y bardd, ar ffurf hir-a-thoddeidiau pedair
llinell, yn rhan olaf yr awdl. Dywed wrtho mai hi yw mam pob
mam arall:

> Myfi sy gêl ymhob mam a weli;
> Ar giliau'i henaid fi yw'r goleuni;
> Yn dy fam, dy Fam wyf fi...

Hi hefyd yw mam y greadigaeth gyfan ac y mae'n dal i esgor:

> 'Rwy'n ir i Wanwyn, rwy'n aur i wenith,
> Yr Haf am wndwn y rhof fy mendith,
> Fy nwylaw yw'r glaw a'r gwlith...

Er iddi gynhyrchu cnydau'r maes a phopeth hardd sy'n byw,
sy'n symud ac yn bod, hi hefyd a genhedlodd 'Y Mab
Diangof' sef Crist ei hun. Mae'r bardd yn deffro ac yn
dadebru o'r freuddwyd ar y maes i weld y wawr (ysbrydol
hefyd) yn torri ar y gorwel wedi profi cyfathrach gyfriniol â
Mam y Mamau. Â'r nodyn iasol hwn y mae'r awdl yn gorffen.

Gwelir, felly, mai tri syniad llywodraethol sydd iddi – y
Fam ym mhridd y ddaear; Y ddaear yn Fam; a Duw yn Fam.
Y mae'r trawsgyweiriadau hefyd yn ffitio'n esmwyth yng
ngwead yr awdl. Er iddo newid ei syniadau mae'r bardd wedi
sicrhau unoliaeth yn y dweud. Ac mae'r awdl hefyd yn
gyfanwaith gorffenedig.

Nid yw bob amser yn taro deuddeg ychwaith. Mae'r bardd
ar adegau'n afrwydd a thywyll ei fynegiant nes peri i'r
darllenydd ymbalfalu am ystyr ambell gymal a dyheu am
lithrigrwydd ymadrodd. Ond y mae yma ddwyster profiad,
angerdd (heb fod yn sentimental) yn y dweud a rhyw
gyfriniaeth dawel yn treiddio drwy'r cyfan. Ymdeimlwn
hefyd ag ingoedd a hunanaberth calon mam.

Cynhwysir yn ei gyfrol *Cywyddau a Chaniadau Eraill* un
awdl arall hefyd yn dwyn y teitl 'Cloch y Tair Morwyn'. Dyma
awdl a fu yng nghystadleuaeth y Gadair yn Eisteddfod
Genedlaethol Abergwaun, 1936, ar y testun 'Tyddewi'. Ymgais

sydd yma i ailgyflwyno *Buchedd Dewi* mewn gwisg gyfoes a
rhoi dimensiwn newydd i'r hen chwedl. Cyfrwng i achub
enaid pechadur yw Tyddewi ei hun yng nghynllunwaith a
gwead yr awdl, ac y mae iddi gynllun dyfeisgar er gwaethaf
ambell ddarn niwlog ei ystyr ac ôl ymdrech ar adegau i gynnal
datblygiad y stori.

Gwelir yr un cynllunio dyfeisgar yn ei gywyddau hefyd.
Dyma agoriad ei gywydd 'Yr Ogof':

> Na, ni ddof i'r ogof hen;
> Nodda obaith di-ddiben.
> Ofer y gred gweled gwŷr
> Hardd i'w llawr ar ddull arwyr.

Dyma ergyd yn ei thalcen i ramant yr ogof. Cyfrwng i ddyn
ennill ei fywoliaeth yw'r ogof wedi'r cwbl a chawn
ddisgrifiadau o'r ceibio a'r twrio am lo, llechi a chalch mewn
gwahanol leoedd ar hyd a lled Cymru. Cawn olwg hefyd ar y
wlad wedi ei difwyno gan y tipiau a'r tomennydd. Eto, y
syniad o chwilio am Ogof Arthur a methu â dod o hyd iddi yw
thema ganolog y cywydd. Yr awgrym yw fod dyn yn ei waith
bob dydd wedi ymgolli yn y materol. Ond mae Arthur yn dal
i gysgu mewn ogof danddaearol. Ef yw'r Mab Darogan a fydd
yn deffro i waredu'r genedl o'i chyfyngder pan ddeuir o hyd
iddo. A phle mae'r ogof hon?:

> Nid yw hi le mewn gwlad lom,
> Y mae hon yma ynom...

ac

> Mewn enaid mae Hon ynom,
> O cheisi hi ni chei siom.

Dyma waith bardd sy'n feistr ar ei gyfrwng.

Enillodd D. J. Davies bedair gwaith ar y cywydd yn y
Genedlaethol hefyd. Un o'r cywyddau hynny oedd 'Cywydd i
wahodd yr Eisteddfod Genedlaethol i unrhyw ardal'. Ei
gwahodd i bentre bach Pentregalar, ei ardal enedigol, a
wnaeth ef. Llwyddodd i gipio naws ac awyrgylch y fro wledig

hon i'r dim yn ei gywydd arobryn. Mae'n gwahodd yr Orsedd
i heddwch yr ardal lle mae'r cleddyfau wedi eu troi'n sychau.
Cyfeiriad sydd yma, wrth gwrs, at y ffermwyr yn defnyddio'r
erydr i aredig y tir. Mae'r mynydd hefyd yn barod i roi ei feini
i balmantu llawr y maes. Ond beth am nawdd ariannol mewn
ardal mor denau ei phoblogaeth? Yr eithin, ar bob cyfrif, yw'r
miliwnydd sy'n barod i daflu aur i goffrau'r Eisteddfod. Mae
digon o welyau grug hefyd ar y bryniau i'r ymwelwyr sy'n
dymuno lletya dros yr Ŵyl.

Er bod haen o ddwyster yn perthyn i farddoniaeth D. J.
Davies y mae rhyw hiwmor cynnil, chwareus, ar adegau yn
brigo i'r wyneb. Yn ei gywydd 'Gwahodd yr Eisteddfod'
mae'n sôn am y Frenni Fawr, y mynydd grugog sydd heb fod
nepell o Bentregalar. Gŵyr y darllenydd llengar mai ar y
mynydd hwn y lleolodd Crwys ei delyneg gofiadwy
'Caethglud yr Ebol'. Mae'r delyneg yn darlunio ebol mynydd
yn cael ei gipio o'r llethrau a'i werthu mewn ffair. Wrth sôn
am y Frenni Fawr yn ei gywydd gwahodd mae'r bardd yn
dweud yn gellweirus:

A Chrwys fawr, chwareus firi,
Daw yn ôl â'i Hebol hi.

Crwys oedd yn beiniadu'r gystadleuaeth ac roedd ar ben ei
ddigon wrth wobrwyo'r cywydd hwn!

Wrth sôn am grefft y bardd dylid nodi hefyd ei fod yn feistr
ar gyferbynnu. Brithir ei waith â chwpledi cymesur ac
ymadroddion cyfochrog. Dyma rai enghreifftiau:

Rhai annwyl fore einioes,
Rhai annwyl iawn brynhawn oes.
(*Mr a Mrs Tom H. Davies*)

Hardd oedd lliwiau dechrau'r dydd,
A harddach oedd ei hwyrddydd.
(*Bet*)

Lle bu llawnder llawer lliw
Y rhoddwyd gwacter heddiw;
Ysgubor lwythog orlawn,
Mae heddiw'n llwm, a ddoe'n llawn.

(Mam)

Rhyw ddwsin o gerddi rhydd a gynhwysir yn *Cywyddau a Chaniadau Eraill.* Mae'r cynnwys bob amser yn ddiddorol. Tinc telynegol sydd i linellau'r bardd yn ei ganu rhydd fel y dengys y pennill cyntaf o'r gân serch ddychmygol 'Ewyn y Don':

Fe welais y don yn y bore,
Yn chwarae lle chwery yr haig;
Fe'm galwodd a'm denu i chware
A chefnu ar gregyn y graig.
Hi ddawnsiai rhwng Mai a Mehefin;
Pa lynu wrth degan a dôr,
'Rôl gweled y Don honno'n chwerthin,
Yn chwerthin ymhell yn y môr!

Ond rhywbeth dieithr yn hanes y bardd hwn yw llunio cerddi rhamantaidd a ffantasïol fel hyn. Ym myd dynion y mae ei ddiddordeb ef. Diau ei fod ar ei orau hefyd yn hualau'r mesurau caeth.

Y mae dwy ardal yn ganolog yn ei ganu, ardal wledig, amaethyddol y Preselau ac ardal drefol a diwydiannol Llanelli. Ei fro enedigol a'i fro fabwysiedig. Nid rhamantu ynghylch ardal ei febyd a wneir ychwaith. Y mae Dafydd y melinydd yma a'i gyflog yn dibynnu'n llwyr ar gynaeafau'r amaethwyr. Gwelodd flwyddyn wag yn ogystal â blwyddyn o lawnder. Cael modd i fyw o'r talcen glo fu hanes glöwr yr Ynys Wen hefyd a bu'n rhaid iddo lafurio'n galed ar hyd ei oes i ennill ei fara caws. Onid anharddu ei ddwylo a wnaeth Megan hefyd ar ôl iddi adael yr ysgol a mynd i weithio i'r gwaith tun? Mae rhod bywyd yn troi o hyd. Gwelodd y bardd newid mawr yn digwydd yn y ddwy gymdogaeth fel ei gilydd. Nid yr un fro bellach yw'r 'lle bûm yn gware gynt' ar oledd y Preselau; a gwelodd hefyd y Gwaith Copor yn cau yn ardal y staciau. Weithiau daw'r wlad a'r dref at ei gilydd yn ei farddoniaeth fel sy'n digwydd yn y cywydd tyner 'Fioled! fioled' lle mae'r gwerthwr blodau ar y stryd yn dod â glesni'r wlad i ferw'r ddinas.

Mae'n ddiddorol sylwi hefyd nad yw'r nodyn personol yn amlwg yng nghanu D. J. Davies. Ychydig iawn o *Fi* sydd yma. Yn wir, ar wahân i'r awdl 'Mam' a'r gerdd ffantasïol y soniwyd amdani eisoes, nid oes yr un gerdd arall wedi ei llunio yn y person cyntaf. Pobl eraill sy'n hawlio'r clod a'r cydymdeimlad yn ei farddoniaeth. Nid hap a damwain ychwaith yw'r ffaith fod 'aur' yn digwydd fel trosiad o leiaf unwaith, ac weithiau ddwywaith, ym mhob un o'i gerddi. Bardd ydyw sy'n ceisio gweld y gorau yng nghymeriad plant dynion.

Nid yw'n syndod, felly, fod y rhan fwyaf o'i farddoniaeth yn gerddi, englynion a chywyddau i gyfarch a choffáu pobl. Y nodyn cymdeithasol yw'r nodyn amlycaf o lawer yn ei ganu. Yn hyn o beth y mae llawer o'i gywyddau yn llinach canu mawl a marwnad yr hen gywyddwyr. Dyma ddarn o'i gywydd 'Elfed' i brofi'r pwynt:

Goronog ŵr, rhin ei gân
Ar ei dir fu'n ffrwd arian;
Teyrn ieuanc y tir newydd
Â'i eofn ddawn fu'n ei ddydd;
Ei gerdd ef a greodd wanc
Gwin newydd ar gân ieuanc.
Delyn aur ein cenedl ni,
Hawdd i filoedd ei foli.

Y mae'r Cymro a'r Cristion yn amlwg iawn yn ei farddoniaeth hefyd, a'i waith fel gweinidog yn cael ei adlewyddu yng nghynnwys a thestunau ei ganu. Ymglywir â barddoniaeth o'r iawn ryw yn ei gywydd i 'Alys', y ferch a roes enw i Gapel Als, Llanelli, ac y mae 'Coleg Coffa Aberhonddu' yn un o'i gywyddau grymusaf. Yn ei gywydd teimladwy 'Y Cenhadwr' y mae cwpledi o'r math yma:

> A thrwy'i oes aeth â'r Iesu
> I galon y dynion du;

yn llinellau sy'n cyffwrdd â chalon y darllenydd.

O blith y pymtheg cerdd a luniwyd ganddo i gyfarch a
choffáu cewri'r pulpud yng Nghymru y mae ei gywyddau i
Elfed, Dyfnallt, J. J. Williams ac Eirug ymhlith y goreuon. Ar
ddechrau ei gywydd 'Eirug' defnyddir delwedd (hen ffasiwn
mae'n wir) y goeden yn syrthio i ddynodi marwolaeth y bardd
a'r pregethwr huawdl. Ond y mae rhyw ffresni amheuthun yn
y mynegiant. Brithir y cywydd ag ymadroddion cofiadwy fel:

> Ei oes ef a fu i'r saint
> A'i chynnwys fel blwch ennaint;

yn ogystal â rhoi inni bortread cyfoethog o'r sgolor o fro
Gwernogle.

Y mae amrywiaeth mawr hefyd yn ei fagad o gerddi sy'n
ymwneud â Gŵyl y Nadolig. Nodyn o gydymdeimlad a
thosturi a geir yn ei gyfres o englynion 'Wrth y Drws':

> Daw'r Iesu at ein drysau – ar Ei wedd
>   Y mae gwrid yr oesau,
>   Oludog ymweliadau
> Iesu cu â drysau cau!

Onid yw ei fynegiant syml, uniongyrchol yn mynnu ei ffordd
drwy'r glust i'r galon?

Cyn cau'r mwdwl priodol hefyd yw sôn am D. J. Davies fel
emynydd. Nid gormodedd yw dweud fod gloywder, eneiniad,
crefft a defosiwn wedi eu cydblethu mewn llawer o'i emynau
gorau. Y mae 'Nesawn i'th wŷdd, O! Arglwydd Iôr';
'Sanctaidd nos gyda'r sêr' (cyf.); ac 'Ar gyff bendigaid Jesse'
(efel.), yn ffefrynnau mawr gan gynulleidfaoedd y cysegr ar
hyd a lled Cymru. Nodyn personol, dwys ac argyhoeddiadol
sydd yn 'Trwy ffydd y gwelaf Iesu'n dod' ac 'Ymostwng di yn
awr'. Ymhlith yr emynau a gyfansoddwyd ganddo ar gyfer
achlysuron arbennig y mae 'Enynner diolchgarwch' yn emyn
cyfoethog ar gyfer Gwasanaeth y Cynhaeaf, a bu canu mawr ar

'Melys ydyw cofio'r tadau' mewn cyfarfodydd dathlu sefydlu achos Iesu Grist. Onid oes rhai o'i emynau ef yn treiddio'n aml drwy ffenestri Capel Glandŵr ar y Sul i gyniwair dros feddrod un o'i phlant disgleiriaf? Gorffennwn drwy ddyfynnu pennill cyntaf ei emyn 'Ymostyngiad' sy'n gyfuniad o angerdd a choethder mynegiant:

Ymostwng di yn awr,
    Fy enaid, dan dy loes;
A chofio'r Iesu mawr
    Ar lwybrau'r ardd a'r groes.
Ei nerth anfeidrol Ef
    A ddaw i ti wrth fyw,
I'th blygu'n enw'r Nef
    I gudd arfaethau Duw.

Llyfryddiaeth

D. J. Davies, *Cywyddau a Chaniadau Eraill*, Gwasg John Penry, 1968.

WALDO WILLIAMS
(1904 – 1971)

U n o blant anwylaf Sir Benfro oedd Waldo Williams. Roedd ei ymddygiad diymhongar yn ddihareb gwlad. I'r sawl a'i hadnabu roedd ei bersonoliaeth hynaws, ei hiwmor diwenwyn a'i ddull o ymgomio – weithiau yn sydyn a fflachiog a phryd arall yn fyfyrgar a thawedog – yn brofiad na ellid ei anghofio. Roedd agosatrwydd a boneddigeiddrwydd hefyd yn rhan annatod o'i gymeriad, a'i ddawn i fathu sylwadau gwreiddiol a threiddgar ar unrhyw bwnc dan haul yn ei wneud yn gwmnïwr hynod o ddiddorol. Ond yn llechu tu ôl i'w ymddangosiad dirodres yr oedd rhyw gadernid tawel a di-sigl.

Ganed Waldo yn nhre Hwlffordd yn 1904 yn fab i John Edwal ac Angharad Williams. Yr oedd ei dad, Cymro Cymraeg o gymdogaeth Llandysilio, yn brifathro Ysgol Gynradd Prendergast. Saesnes o dras Cymreig a faged yn

Market Drayton yn Sir Amwythig oedd ei fam a Saesneg hefyd oedd iaith y cartre. Yn 1911, a phump o blant ar yr aelwyd, symudodd John Edwal Williams i fod yn brifathro Ysgol Mynachlog-ddu wrth odre'r Preseli. Wedi symud i'r ardal hon, yn blentyn seithmlwydd oed, y dysgodd Waldo siarad Cymraeg. Nid yn yr ysgol na'r cartre ychwaith ond wrth chwarae a chymysgu â phlant y gymdogaeth.

Yn 1915 symudodd John Edwal Williams drachefn i fod yn brifathro ysgol gyfagos Brynconin, a bu dwy ardal ei fagwraeth, Mynachlog-ddu a Llandysilio, yn ffynhonnell ysbrydol i rai o gerddi gorau Waldo yn ddiweddarach yn ei oes. Cafodd fynediad i Ysgol Ramadeg Arberth yn 1917 a gwyddys iddo ddatblygu yn ddisgybl anarferol o ddisglair yn ystod ei arhosiad yno. Derbyniwyd ef yn fyfyriwr yng Ngholeg Prifysgol Cymru, Aberystwyth, yn 1923 ac wedi iddo raddio yn yr ail ddosbarth mewn Saesneg a chwblhau'r cwrs hyfforddi athrawon dychwelodd i Sir Benfro i fod yn athro ysgol.

Dechreuodd ar ei yrfa fel athro yn Ysgol y Dinas a symud oddi yno i Ysgol Solfach yn 1928. Bu'n athro cyflenwi wedyn mewn nifer o ysgolion yn ne a gogledd y sir. Er iddo fod yn 'rhy hen' i'w alw i'r gwasanaeth milwrol cofrestrodd fel gwrthwynebydd cydwybodol adeg yr Ail Ryfel Byd. Ymddangosodd o flaen tribiwnlys yng Nghaerfyrddin a'i ryddhau'n ddiamod. Priododd â Linda Llewellyn yng nghapel Blaenconin yn 1942. Yr oedd Waldo yn brifathro dros dro yn Ysgol Cas-mael ar y pryd ac aeth y ddau i fyw i'r pentref. Yn fuan wedyn cafodd drafferthion gyda'r awdurdod addysg ynglŷn â chaniatáu i heddychwr fod yn brifathro ysgol adeg y Rhyfel a symudodd yn 1942 i ddysgu yn Ysgol Ramadeg Botwnnog yn Llŷn. Roedd ef a'i briod yn hapus iawn yn yr amgylchedd newydd. Ond ymhen ychydig fisoedd wedi iddynt symud i Lŷn bu Linda farw o'r diciâu ym mis Mai 1943 wedi cystudd byr. Bu Waldo yn hir yn dod dros effeithiau'r brofedigaeth.

Symudodd i Loegr yn 1944 i ddysgu mewn ysgol yn Kimbolton. Oddi yno symudodd i Chippenham ac wedi

hynny i Lyneham yn Wiltshire. Ysgogwyd ef i ysgrifennu rhai
o'i gerddi gwladgarol dyfnaf yn ystod ei arhosiad yn Lloegr.
Dychwelodd i Gymru yn 1950 i ddysgu am gyfnod byr yn Sir
Frycheiniog.

Yn y cyfnod hwn y cafodd Waldo ei gyffroi yn fawr gan
Ryfel Korea. Penderfynodd beidio â thalu treth incwm fel
protest yn erbyn deddf gorfodaeth filwrol. Er mwyn cyflawni
ei fwriad rhoes y gorau i'w swydd fel athro a mynd yn
ddarlithydd o dan nawdd Adran Efrydiau Allanol Coleg y
Brifysgol, Aberystwyth. Gan fod y darlithwyr yn cael eu talu'n
uniongyrchol gan y Coleg yr oedd modd iddo atal y swm oedd
yn ddyledus i Gasglwr Treth Ei Mawrhydi.

Symudodd i fyw i Johnston yn ne Sir Benfro ac ymunodd
â'r Crynwyr yn 1953. Rwy'n cofio'n dda amdanaf yn un o griw
o fechgyn yn aros ar sgwâr Tufton i weld Waldo yn mynd
heibio yn ei siorts ar gefn ei feic un nos Lun yn y gaeaf i
gynnal dosbarth ar 'Beirdd a Llenorion yr Ugeinfed Ganrif'
yn Ysgol Maenclochog. Roedd fy nhad yn mynychu'r
dosbarthiadau hyn ac yn cael blas anghyffredin ar y
darlithoedd a'r seiadu. Oherwydd i Waldo wrthod talu treth
incwm atafaelwyd ei eiddo o'i gartref yn Johnston a
charcharwyd ef am chwe wythnos yng Ngharchar Abertawe
yn 1960 a chwe wythnos arall yng ngharchar Achwell,
Rutland yn 1961. Gwrthododd dalu yr un ddimai goch tan i'r
gorfodog olaf gael ei ryddhau o'r Lluoedd Arfog yn 1963.

Ef oedd ymgeisydd Plaid Cymru yn etholaeth Sir Benfro yn
Etholiad Cyffredinol 1959. Yr oedd yn ormod o fonheddwr i
fod yn wleidydd effeithiol. Siaradai'n huawdl a doeth mewn
cyfarfodydd ar hyd a lled y sir yn ystod ei ymgyrch etholiadol.
Ond ei gyfaill, D. J. Williams, Abergwaun, oedd yn ateb y
rhan fwyaf o'r cwestiynau! Mae un stori dda amdano yn
annerch cyfarfod etholiadol mewn ardal amaethyddol yn y de.
Y tro hwn roedd D. J. yn methu â bod yno. Cyfaddefodd
Waldo ar ddiwedd ei araith nad oedd yn hyddysg ym myd
amaeth ond y gwnâi ei orau i ateb unrhyw gwestiwn. Dyma
rywun yn codi yng nghefn y gynulleidfa ac yn gofyn 'How
many ribs has a pig?' Atebodd Waldo ef ar ei ben 'To be honest

I don't know. But if you would like to bring one forward I am prepared to count them!' Rwy'n cofio adeg cyhoeddi'r canlyniad y tu allan i Neuadd y Farchnad yn Hwlffordd a Desmond Donnelly yn cael ei ailethol i gynrychioli'r Blaid Lafur yn y senedd. Gofynnwyd i'r ymgeiswyr ddweud gair o'r llwyfan wedi'r canlyniad ac yr oedd anerchiad Waldo ynglŷn â hau hedyn mwstard y Blaid Genedlaethol yn Sir Benfro yn glasur.

Dychwelodd i'w swydd fel athro yn 1963 a bu'n dysgu Cymraeg fel ail iaith yn Ysgol Gatholig Doc Penfro, Ysgol Barham, Tre-cŵn, Ysgol Gatholig Abergwaun ac Ysgol Wdig. Gweithiodd yn galed iawn a bwriadai ymddeol o ddysgu ym mis Rhagfyr 1969. Ond fe'i trawyd gan waeledd rhyw ddeufis cyn ei ymddeoliad. Yn dilyn llawdriniaeth feddygol dioddefodd gyfnodau hir o gystudd a bu farw yn Ysbyty St. Thomas, Hwlffordd, ar ddydd Iau Dyrchafael 1971.

Dechreuodd Waldo farddoni yn ifanc iawn. Yn ôl yr hanes yr oedd ef a'i chwaer Morfudd, a fu farw yn 13 oed, yn ymhel â barddoniaeth yn Saesneg. Y mae un stori ddiddorol sy'n sôn am Morfudd yn ei geryddu am ei fod yn defnyddio gormod o ansoddeiriau yn ei farddoniaeth. Wedi marw Morfudd yr aeth Waldo ati i ysgrifennu barddoniaeth Gymraeg. Enillodd y wobr am gyfansoddi cerdd ar y testun 'Mynydd Duw' yn Eisteddfod Capel Horeb, Maenclochog, pan oedd yn 17 oed a hon oedd y gerdd gyntaf iddo ei chyhoeddi. Ar ôl iddo fynd i'r coleg yn Aberystwyth bu'n rhannu llety ag Idwal Jones, y 'digrifwr' o Lambed, a chawn yr hanes am y ddau yn llunio pob math o limrigau, parodïau a phenillion doniol ar y cyd i ddifyrru'r amser. Ymddangosodd rhai ohonynt dan yr enw Idwaldo. Clywais W. R. Evans yn sôn byth a hefyd am y bartneriaeth a dyfodd rhyngddo ef, Llwyd Williams a Waldo pan oedd y tri bardd ifanc o Sir Benfro yn cyfarfod yn gyson i drafod barddoniaeth ac yn cystadlu yn erbyn ei gilydd yn yr eisteddfodau lleol. 'Beirdd ystwyth hen bryddestau,' chwedl Waldo. Ond cystadlu am yr hwyl a wnaent ac nid er mwyn ennill y wobr.

Ymddangosodd nifer o gerddi Waldo o bryd i'w gilydd

mewn amryw o gylchgronau a chyfnodolion a chyhoeddwyd
detholiad o'i farddoniaeth yn ei gyfrol *Dail Pren* a welodd olau
dydd yn 1956. Perthyn i'w gyfnod cynnar fel bardd y mae'r
telynegion 'Yr Hen Allt', 'Menywod', 'Cwm Berllan' a 'Cofio'.
Darlunio coedwig a dorrwyd i lawr i ddiwallu anghenion y
Rhyfel Byd Cyntaf yn ail-dyfu i gynnig ei gwasanaeth eto i
blant dynion a wneir yn 'Yr Hen Allt'. Cerdd sentimental
ydyw a'i theimladrwydd yn apelio at chwaeth lenyddol y
tridegau. Ond yn ddiamau, y delyneg 'Cofio' sy'n dechrau â'r
llinellau

> Un funud fach cyn elo'r haul o'r wybren,
> Un funud fwyn cyn delo'r hwyr i'w hynt...

yw'r gerdd a ddaeth yn ffefryn mawr gan ddarllenwyr
barddoniaeth drwy Gymru benbaladr. Ymdeimlo â'r amser
gynt a diflaniad ieithoedd, celfyddyd a diwylliannau na
wyddom ni ddim amdanynt bellach yw'r thema. Daeth yn
boblogaidd oherwydd naws ac awyrgylch yr arddull a swyn y
mynegiant. Ond y mae cerddi diweddarach Waldo yn perthyn
i fyd gwahanol.

Mae hanes cyfansoddi awdl 'Tyddewi' yn ddiddorol. Roedd
D. J. Williams yn un o is-gadeiryddion Eisteddfod Genedl-
aethol Abergwaun 1936, ac aeth ati i berswadio Waldo i
gynnig am y Gadair. 'Tyddewi' oedd y testun a dyma Waldo yn
ysgrifennu'r awdl gyfan dros gyfnod o ddau benwythnos.
Cafodd bwl o anhwylder yn fuan wedyn a D. J. fu'n rhoi trefn
ar y tudalennau ac yn trefnu iddi gael ei theipio a'i hanfon i'r
gystadleuaeth. Simon B. Jones, un o Fois y Cilie, a gipiodd y
Gadair, a daeth awdl frysiog Waldo yn ail! Yr oedd ganddo
feddwl mawr o'r awdl hon hefyd. Aeth ati i'w diwygio ac
ailysgrifennu darnau helaeth ohoni ar gyfer ei chyhoeddi yn
Dail Pren. Dyma'r unig dro iddo gystadlu yn y Genedlaethol.

Un mesur sydd i'r awdl sef penillion wyth llinell sy'n
gyfuniad o bedair llinell o gywydd a phedair llinell olaf hir-a-
thoddaid. Dyfeisiwyd y mesur hwn gan R. Williams Parry yn
ei awdl 'Yr Haf' yn Eisteddfod Genedlaethol Bae Colwyn
1910. Yr oedd Waldo yn gyfarwydd iawn ag ardal Tyddewi ac

yn ymddiddori'n ddwfn yn Oes y Seintiau. Yn y penillion agoriadol cawn y bardd yn consurio awyrgylch y glannau ac y mae'r môr yn gefndir i'r hanes a'r digwyddiadau. Mae'n gweld Dewi Sant yn dychwelyd i rodio'r fro:

> Y gŵr tal a garai ton
> A chlegyr uwchlaw eigion...

a dywedir wrthym am ei aberth a'i ymroddiad. Cyn bo hir daw pysgotwr i'w gyfarfod ac y mae Dewi yn ceisio ei argyhoeddi ynglŷn â gwerthoedd y ffydd Gristnogol. Cofiwn mai oes baganaidd oedd y chweched ganrif yng Nghymru ac y mae'r ymddiddan rhwng Dewi a'r pysgotwr yn symbol o'r gwrthdaro rhwng y diwylliant brodorol a chrefydd newydd y seintiau.

Yn yr ail ganiad cawn hanes y pererinion yn cyrraedd Tyddewi yn yr Oesoedd Canol. Ond y masiwn yn adeiladu'r Eglwys Gadeiriol sydd ar flaen y llwyfan. Nid ysblander yr adeilad sydd yma'n unig ychwaith ond hanes ei hadeiladu'n ysbrydol hefyd. Yn y caniad olaf y mae'r bardd yn eistedd ar fynydd Carn Llidi ac yn gweld panorama'r canrifoedd yn mynd heibio. Ond y mae cenhadaeth Dewi Sant yn goroesi pob dyfais a ffordd o fyw. Yn y galon y mae'r neges ac nid mewn adeilad o bridd a maen. Yn sicr, y mae i'r awdl hon ei *chynnwys* yn ogystal â'i *chân*.

Tir a daear Sir Benfro, ei thirwedd a'i phobl, yw ffynhonnell ysbrydol y rhan fwyaf o syniadau, gweledigaethau a delweddau Waldo yn ei farddoniaeth. Yr oedd tŵr Castell y Garn a'r graig ar gopa mynydd Plumstone i'w gweld yn amlwg ar y gorwel wrth edrych i'r gorllewin o Elm Cottage, ei hen gartref yn Llandysilio. Fe'u defnyddiodd yn symbolau cynhwysfawr yn ei gywydd deuddeg caniad 'Y Tŵr a'r Graig'. Ysgogwyd y cywydd hwn gan gynnig yr Arglwydd Strabolgi yn Nhŷ'r Arglwyddi ym mis Tachwedd 1938 yn galw ar y Llywodraeth i fabwysiadu Gorfodaeth Filwrol. Fe'i cyhoeddwyd yn *Heddiw* (Tachwedd 1938) a diwygiwyd rhannau ohono ar gyfer ei gynnwys yn *Dail Pren*. Y mae'r tŵr yn symbol o'r grym militaraidd a'r pwerau gormesol yn y byd sydd ohoni a'r graig yn symbol o ddyfalbarhad y werin a'i dull heddychol o fyw. Y werin yw asgwrn cefn pob cymdeithas wâr. Er iddi ddioddef rhaib a dichell y gormeswyr y mae'n eu goroesi hefyd, oherwydd:

> Gostwng a fydd ar gastell,
> A daw cwymp ciwdodau caeth,
> A hydref ymherodraeth.

Dyma enghraifft odidog o ddawn y bardd i fathu symbolau o'i gynefin i gyfleu gwirioneddau oesol mewn perthynas a'r genedl Gymreig. Ac, y mae ei ffydd mor gadarn a'r graig.

Yn 1936 y cyhoeddwyd *Cerddi'r Plant* ar y cyd gan Waldo Williams ac E. Llwyd Williams. Cynhwysir ugain o gerddi Waldo yn y gyfrol a dywedodd iddo ysgrifennu'r cwbl mewn deg diwrnod. Roedd Waldo yn hoff iawn o blant ac mae cynnwys y cerddi yn ymdroi ym myd naturiol y plentyn. (Yn wir, clywais rai pobl yn dweud fod rhyw ddarn o gyfansoddiad Waldo nad oedd erioed wedi gorffen bod yn blentyn). Ymhlith y darnau mwyaf poblogaidd y mae 'Dynion sy'n Galw', 'Pitran Patran' ac 'Y Bws'. Y plentyn ei hun sy'n siarad gan amlaf a chyfansoddwyd nifer o'r cerddi ar ffurf ymddiddan. Tybed ai darnau ar gyfer eu hadrodd mewn cyngherddau ac eisteddfodau oedd llawer ohonynt? Ymddangosodd dau gywydd byr ar gyfer plant yn *Dail Pren* hefyd: 'Y Ci Coch', stori am hwyaden yn twyllo cadno; a 'Byd yr Aderyn Bach', cywydd hapus yn cyffelybu'r adar i blant ysgol.

Ni ellir anwybyddu Waldo fel 'digrifwr' yn ei farddoniaeth ychwaith. Y mae'r hanes amdano yn anfon pentwr o englynion i Eisteddfod Bwlch-y-groes ar ddiwedd y tridegau yn enw pob un o feibion Jacob ynghyd ag englyn Jacob ei hun ac Isaac y tad-cu yn stori sy'n werth ei hadrodd. 'Taten' oedd y testun ac englyn Isaac 'yr hen foi' a orfu. Mae cefndir 'Fel Hyn y Bu' (*Dail Pren*, tud 104) yn ddiddorol hefyd. Pan oedd Waldo yn brifathro ysgol Cas-mael adeg y Rhyfel aeth am dro ar bnawn Sul i grwydro ardal gyfagos Castellhenri. (Hen ardal fy magwraeth i). Wrth fynd heibio ffarm Pantycabal cafodd ei ddrwgdybio gan y ffarmwr o fod yn un o ysbïwyr yr Almaen. Hysbyswyd offeiriad y plwyf ac aeth yntau ar y ffôn i alw'r Heddlu a'r Hôm Gard i chwilio amdano. Ond nid oedd na siw na miw o'r tresmaswr yn unman. (Sail y ddrwgdybiaeth oedd y ffaith fod Waldo wedi gwrthod dangos ei *Identity Card* ar gais y ffarmwr). Fel mae'n digwydd, pan oedd Waldo ar ei ffordd adre cyfarfu ag un o gyn-ddisgyblion ysgol Cas-mael heb fod nepell o sgwâr Tufton, a buont yn sgwrsio am ysbaid. Ymhen deuddydd cafodd y bachgen hwnnw weledigaeth. Beth os mai Waldo oedd y 'dyn od' yr oedd cymaint o chwilio amdano? Dyma ollwng y gath o'r cwd a daliwyd 'yr ysbïwr' gan ddau blismon wrth iddo ymlwybro tua'r ysgol y dydd Mercher wedyn.

Cyhoeddodd Waldo 'Fel Hyn y Bu' yn y papur lleol y *Narberth, Whitland & Clynderwen Weekly News* ymhen rhyw wythnos wedyn. Cerdd faledol ydyw yn adrodd hanes yr helynt ac weithiau y mae min ar ei ddychan:

> Chwi wŷr Castell Henri, diolchwch fel praidd
> Am fugail yn cadw ei blwyf rhag y blaidd,
> Ac am Bant y Cabal a safodd ei dir
> Gan weled trwy'r rhagrith i galon y gwir.

Yr wythnos wedyn dyma'r offeiriad (o dan y ffugenw 'Castellwr') yn cyhoeddi ei fersiwn ef o'r stori ar ffurf cyfres o benillion eto. Daeth Morris Morris y ffarmwr i'r ymryson farddol yn y *Weekly News* hefyd a dyma Llwyd Williams yn anfon cerdd ogleisiol (yn cefnogi Waldo wrth gwrs) i gloi'r mwdwl. Y mae hanes Waldo a'r *Identity Card* yn rhan o lên gwerin yr ardal bellach.

Cynhwysir yn *Dail Pren* hefyd gerdd ddoniol yn dwyn y teitl 'Ymadawiad Cwrcath'. Awdl fer ydyw sy'n barodi ar ran o'r awdl 'Ymadawiad Arthur' (T. Gwynn Jones). Cred rhai beirniaid fod y cerddi doniol yn amharu ar ansawdd y gyfrol. Ond mae'n amlwg fod i dant y digrifwr le cynnes yng nghalon y bardd.

Ond swyddogaeth gymdeithasol sydd i ganu gorau Waldo. Daw teitl y gyfrol *Dail Pren* o Lyfr y Datguddiad (22:2) 'A dail y pren oedd i iacháu'r cenhedloedd' (yn ogystal â syniad Keats fod barddoniaeth yn tyfu mor naturiol â dail ar goed). A dywedodd Waldo hefyd yn *Y Faner* (20.2.58) 'Gobeithiaf y bydd *Dail Pren* yn gymorth ymarferol i'm cenedl yn nryswch yr oes hon.' Bardd Cristnogol oedd Waldo yn anad dim arall, ac mae'r berthynas rhwng dyn a dyn yn hollbwysig iddo hefyd. Ymdrin â'r berthynas hon a wneir yn 'Adnabod', 'Cyfeillach' a 'Brawdoliaeth':

> Mae rhwydwaith dirgel Duw
> Yn cydio pob dyn byw;
> Cymod a chyflawn we
> Myfi, Tydi, Efe.

Brawdoliaeth a brawdgarwch yw thema fawr *Dail Pren*.

Y frawdoliaeth gymdeithasol yw thema 'Preseli' hefyd. Ysgrifennwyd y gerdd hon yn 1946 ar ôl i'r Weinyddiaeth Amddiffyn benderfynu meddiannu 16,000 o erwau'r gymdogaeth yn faes ymarfer i'r fyddin. Bu gwrthwynebiad cryf yn lleol, ac wedi brwydr galed a barodd am yn agos i ddwy flynedd, y diwedd fu i'r Swyddfa Ryfel ildio a dan bwysau'r protestwyr. 'Preseli' oedd ffefryn y bardd ei hun o blith y cerddi a ysgrifennwyd ganddo. Cerdd ydyw sydd wedi ei lleoli yn ardal ei febyd gyda chyfeiriadau at y mynyddoedd a fu'n rhan o'i fagwraeth yng nghymdogaeth Mynachlog-ddu. Yng nghwmni'r brodorion a fu'n herio elfennau'r tywydd i grafu byw o ddaear dlawd y llecyn hwn o Ddyfed y gwelodd Waldo wreichion y frawdoliaeth glòs a'r annibyniaeth barn a nodweddai hil y llechweddau:

> Mur fy mebyd, Foel Drigarn, Carn Gyfrwy, Tal Mynydd,
> Wrth fy nghefn ym mhob annibyniaeth barn.
> A'm llawr o'r Witwg i'r Wern ac i lawr i'r Efail
> Lle tasgodd y gwreichion sydd yn hŷn na harn.

Drwy helpu ei gilydd gyda'r fedel (cymdeithas gydweithredol yng ngwir ystyr y gair) yr oedd y bobl hyn yn llwyddo i drechu rhaib yr elfennau ac yn estyn bendithion i'w plant.

Yn y pennill olaf y mae'r bardd yn mawrygu'r dull o

amaethu a'r ysbryd cymdogol (a welodd) ym mro ei febyd; ac mae'r gerdd yn gorffen â'r deisyfiad am ddiogelu'r ardal a'i ffordd o fyw rhag y grym militaraidd oedd yn bygwth llygru'r dreftadaeth hon:

> Mae rhu, mae rhaib drwy'r fforest ddiffenestr.
> Cadwn y mur rhag y bwystfil, cadwn y ffynnon rhag y baw.

Nid yw Waldo bob amser yn cyfathrebu'n rhwydd yn ei farddoniaeth. Weithiau y mae profiadau'r bardd yn gymhleth a'r delweddau yn astrus i'w dehongli. Gwelsom sawl dehongliad cwbl wahanol o 'Cwmwl Haf' gan feirniaid o safon. Gellir dadlau, wrth gwrs, fod y cerddi'n gyfoethocach am fod iddynt haenau o ystyron. Cerdd anodd, ar sawl cyfrif, yw 'Mewn Dau Gae' hefyd. Ond yn sicr, dyma un o gerddi disgleiriaf yr iaith Gymraeg. Cafwyd trafodaeth ar y gerdd hon gan Waldo ei hun yn *Y Faner* (13.2.58) ac y mae iddi brofiad personol a chyfriniol dwfn. Daeth y weledigaeth (neu'r sylweddoliad) i'r bardd yn y bwlch rhwng y ddau gae ar ffarm Y Cross, Clunderwen, ddeugain mlynedd cyn ei chyfansoddi. Neges sylfaenol y gerdd yw fod dynion yn frodyr i'w gilydd; a Duw fel heliwr yn taflu ei rwyd amdanynt. Ef yw'r ysbrydolwr nad yw'n gadael llonydd i ddynion. Nid ein hela er mwyn ein dal a'n difetha a wna ond er mwyn ein tynnu'n nes at ein gilydd.

Y mae'r nodyn cenedlgarol yn gryf iawn yn ei farddoniaeth hefyd. Bro'r Preseli oedd ei balas a thrwy ffenestr y palas hwn y mae'n gweld y genedl yn ei chyfanrwydd. Mae ei frogarwch yn tyfu'n genedlgarwch. Yn y soned 'Cymru'n Un', cerdd sy'n fynegiant dwys o'i ymwybyddiaeth genedlaethol, y mae'n ei weld ei hun:

> Ymhlith y rhai sydd am wneud Cymru'n bur.

Ond y mae'r tir, yr iaith a'r bobl ynghlwm wrth ei gilydd. Dywed yn y soned laes 'Cymru a Chymraeg' mae'r iaith Gymraeg yn unig a all roi mynegiant i bersonoliaeth y genedl. Y mae'n rhaid inni ei diogelu waeth beth fyddo'r gost. Personolir yr iaith i ferch ifanc, fyrbwyll, yn crwydro llwybrau trafferthus y mynydd-dir. Daw perygl i'w chyfarfod. Ond nid yw Waldo yn dannod iddi ei ffaeleddau (fel y mae Gwenallt yn ei wneud wrth alw Cymru'n butain). Gwell ganddo bwysleisio ei bywiogrwydd, ei dycnwch a'i pharhad:

> Hyd yma hi welodd ei ffordd yn gliriach na phroffwydi.
> Bydd hi mor ieuanc ag erioed, mor llawn direidi.

Cymharu'r Gymraeg i frenhines ar grwydr wedi cefnu ar ei hurddas ac yn dlawd ei byd o'i chymharu â rhai ieithoedd eraill a wneir yn 'Yr Heniaith'. Y mae'r frenhines hardd ar ddisberod yn ei theyrnas ei hun. Daeth yn aeaf cenedl. Y mae'r frenhines yn cael ei hanwybyddu ymysg ei phobl. Ond mae yna obaith y daw'r gwanwyn yn ei ôl:

> Nyni a wêl ei hurddas trwy niwl ein hadfyd,
> Codwn, yma, yr hen feini annistryw.

Galwad sydd yma ar ei gyd-Gymry i ymuno yn y gwaith o ailgodi'r llys. Er iddo droi'n furddun y mae'r meini yn annistryw.

Ysgrifennodd Waldo nifer o gerddi mawl i unigolion hefyd. Ffrwyth myfyrdod dwfn ac argyhoeddiadol yw 'Geneth Ifanc'. Gweld ysgerbwd carreg yn Amgueddfa Avesbury o ferch a fu farw'n ddeuddeg oed a ysbrydolodd y gerdd. Yr Oes Neolithig oedd ei chyfnod a gwêl y bardd yn ei ddirnadaeth ei theulu yn amaethu'r tir o ddydd i ddydd mewn oes heddychlon. Daeth y brofedigaeth i amharu ar y tangnefedd. Ond yn sgil marwolaeth y ferch fach cafodd ei thylwyth fodd i weld ystyr i ddryswch bywyd ac ymdeimlo â'i phresenoldeb yn y diamser. Cofiwn i Morfudd, chwaer Waldo, farw'n ddeuddeg oed hefyd, ac ni allwn lai na theimlo fod y bardd yn ei uniaethu ei hun â'r profiad hwn. Mae'n gerdd drist ac iddi nodyn personol cryf.

Cerdd o fawl i'w dad a'i fam yw 'Y Tangnefeddwyr'. Yr oedd y ddau ohonynt yn heddychwyr pybyr. Cerdded adref ar ei ben ei hun yn y nos adeg yr Ail Ryfel Byd a gweld yr awyr yn goch gan fflamau tân y bomiau a losgodd ddinas Abertawe i'r llawr a ysgogodd y gerdd hon. Daeth y cof am ei rieni yn fyw iawn iddo a dadlennir eu byw glân a diragrith mewn cerdd deimladwy. Dyma'r diweddglo:

Gwyn ei byd yr oes a'u clyw,
Dangnefeddwyr, plant i Dduw.

Teyrnged i'w fam yw'r cywydd crefftus 'Angharad' hefyd. Cawn olwg ar brif nodweddion ei chymeriad a'i phersonoliaeth a chyflwynir inni ddarlun o fywyd sy'n batrwm i eraill. Disgrifiodd Waldo ei berthynas â Linda fel 'fy mlynyddoedd mawr'. Yn ei gywydd coffa iddi, nas cyhoeddwyd yn *Dail Pren*, y mae'r cwpled cofiadwy:

Hi wnaeth o'm hawen, ennyd,
Aderyn bach uwch drain byd.

Cân o fawl i'w briod yw'r gerdd ddelweddol 'Oherwydd Ein Dyfod' hefyd ac y mae llawenydd serch, a gorfoledd adnabod a chyd-fyw yn pefrio drwy'r dweud.

Yn ogystal â chanu molawdau i'w deulu agos lluniodd Waldo nifer o gerddi grymus hefyd i gyfarch a choffáu rhai o'i gyfeillion a'i gydnabod. Ymhlith y rhai mwyaf cynhwysfawr y mae ei gywydd teyrnged i D. J. Williams ar adeg ei ymddeoliad fel athro yn Ysgol Uwchradd Abergwaun. Cyffrowyd ef yn fawr hefyd gan farwolaeth E. Llwyd Williams yn hanner cant oed ac y mae ei gywydd coffa 'Llwyd' yn gyfuniad o hiraeth dwys a delweddu llachar. Ond yn sicr, un o'i gywyddau mwyaf cofiadwy yw ei gywydd cyfarch i W. R. Evans ar ei ymadawiad ag Ysgol Bwlch-y-groes i fod yn brifathro Ysgol Gymraeg Y Barri. Clywais rai pobl yn sôn amdano yn ei lawn hwyl yn adrodd y cywydd i gyd ar ei gof (144 o linellau) yn y cyfarfod ffarwel yn Mwlch-y-groes. Mae naws a chelfyddyd yr hen gywyddau dyfalu mewn llinellau fel y rhain:

Wyt gyfan wythran athro,
Wyt frawd ieuenctid dy fro,
Wyt olau tua'u haelwyd,
Wyt hael lord eu bord a'i bwyd...

Yr oedd gan Waldo ei arwyr cenedlaethol a rhyngwladol hefyd. Cerdd sy'n llawn tyndra ac emosiwn yw 'Eneidfawr', ei gerdd goffa i Gandhi. Mae arddull y bardd, yn ei foelni a'i uniongyrchedd, yn gydnaws â buchedd ei arwr, ac y mae'r llinell olaf:

Cododd ei law ar ei lofrudd a myned trwy'r olaf mur.

yn ysgytwol â dweud y lleiaf. Cân o fawl i dri merthyr Pabyddol, John Roberts, John Owen a Rhisiart Gwyn yw 'Wedi'r Canrifoedd Mudan'. Hunanaberth a dioddefaint yr unigolyn yw'r thema ac mae'r bardd yn hael ei edmygedd o'r rhai a wynebodd y gosb eithaf dros eu Gwaredwr.

Mae'n amhosibl mynd i'r afael â holl bynciau a themâu'r bardd mewn ysgrif fer fel hyn. Roedd Waldo yn hyddysg yn y Beibl ac y mae nifer o ddelweddau a chyfeiriadau Beiblaidd ac ysgrythurol yn britho ei farddoniaeth. Dwy ddelwedd sy'n digwydd yn aml yng nghanu Waldo yw delwedd y 'goleuni' a delwedd y 'tŷ'. Cofiwn fod y Crynwyr yn rhoi pwyslais mawr ar y goleuni 'oddi mewn' sef profiad uniongyrchol dyn â Duw. Hwn yw'r goleuni ysbrydol y sonnir amdano yn 'Mewn Dau Gae', 'Eirlysiau', 'Wedi'r Canrifoedd Mudan' a nifer o gerddi eraill. Ar y llaw arall y mae'r 'tŷ' gan amlaf yn symbol o ddiogelwch yn y byd sydd ohoni, y gymdeithas wâr a brawdgarol. Y tŷ yw canolfan perthynas pobl â'i gilydd.

Bardd proffwydol oedd Waldo a chanddo neges bendant i'w gyd-Gymry. Ef yw'r mwyaf dyfynadwy, efallai, o holl feirdd ein gwlad. Nid oes angen ond dyfynnu llinellau fel:

Daw dydd y bydd mawr y rhai bychain,
Daw dydd ni bydd mwy y rhai mawr...

Beth yw maddau? Cael ffordd drwy'r drain
At ochr hen elyn...

i brofi'r pwynt. Rhyfedd iddo farw ym mis Mai pan oedd dail y coed yn agor eu gwyrddni. Rown i'n un o'r archgludwyr yn ei angladd ym Mlaenconin. Diwrnod hyfryd o wanwyn oedd hi ac ni allwn lai na theimlo ein bod yn gollwng darn o

fwynder Mai i bridd y ddaear. Rhyfedd i mi hefyd oedd dull
syml y Crynwyr o gladdu'r marw. Dim gweddïo na chanu ar
lan y bedd. Cawsom ddiwrnod hyfryd hefyd i
ddadorchuddio'r gofeb ar dir comin Mynachlog-ddu saith
mlynedd yn ddiweddarach. Ond y mae ei farddoniaeth yn
ystgytwol-fyw, yn agor meddyliau a dyfnhau ein profiadau.
Rwy'n siŵr y byddai *pob* llengarwr yn cytuno ei fod, o leiaf, yn
un o feirdd mwyaf ein cenedl.

Llyfryddiaeth

Waldo Williams, *Dail Pren*, Gwasg Aberystwyth, 1956.
E. Llwyd Williams a Waldo Williams, *Cerddi'r Plant*, Gwasg Aberystwyth, 1936.
W. Rhys Nicholas (gol.), *Beirdd Penfro*, Gwasg Aberystwyth, 1961.
Eirwyn George (gol.), *Blodeugerdd y Preselau*, Cyhoeddiadau Barddas, 1995.
Dafydd Owen, *Dal Pridd y Dail Pren*, Llyfrau'r Dryw, 1972.
James Nicholas, *Waldo Williams: Writers of Wales*, Caerdydd, 1975.
Dyfnallt Morgan, *Thema yn ei Waith*, Gomer, 1975.
James Nicholas (gol.), *Waldo*, Gomer, 1977.
Robert Rhys (gol.), *Waldo Williams: Cyfres y Meistri*, Christopher Davies, 1981.
Ned Thomas, *Waldo: Llên y Llenor*, Caernarfon, 1986.
Robert Rhys, *Chwilio am Nodau'r Gân*, Gomer, 1992.
James Nicholas (gol.), *Waldo Williams, (Bro a Bywyd)*, Cyhoeddiadau Barddas, 1996.

TOMI EVANS
(1905 – 1982)

Gŵr o gorffolaeth fechan yn edrych arnoch chi â dau
lygad bywiog y tu ôl i wydrau'r sbectol. Dwy law
hamddenol yn llwytho'i bibell. Chwerthiniad iach yn
saethu o'i enau ac wyneb siriol yn diflannu mewn cwmwl o
fwg. Dyna'r darlun sy'n aros yn y cof o'r Prifardd Tomi Evans
yn ei hwyliau llawn. Ganed ef ym Mlaenffynnon, Tegryn,
wrth odre'r Frenni Fawr, yn un o ddeg o blant i John a Mary
Evans. Brawd iddo oedd y Parchedig D. Gwyn Evans, awdur
y gyfrol o farddoniaeth *Caniadau'r Dryw*. Chwarelwr oedd y
tad a dilyn ei gamau ef a wnaeth Tomi. Gadawodd yr ysgol leol
yn bedair ar ddeg oed a mynd i weithio i chwarel gyfagos y
Glog. Holltwr llechi oedd ei waith. Ar ôl i chwarel y Glog gau
yn 1926 cafodd waith yn Chwarel Garn-wen, ryw bedair
milltir i'r de o bentre Crymych, ar y ffin rhwng Sir Benfro a
Sir Gaerfyrddin. Yn ddiweddarach yn ei oes, ar ôl i Chwarel

Garn-wen gau hefyd, bu'n cadw cyfrifon i gwmni o adeiladwyr ym mhentre Tegryn tan iddo ymddeol.

Cafodd Tomi Evans ei fagu mewn ardal ddiwylliedig iawn. Y mae W. R. Nicholas, un arall o'i gyfoedion ysgol, yn sôn yn ei ragair i'r gyfrol *Y Twrch Trwyth a Cherddi Eraill*, am ddylanwad yr athrawon yn Ysgol Tegryn. Yr oedd John Rees, y prifathro, yn rhoi ei fryd ar drwytho ei ddisgyblion yn hanes beirdd a llenorion Cymru mewn cyfnod pan oedd yr ysgolion eraill yn rhoi pwyslais mawr ar gyflwyno addysg Saesneg a Seisnig i'w plant. Ond y dylanwad dyfnaf ar Tomi Evans, yn ddiamau, oedd dylanwad traddodiad barddol y fro. Un o bileri gweithgareddau diwylliannol yr ardal hon oedd J. Brynach Davies. Ef oedd golygydd Colofn Farddol y *Tivy-Side* ac yr oedd yn feirniad ac arweinydd eisteddfodol tan gamp. Crydd ydoedd wrth ei alwedigaeth ac yr oedd ei gartref yn Llanfyrnach yn gyrchfan i bobl lengar yr ardal ddod at ei gilydd i drin a thrafod 'Y Pethe'. Cyfrifid Brynach yn fardd pwysig yn y gymdogaeth hefyd ac enillodd gadeiriau Birch Grove, Hirwaun, Llandysul, Cymer, Tonyrefail, Aberdâr a Glyn Tarrell yn ogystal â choron arian Llandysul, a medalau aur ac arian Corwen a Lerpwl. Enillodd yn y Genedlaethol hefyd ar y ddychangerdd ac am gyfansoddi chwech o delynegion. Yn fuan wedi ei farw cyhoeddwyd ei farddoniaeth mewn cyfrol sy'n dwyn y teitl *Awelon Oes*. Bûm yn eistedd ar aelwyd Blaenffynnon lawer tro yn gwrando ar Tomi yn adrodd ei gywydd coffa i Brynach. Yr oedd sbonc yn ei lygad ac edmygedd yn ei lais. Cefais gopi ganddo i'w gadw. Nis cyhoeddwyd yn unman a dyma'r pennill agoriadol:

> Y brenin o werinwr
> Oedd i'r ardaloedd yn dŵr,
> Enaid cwm fu'n gwneud cymaint
> I'r hen fro, a'i chyfri'n fraint;
> Blaenor y bywiol ennyn
> Ydoedd ef, pwerdy o ddyn.

Ond wrth draed Owen Davies, cefnder Brynach, y dysgodd Tomi Evans y cynganeddion. Teiliwr wrth ei alwedigaeth, yn byw yn y Glog, oedd Owen Davies, a chlywais Tomi'n dweud droeon ei fod yn athro beirdd heb ei ail. Nid oedd yn cyfansoddi llawer ei hun. Ond ef biau'r englyn cofiadwy hwn i Bet y Llety, mam T. E. Nicholas, wedi iddi gladdu ei gŵr:

Dyfal yw Bet yn pletio – ei ffedog
  Mewn ffwdan amdano;
A châr edrych a chrwydro
O'i gadair wag hyd ei ro.

Mae'n debyg ei bod yn arfer gan Bet i gydio yn ei ffedog a'i phlygu wrth siarad. Yn ogystal â dysgu rheolau'r gynghanedd i'w ddisgyblion yr oedd Owen Davies yn eu hannog i gystadlu mewn eisteddfodau hefyd. Clywais Tomi'n dweud fod ganddo ryw reddf i adnabod englyn buddugol. Pan ddywedai'r Teiliwr 'Ma' hwnna'n *winner*,' mae'n bur annhebyg y byddai'r englyn hwnnw'n colli'r dydd. Magwrfa beirdd oedd gweithdy'r teiliwr yn y Glog.

Câi Tomi hwyl anghyffredin wrth sôn amdano'n ennill ei gadair eisteddfodol gyntaf yn eisteddfod fach Llanfyrnach. Stôl odro oedd hi! Ond maes o law fe dyfodd yn gystadleuydd peryglus mewn eisteddfodau ar hyd a lled y wlad. Daeth nifer o gadeiriau pwysig i'w afael, ac yn ddi-os, ennill y Gadair yn Eisteddfod Genedlaethol Rhydaman 1970 am ei awdl 'Y Twrch Trwyth' oedd camp fwyaf ei yrfa eisteddfodol. Yn wir, y fuddugoliaeth hon oedd uchafbwynt traddodiad barddol bro Llanfyrnach.

Roedd Tomi Evans yn fardd hyd flaenau ei fysedd. Rwy'n cofio mynd i'w gartref unwaith i ofyn am gyfraniad i Golofn Farddol *Clebran*, papur bro cylch y Preseli. Rown i'n olygydd y golofn honno ar y pryd ac yn brin o ddeunydd ar gyfer y rhifyn nesaf. Aeth Tomi â mi i olwg y lawnt gysgodol o flaen drws y ffrynt yn Mlaenffynnon lle'r oedd clwstwr o ddaffodiliau cynnar yn tonni yn yr awel. Dyna'r daffodiliau cyntaf imi eu gweld y flwyddyn honno, a hynny ar ucheldir Tegryn, o bobman. Aethom i'r tŷ wedyn a dyma fe'n dangos dau englyn imi i'r 'Daffodil' (nid englynion newydd gyda llaw) ac yn gofyn yn ei ddull diffwdan, 'A wna'r rhain y tro?'

Gwyddwn cyn eu derbyn na fyddai Tomi o bawb yn gollwng dim o'i law na fyddai'n fwy na gwneud y tro i'r beirniad mwyaf ceintachlyd. Ond y fath gaffaeliad i'r Golofn Farddol. Dyma nhw:

> Un tal gwyllt o liw gwelltyn, – gloywa ŵyl
> Adeg lom o'r flwyddyn;
> Ar y lawnt cynnar ei lun,
> A'i gorn fyth ger hen fwthyn.

> Gwyrdd ac aur uwch gerddi gwyw – ar glawdd Mawrth
> Arglwydd y mis ydyw,
> A'i adfent mewn bro ledfyw
> Ar goesyn yn felyn fyw.

Cystal imi gyfaddef fy mod yn edmygydd mawr o Tomi Evans ar lawer cyfrif. Rwy'n cofio mynd i'w gartref, yn rhinwedd fy swydd, i'w recordio yn adrodd ei atgofion ar dâp. Llefaru o'r frest a wnâi Tomi, heb nodyn o'i flaen, a synnwn at ansawdd a theithi ei Gymraeg llafar. I mi, roedd ymweld â Blaenffynnon, bob amser, yn brofiad cofiadwy. Roedd ymddygiad hamddenol Tomi a Pheb, ei briod, yn gwneud imi deimlo mor gartrefol. Roedd y cyntedd a'r ddwy ystafell ffrynt yn llawn o gadeiriau eisteddfodol. Yn y parlwr safai Cadair Eisteddfod Genedlaethol Rhydaman fel brenhines fawr yn y gongl. Rwy'n siŵr mai dyma un o'r cadeiriau mwyaf o ran ei maint a roddwyd yn y Genedlaethol erioed. Nid yn unig ei breichiau a'i chefn uchel ond yr oedd iddi rhyw gymaint o do hefyd. Rwy'n cofio Tomi yn dweud wrthyf iddo weld llun o'r gadair yn *Rhestr Testunau* Eisteddfod Rhydaman ac wedi iddo gwblhau ei awdl 'Y Twrch Trwyth' a'i hanfon i'r gystadleuaeth fe ddangosodd y llun i Pheb. Yr unig sylw a wnaeth ei gymar oedd dweud 'Wel, gobeithio na ddaw honna 'ma ta beth!' Ond fe ddaeth. A chafodd le anrhydeddus yn y cartre hefyd.

Roedd yr ystafell fyw hefyd yn wledd i'r llygad. Lleolwyd cadair eistedd Tomi ei hun rhwng y bwrdd a'r *rayburn*. Lle hynod o gysurus. Nenfwd isel oedd i'r aelwyd o flaen y *rayburn* a thrawst pren uwchben y fynedfa. Yn hongian ar y trawst

hwn yr oedd tair ar ddeg o dystysgrifau'r Eisteddfod
Genedlaethol wedi eu fframio'n ddestlus. Do, enillodd Tomi
Evans yn y Genedlaethol bedair gwaith ar y Cywydd Digri,
teirgwaith ar y Ddychangerdd, dwywaith ar y Cywydd, ac
unwaith ar yr Englyn, y Soned, Cadwyn o Englynion, Deg o
Epigramau, ac Englynion Beddargraff, yn ogystal â chipio'r
Gadair wrth gwrs. Roedd yr arddangosfa fechan hon ym
Mlaenffynnon yn dweud y cyfan am amlochredd ei awen.

Bûm yn ei recordio yn darllen detholiad o'i farddoniaeth ar
dâp hefyd fel rhan o wasanaeth Llyfrgell Dyfed i'w
chwsmeriaid. *Cerddi Godre'r Frenni* oedd teitl y casét. Ei
ffefryn ef o blith ei holl gerddi oedd ei gerdd goffa i Llwyd o'r
Bryn sy'n dwyn y teitl 'Y Pethe'. Cerdd mewn *verse libre*
cynganeddol ydyw sydd hefyd yn gân o fawl i'r iaith Gymraeg.
Roedd Tomi yn berchen ar lais dwfn, clir a soniarus, a phleser
oedd gwrando arno yn darllen ei gerddi. Dyma bennill cyntaf
'Y Pethe':

> Heniaith yn ôl, dan y garthen niwloedd,
> Bu egino gwâr a bu geni geiriau,
> A'u dyfod adeiniog ar dafodau dynion
> Yn ffurfio, cydio'n y cof.

Roedd Tomi yn fardd peryglus mewn ymryson. Rwy'n cofio
clywed ei lais ar y radio yn cynrychioli Tîm Sir Benfro ar
Ymryson y Beirdd flynyddoedd cyn imi ddod i'w adnabod yn
bersonol. Achubodd fy ngham hefyd fwy nag unwaith mewn
ymrysonfa. Nid anghofiaf byth Brifwyl y Barri yn 1968. T.
Llew Jones oedd yn cloriannu'r Ymryson yn y Babell Lên. Y
dasg a osodwyd i mi, fel aelod o Dîm Sir Benfro, oedd ateb y
llinell 'Corrach yn barnu cewri'. Wedi pendroni tipyn a
cherdded yn ôl ac ymlaen dros ben y gwifrau ar y llawr y tu ôl
i'r Babell rown i'n methu'n lân â dod o hyd i linell foddhaol.
Sylwais fod Tomi wedi cwblhau ei dasg ac yn tynnu'n braf ar
ei getyn. 'Shwt mae'n mynd?' medde fe. 'Anobeithiol,'
meddwn i. Arhosodd am hanner munud yn edrych i'r
pellterau. 'Beth am hon?' meddai:

Yma'n awr, wel, dyma ni,
Corrach yn barnu cewri.

Rown i'n fwy na bodlon ar ddarllen fy llinell fenthyg ar y
llwyfan. Cafodd T. Llew andros o hwyl a'r gynulleidfa yn
chwerthin yn eu dyblau.

Ni welais erioed feirniad mwy caled ar ei waith ei hun.
Roedd Tomi yn gosod y safon gyda dwy linell gyntaf ei
gyfansoddiad. Clywais ef yn dweud ei fod yn adnabod rhai
beirdd oedd yn cyfansoddi'n andros o gyflym pan ddôi'r awen
heibio. Ar ôl gorffen y gerdd aent yn ôl drosti i chwynnu'r
darnau gwannaf a cheisio cryfhau ambell linell hwnt ac yma.
Nid dyma ddull Tomi o gyfansoddi. Roedd yn rhaid i'r llinell
gyntaf daro deuddeg, a phob llinell a'i dilynai yn cadw'r un
safon. Oni lwyddai i wneud hyn roedd y gerdd yn cael ei
thaflu ar ei hanner. Y cywydd oedd un o'i hoff fesurau ac y
mae'n werth sylwi ar gadernid y llinellau agoriadol:

Rhoed im ar ôl Rhydaman
Lawer mwy na'r wobrwy'n rhan,
(*Diolch am Gyfarchion y Cyfarfod Cadeirio*)

Rhowch i don ei braich o dir
A'i dylif a dawelir,
(*Y Porthladd Segur*)

Wyt hanner canrif ddifwlch
O frwydro heb ildio'r bwlch,
(*Cywydd Cyfarch i Urdd Gobaith Cymru*)

Yr oedd ganddo'r un llygad craff wrth ddarllen gwaith
beirdd eraill yn ogystal. Euthum ato unwaith i ofyn iddo
feirniadu rhyw gystadleuaeth farddol a drefnwyd gan Lyfrgell
Dyfed. Darllenodd y gerdd oedd ar wyneb y pecyn cyn imi
adael y tŷ. Cerdd i drên y Cardi Bach oedd hi yn dechrau â'r
llinell:

> Gwelais drên yn chwibanu ei chwît

'Na, na', meddai Tomi, 'wnaiff hyn byth mo'r tro. Fyddwch chi ddim yn chwibanu chwît. Ond *chwythu* chwît i wneud sŵn chwiban.' Aeth dros bob llinell gyda'r un manylder beirniadol. Perffeithydd y grefft oedd Tomi Evans yng ngwir ystyr y gair.

Cyflawnodd ei uchelgais fel bardd cystadleuol wrth ennill y Gadair yn Eisteddfod Genedlaethol Rhydaman am ei awdl 'Y Twrch Trwyth'. Adrodd rhan o chwedl *Culhwch ac Olwen* a wneir yn yr awdl storïol hon. Nid oes ynddi yr un ymgais i greu symboliaeth nac alegori. Pan osodwyd 'Y Twrch Trwyth' yn destun y Gadair yn Rhydaman bu rhai o'r beirdd yn cwyno ei fod yn rhy ysgolheigaidd ei naws a bu hyn yn achos tipyn o ben tost i aelodau'r Pwyllgor Llên. Rhyddhad mawr i'r bobl hyn fu gweld awdl syml anacademig yn cael ei chadeirio. Darllen fersiwn Saesneg o'r chwedl a wnaeth Tomi (nid oedd diweddariad Dafydd a Rhiannon Evans o'r *Mabinogion* ar gael y pryd hwnnw) a bu wrthi am rai misoedd yn ei chyfansoddi. Rwy'n ei gofio'n dweud wedi'r fuddugoliaeth fod yr awdl oddeutu saith cant o linellau wedi iddo orffen arni. Gan fod rheol y gystadleuaeth yn gofyn am awdl heb fod dros dri chan llinell bu'n rhaid iddo ailysgrifennu darnau helaeth o'r drafft cyntaf er mwyn ei chywasgu. 'Ni fu ei chyfansoddi'n anodd,' meddai, 'ond bu ei chwtogi yn chwysfa ombeidus.' Bardd y mesurau traddodiadol oedd Tomi Evans yn bennaf a bu ei weld yn ennill y Gadair Genedlaethol am awdl mewn *verse libre* cynganeddol yn syndod i lawer o'i gyfeillion.

Dethol y darnau hanfodol o chwedl Culhwch sy'n ymwneud â'r Twrch Trwyth a wnaeth y bardd, ac mae'r awdl yn darllen mor ystwyth ag unrhyw nofel. Ni ellir amau nad yw'r paragraff un frawddeg sy'n disgrifio Olwen, y ferch yr oedd Culhwch yn ei cheisio'n wraig, yn un o gampweithiau barddoniaeth Gymraeg:

> Unlliw â thân oedd ei mantell, a thorch
> O aur a meini am wynder ei mwnwgl,
> A bwa hwnnw dan wallt liw'r banadl,

Lliw y wennaf feillionen
Ac ewyn ton oedd ei llyfn-gnawd hi,
Ni hwyliodd yr un alarch
Eiliw ei dwyfron ddyli dyfroedd,
Ac ni bu i ehediad lygad mor loyw;
Yr oedd i'w dwyfoch liw'r bysedd cochion,
I'w dwylo wynder clofer y clais,
A tharddai, lle'r elai ar rawd,
Wyrth y rhain yn sathr ei throed,
Âi ei thegwch fel saeth i eigion
Y galon o'i gweled.

Aed y darllenydd ati i ddarllen y paragraff hwn yn y chwedl wreiddiol a chymharu'r ddau ddisgrifiad. Yr un yn union yw'r darlun, y lliwiau a'r cymariaethau, ac o'r ddau, disgrifiad y bardd yw'r cyfoethocaf.

Weithiau, y mae'n defnyddio'i ddychymyg i greu sefyllfaoedd cofiadwy. Dyma a ddywed y chwedl am y Twrch Trwyth yn cyrraedd Porth Clais. Daw'r dyfyniad o ddiweddariad Dafydd a Rhiannon Ifans o'r *Mabinogion*:

Y nos honno daeth Arthur i Fynyw. Drannoeth, dywedwyd wrth Arthur eu bod wedi mynd heibio a goddiweddodd ef [Y Twrch Trwyth] yn lladd gwartheg Cynwas Cwyrfagl...

A dyma ddisgrifiad bardd Cadair Rhydaman:

A bu gweled wrth fyned o Fynyw,
Yn nhir Cynwas, farc ei ewinedd;
Ych â'i berfedd ar goch y borfa.

Onid yw'r darlun sy'n yr awdl yn fwy iasol o lawer?

'Y Twrch Trwyth' yw'r unig awdl *verse libre* i hawlio'r Gadair Genedlaethol ers i Gwyndaf Evans ennill ar ei awdl 'Magdalen' yn 1935. Mae hyn yn syndod braidd gan fod rheol yr Eisteddfod yn caniatáu i awdlau ar y mesur hwn ddod i'r ornest unwaith bob tair blynedd. Ond y mae rhythmau 'Y Twrch Trwyth' yn wahanol iawn i rythmau 'Magdalen'.

Clywais Tomi'n dweud droeon ei fod wedi ceisio sicrhau rhythmau llafar i'w linellau er mwyn adlewyrchu dull y Cyfarwydd o ddweud stori. Gellir disgyn ar yr awdl mewn unrhyw fan ac ymdeimlo â rhythmau nerthol yr iaith lafar yn llifo drwy'r mynegiant. Y mae'r dull o ddweud hefyd yn gydnaws â chynildeb y stori wreiddiol. Dyma hanes Culhwch yn cyrraedd dôr llys Arthur ac yn gofyn i'r porthor am fynediad:

> Byr oedd ei ateb ef,
> 'Arthur a ddywed wrthyt.'

Cipio ysbryd yr hen chwedl yw camp pennaf awdl 'Y Twrch Trwyth'.

Nodwyd eisoes fod Tomi Evans yn meddu ar synnwyr digrifwch cryf. Rwy'n cofio Tîm y Preselau yn dychwelyd yn yr un car unwaith ar ôl bod yn talyrna yn y Gogledd. 'Pa un yw eich englyn gorau, Tomi?' meddai un o'r criw. Atebodd yntau heb oedi 'Bardd yr Orsedd'. A dyma fe'n ei adrodd gydag arddeliad a thinc o ddireidi yn ei lais:

> Mae ei ŵn yn redi-mêd, – ei olwg
> Yn smala ddiniwed;
> Gwreican mewn esgid griced
> Yw boi yr awdl ar barêd.

Nid oes ond ffin denau weithiau rhwng cellwair a dychanu ac yr oedd Tomi Evans yn ddychanwr tan gamp. Ffug-ganmol yw ei arf effeithiolaf yn ei ddychangerddi. Y mae'r ddychangerdd 'Cymdogion' yn llawn o fawl a chlod i'r bobl drws nesa'. Mawl am eu rhagrith a'u ffaeleddau! Tynnu gwifrau sy'n cael y sylw blaenaf yn ei gerdd ddychan 'Tylwyth' a'r awydd ymddangosiadol i blesio hen fodryb neu hen ewythr sy'n tynnu at ben y daith yn ateb diben. Ond y gân ogleisiol 'Ffurflenni', efallai, yw ei ddychangerdd orau. Cerdd ydyw sy'n canmol y gwahanol fathau o ffurflenni sy'n dylifo o adrannau'r Llywodraeth (ffurflenni dibwrpas wrth gwrs) ac yn eu clodfori'n hael am eu bendithion. Dyma deyrnged y bardd i'r swyddogion sy'n gyfrifol amdanynt:

> Llenorion sy'n eu llunio,
> Nid rhyw eginfeirdd gwib,
> A'u gwneud yn fwy o gampwaith
> Na phryddest mewn Fer Lib...
> Arglwyddi'r gyfraith, meistri pros,
> A'u heglurebau inni'n bos.

Y mae'r nodyn cymdeithasol yn amlwg iawn yn *Y Twrch Trwyth a Cherddi Eraill*. Ni ellir amau nad oedd y bardd yn ymglywed â churiad calon y gymdogaeth a lluniodd nifer o gerddi i gyfarch a choffáu ei gyfeillion a'i gydnabod yn ogystal â cherddi i sefydliadau o fewn ei filltir sgwâr. Nid rhamantydd na breuddwydiwr mohono. Roedd Tomi Evans yn hoff o ganu ar wahanol fesurau hefyd. Fe'i cawn yn mynd i'r afael â'r cywydd, hir-a-thoddaid, cadwyn o englynion, englynion milwr, y delyneg, y soned, *vers libre*, y ddychangerdd, yr emyn, caneuon, a chwpledi epigramatig.

Yn ogystal â bod yn grefftwr cydwybodol, sylwgarwch a ffresni ymadrodd, efallai, oedd ei brif nodweddion fel bardd. Dim ond awenydd o'r iawn ryw fedrai ddweud am ddwylo gof yn ei henaint:

> Y pâr clai, pwy ŵyr eu clod
> A'u gerwindeb yn gryndod?

neu ddisgrifio diwedd y gaeaf fel hyn:

> A phan ymaflo'r gwanwyn
> Yn hen ffon-dafl y gwynt,
> A bwrw'r wennol gyntaf
> Fel carreg lefn i'w hynt;
> Ni chlywir na phenllanw'r sudd
> Na sŵn cadwyni'n mynd yn rhydd.

Bu'n aelod ffyddlon o Dîm y Preselau ar Dalwrn y Beirdd hyd ei farw. Ei englyn 'Ionawr' oedd un o'i gynhyrchion olaf. Roedd ganddo feddwl mawr ohono hefyd. Fe'i cyfansoddwyd yn arbennig ar gyfer Y Talwrn ac mae'n enghraifft deg o'i ddawn ar ei gorau:

Ni cheir er stormydd chwerwon – un mwynach
   Am ennyn gobeithion,
   Na gwawr well i flwyddyn gron
   Na'i flodau gynau gwynion.

Llyfryddiaeth

Tomi Evans, *Y Twrch Trwyth a Cherddi Eraill*, Gomer, 1983.
Eirwyn George (gol.), *Blodeugerdd y Preselau*, Cyhoeddiadau Barddas, 1995.

E. LLWYD WILLIAMS
(1906 – 1960)

R wy'n cofio'r llais cadarn a chlir yn adrodd cwpledi o gywydd ar y radio ers talwm. Y Parchedig E. Llwyd Williams oedd perchennog y llais. Aelod o Dîm Sir Gâr yn Ymryson y Beirdd ydoedd, pan oedd y gystadleuaeth honno yn ei hanterth ar ddiwedd y pumdegau. Ni welais ef erioed. Ond y mae tinc y llais soniarus a phwerus wedi aros yn fy nghof hyd y dydd heddiw. Clywais fy nhad yn dweud droeon hefyd ei fod yntau a Llwyd yn arfer cystadlu yn erbyn ei gilydd ar yr adrodd yn eisteddfodau Gogledd Sir Benfro pan oedd y ddau ohonynt yn fechgyn ifainc.

Ganed Llwyd Williams yn 1906 yn Y Lan, Efail-wen, ffarm fechan ar y ffin rhwng Sir Benfro a Sir Gaerfyrddin. Addysgwyd ef yn ysgol gyfagos Brynconin, pan oedd Edwal Williams, tad Waldo, yn brifathro yno, ac wedi hynny yn Ysgol Ramadeg Arberth. Gadawodd yr ysgol i weithio mewn

siop fferyllydd yn y dref. Ond daeth yr alwad yn fuan i fynd
i'r weinidogaeth. Wedi treulio blwyddyn yng Ngholeg
Myrddin troes Llwyd ei olygon tua Choleg y Bedyddwyr ym
Mangor. Yn ystod ei ddyddiau coleg y daeth i gysylltiad agos
â W. R. Evans. Derbyniodd alwad i fugeilio Eglwys y
Tabernacl, Maesteg yn 1931, a symud yn 1936 i ofalu am un o
eglwysi mwyaf y Bedyddwyr ar y pryd yn Ebeneser,
Rhydaman. Cyn cael ei sefydlu yno, priododd ag Eiluned
James o Faenclochog, a ganed Nest, eu hunig blentyn, yn
1945.

Yn ôl yr hanes yr oedd Llwyd Williams yn bregethwr
nerthol. Ychydig iawn o nodiadau oedd o'i flaen yn y pulpud.
Llefaru o'r frest a wnâi yn ddieithriad wrth draddodi ei
bregeth. Dyna paham nad oes fawr ddim o'i bregethau wedi
eu cadw inni. Dechreuodd farddoni yn ifanc iawn hefyd ac fe
enillodd amryw o gadeiriau eisteddfodol, am bryddestau gan
amlaf, ar hyd a lled y wlad. Erbyn hyn yr oedd Llwyd, Waldo
a W. R. yn gyfeillion agos iawn ac yn cael hwyl ar gystadlu yn
erbyn ei gilydd mewn pob math o eisteddfodau. Datblygodd
Llwyd yn llenor penigamp hefyd a'i ddyhead oedd cael
dychwelyd i Sir Benfro a chymryd gofal eglwys fach i sicrhau
mwy o ryddid i farddoni a llenydda. Ond ysywaeth, ni
wireddwyd ei freuddwydion. Wedi dychwelyd o'r oedfa yn
Ebeneser ar nos Sul yn Ionawr 1960 fe'i cipiwyd yn ddirybudd
gan y Medelwr Mawr, a bu ei farw annhymig yn sioc i genedl
gyfan.

Daeth Llwyd i'r amlwg yn gynnar yn ei oes fel awdur
cyfrolau rhyddiaith yn ogystal â bod yn fardd medrus yn y
mesurau caeth a rhydd. Ymhlith ei gyhoeddiadau cynharaf y
mae *Rhamant Rhydwilym, Cerddi'r Plant* (ar y cyd â Waldo
Williams) a *Cofiant Thomas Phillips*. Ond ei gyfrol gyntaf o
ryddiaith greadigol yw *Hen Ddwylo* (1941). Cyhoeddwyd hi
yng nghyfres Llyfrau'r Dryw ac y mae'n ffaith ddiddorol fod
Hen Ddwylo wedi mynd i'w phedwerydd argraffiad mewn
pum mis. Cyfrol yw hi yn ymdrin â rhai o gymeriadau bro ei
febyd yng Nghwm Cleddau ac ardaloedd godre'r Preseli. Nid
portread o gymeriadau sydd yma'n bennaf (fel sy'n digwydd

yn *Hen Wynebau* D. J. Williams) ond casgliad o straeon sy'n gysylltiedig â rhai o adar brith y gymdogaeth ers talwm. Hanesion doniol a chellweirus ydynt heb arlliw o dristwch na chwerwder ar eu cyfyl. Mewn gwirionedd casgliad o straeon a helyntion cefn gwlad sydd yma yn troi o gwmpas cymeriadau anghyffredin a diddorol. Y mae blas y pridd yn drwm ar yr hanesion hefyd ac mae'n ymddangos mai hoffter yr awdur o ddigwyddiadau doniol a throeon trwstan oedd y prif gymhelliad i fynd ati i ysgrifennu. Dyma un dyfyniad o hanes Dai'r Dwrdy sy'n enghraifft deg o gynnwys y gyfrol drwyddi draw:

> Gŵr o asgwrn cryf oedd Dai. Yr oedd ffortiwn yn ei ddwylo a golud direidi ym mhlygion ei ddychymyg. Yr oedd yn gyfuniad hapus o nafi a bardd, ac fel pob gwir artist, yr oedd yn eiddigeddus o'i waith. Rhywbryd tua diwedd Ebrill, a Dai wedi tynnu'r rhaca olaf dros yr ardd, aeth ei blant ef a phlant drws nesaf i chwarae cwato rhwng y rhychau. Gwelodd Dai ei ardd yn debycach i fuarth moch na pharadwys gwenyn, a cheryddodd hwy mewn geiriau a grynai'r cwm. Daeth gŵr y drws nesaf allan, ac meddai hwnnw, 'Y mae eisiau *Revival* yma.' 'Nac oes,' gwaeddodd Dai, *'Revolver'.*

Mae'n wir fod y gyfrol yn llawn o ddoniolwch ac arabedd. Ond o dan yr wyneb ni ellir peidio â theimlo mai cynhesrwydd yr awdur at y fro a'i chymeriadau yw'r wythïen amlycaf yn *Hen Ddwylo.*

Cyhoeddwyd *Cerddi'r Plant* (Llwyd a Waldo ar y cyd) yn 1936. Syniad Llwyd oedd y casgliad a bu'n rhaid iddo atgoffa Waldo droeon o'i addewid cyn cael y gyfrol i fwcwl. Dywed T. Llew Jones yn y gyfrol deyrnged *Waldo* mai darnau Llwyd oedd y mwyaf poblogaidd o lawer gan y plant. Cefndir gwledig sydd i gerddi Llwyd i gyd yn y gyfrol hon (ychydig o sylw a roddwyd i fywyd y dref mewn barddoniaeth o unrhyw fath yn y cyfnod hwn), ac nid yw'r sefyllfaoedd na'r cymeriadau wedi eu lleoli mewn unrhyw ardal neilltuol. Arddull ymgomiol sydd i'r rhan fwyaf o'r cerddi ac efallai mai paratoi darpariaeth i'r adroddwr ifanc ar lwyfan yr eisteddfodau oedd y prif gymhelliad y tu ôl i *Cerddi'r Plant*. Mae'n hawdd dychmygu plentyn yn cael hwyl ar adrodd darnau fel 'Y Gaseg Eira', 'Daniel', 'Y Ddafad Ddu' a 'Glaw', ac mae 'Clychau Glas' yn enghraifft o ddawn Llwyd ar ei orau i ddeffro diddordeb a chwilfrydedd y plentyn bach.

Ymddangosodd ei nofel *Tua'r Cyfnos* yn 1943. Nofel fer, gymdeithasegol ydyw, wedi ei lleoli ar ffarm fechan yn y Gymru wledig ar ddechrau pedwardegau'r ugeinfed ganrif. Mae yma stori deimladwy iawn am ŵr a gwraig, dau gymeriad henffasiwn, yn ceisio cael dau ben llinyn ynghyd mewn dyddiau anodd. Ond y mae'r nofel hefyd yn ddadansoddiad seicolegol o natur a chyflwr y gymdeithas yn ystod blynyddoedd tywyll y Rhyfel. Cawn ddarlun byw iawn o wewyr hiraeth tad a mam ar ôl colli mab ar faes y frwydr rywle yn ffosydd Ffrainc. Dangosir inni hefyd ragrith a chydymdeimlad gwag y cymdogion â'r teulu yn eu galar. Cawn olwg ar y ffactorau sy'n cyfrif wrth ethol diaconiaid yn y capel; a thrachwant y cynghorydd hunanol sy'n achub mantais ar ei safle. Daw eironi'r sefyllfa i'r amlwg pan fo dau berson gonest a diniwed fel Morgan a Ruth yn cael eu dirwyo yn eu hanwybodaeth am gadw mochyn heb ganiatâd y wladwriaeth. Dangosir hefyd waseidd-dra'r Cymry Cymraeg yn derbyn y milwyr estron i'r gymdogaeth â breichiau agored. Ond mae'r nofel yn cyrraedd ei huchafbwynt wrth fynd i'r afael â chymhlethdod y berthynas rhwng y faciwîs, llac eu moesau, a 'hen ŷd y wlad'. Nid nofel ias a chyffro yw *Tua'r Cyfnos*. Yn wir, nid oes ynddi yr un sefyllfa gyffrous sy'n peri i'r darllenydd ddal ei anadl. Cydbwysedd a chywirdeb y darlun ynghyd â dawn yr awdur i lunio doethinebau a gwirebau newydd yw ei chryfder.

Ond fel bardd y byddwn yn meddwl yn bennaf am E. Llwyd Williams. Wedi i Nest ddod i'r byd yr aeth ati i farddoni o ddifri. Yr oedd treulio oriau yn gofalu am y ferch fach yn rhoi cyfle iddo fyfyrio a dodi ei syniadau ar bapur. Enillodd y Gadair yn Eisteddfod Genedlaethol Y Rhyl, 1953, am ei awdl 'Y Ffordd'. Mae'n wir ei fod wedi bod yn troi o'i

chwmpas hi ers rhai blynyddoedd. Ond fe roes ennill y Gadair
Genedlaethol gryn hyder iddo fel bardd. Yn ystod y
blynyddoedd dilynol y cafwyd y rhan helaethaf a chyfoethocaf
o gynnyrch ei awen. Ysgrifennwyd awdl 'Y Ffordd' ar fesur
Madog gyda darn o gywydd yn ei chyflwyno a'i chloi.
Arwrgerdd fawr T. Gwynn Jones yn dwyn y teitl 'Madog'
(1918) oedd y gerdd gyntaf i'w chyfansoddi ar y mesur hwn.
Cerdd ar fesur Madog a enillodd y Gadair i John Eilian hefyd
yn Eisteddfod Genedlaethol Bae Colwyn, 1947, am ei awdl
'Maelgwn Gwynedd'. Amrywiad ar fesur yr englyn, gan
hepgor yr odlau, yw cyfrwng Llwyd hefyd yn awdl 'Y Ffordd'.
Ond fe ddewisodd yntau rythmau afreolaidd i'w linellau hwnt
ac yma i gyfleu awyrgylch o gyflymdra ac arafwch, y rhuthro
a'r aros a mynd sy'n nodweddiadol o drafnidiaeth y ffordd
fawr.

Y ffordd ei hun sy'n siarad yn yr awdl ac mae'n gwahodd y
teithiwr i'w dilyn o'i grud i'w fedd. Onid oes rhyw ysfa
gynhenid mewn dyn i chwilio am y pellterau y tu hwnt i'r
gorwel? Ond y mae'r ffordd hefyd yn dilyn (neu'n hytrach yn
gweld) hynt y ddynoliaeth ar hyd y canrifoedd. Awdl
ddigynnwrf ydyw ar y cyfan. Sylwadau a chyfeiriadau cynnil
sydd yma yn bennaf ac nid ceisio adrodd stori na chreu
darluniau o unrhyw fath. Dyma ei ddull o ymdrin â hanes
merched Beca yn darnio tollborth Efail-wen:

> Yn nhymor cofio'r cyfiawn, af innau
>   I fynwent Gwŷr Beca;
> Boddus hwy yn eu beddau a'r glwyd heb ddellten ar glawr.

Ni welir y fflamau yn dinistro'r tollty na dynion mewn gwisg
merched yn chwalu'r glwyd. Dadansoddiad yn hytrach na
disgrifiad o amcan a phwrpas y ffordd yw cynnwys yr awdl.
Mae yma ôl myfyrio dygn ac mae'n gorffen yn gryf ac yn
gofiadwy hefyd:

> Deithiwr, pan weli dithau
> Ingol wasg yn fy nghulhau,

Nodda'r her ddiarwyrain
Antur fawr y filltir fain.

Anochel hon, a chulha
I'w tholiog ddwylath ola'.

Efallai y dylid nodi hefyd i Llwyd ddyfeisio'r arfer o fathu
ymadroddion cyfansawdd fel 'annog-ganu', 'cychwyn-lwybr',
'irlanc-weled', 'cryndod-ddenu', 'gwahodd-dranc' a 'cymod-
ddatodwyd' yn awdl 'Y Ffordd'. Adlais o ddull y Gogynfeirdd
sydd yma mewn gwirionedd, ac er iddi fod yn ddyfais newydd
ar y pryd fe'i defnyddiwyd yn helaeth yn ddiweddarach gan
bryddestwyr y chwedegau hyd nes i'r arfer droi'n syrffed a
chwythu ei phlwc.

Cipiodd Llwyd Williams y Goron hefyd yn Eisteddfod
Genedlaethol Ystradgynlais, 1954, am ei bryddest 'Y Bannau'.
Ef a Cynan yw'r unig ddau fardd i ennill y Gadair a'r Goron
ddwy flynedd yn olynol. Pryddest led-gyfriniol yw'r 'Bannau'.
Syllu ar gopaon y bryniau yn y pellter ar noson olau leuad a
wna'r bardd yn y rhannau agoriadol. (Dywedodd Llwyd
droeon mai sefyll ar sgwâr Efail-wen ydoedd a gweld cadwyn
y Preseli yn ei chyfanrwydd o dan drwch o eira). Y mae'n
dychmygu gweld y mynyddoedd yn cael eu llunio a'u
mowldio yng nghyfnod Oes yr Iâ. Fe'i teflir ar ryw ynys anial:

O'r ynys y gwelwn
O'r gweryd i'r gorwel
Wenyg digesig
Y môr a fu gynt –
Cyn i'r haul ei welyo
A'i ddyfal feddalu'n
Gryndod ar gryndod
Tu draw i'r tir.

Yn ei ddychymyg hefyd y mae'r bardd yn gweld Oes yr Iâ yn
dirwyn i ben; ac yn ddiweddarach mae'n dringo'r mynydd ar
brynhawn o haf i gasglu llusau duon bach a theimlo'r awelon
yn tynnu'r llwch o'i lygaid. Wrth fyfyrio yn unigedd y bannau
y mae'n gweld cerddediad y canrifoedd yn mynd heibio. Daw

rhai o arwyr y gorffennol i ymweld â'r bardd yn ei fyfyrdod ac
y mae yntau'n ei dro'n cael cip ar rai o fannau eithaf ein
gwareiddiad megis Celfyddyd a Dysg. Yn ei fyfyrdod hefyd
mae'n gweld y bugail yn encilfeydd yr uchelderau yn troi'n
symbol o Grist ei Hun.

Pryddest hel meddyliau yw 'Y Bannau' y bennaf. Dyma
paham nad oes iddi ryw lawer o gynllun na datblygiad thema.
Nid yw'r darnau ffantasïol at ddant pob beirniad llenyddol
ychwaith; ac y mae'r pregethwr weithiau yn codi ei ben yn
uwch na'r bardd. Mae'n wir hefyd fod y darnau cyfriniol ar
adegau yn peri anhawster i'r darllenydd. Ond camp y
bryddest yw fod y bardd wedi llwyddo i roi inni'r ymdeimlad
o fod yn ei gwmni yn barhaus wrth grwydro'r llechweddau.
Nid *croniclo* ei brofiadau a wnaeth awdur 'Y Bannau' ond eu
rhannu â'r darllenydd. Y mae'r cipluniau yn gafael. Dyma ei
ddisgrifiad o'r bugail yn troi tua thre wedi gwario'r prynhawn
yn mynd o gwmpas ei bethau ar y mynydd:

> Sudda'n is i'r cysgod
> Wrth ffwndro tua'r hendref,
> A'r haul trwy rwyll y cwmwl
> Yn sbio ar ei sawdl
> A'i gam cwymp.
>
> Plyg yr oen ei ben
> A gwylio'r cŵn a'r bugail
> Yn lledrith droi'n
> Eithin a brwyn.

Ni fedrai yr un camera fideo fod wedi dal yr olygfa yn fwy
effeithiol. Y mae'r bardd hefyd yn ei ddihangfa o gaethiwed y
gwastadeddau wedi ei godi uwchlaw'r byd materol a brithir y
bryddest â nifer o sylwadau trosiadol-awgrymog fel:

> Cuddir mwy na mêl
> Yn ffiolau'r grug...

Pryddest i gnoi cil arni yw 'Y Bannau' a cherdd hefyd i
fwynhau ei swyn a'i phrydferthwch.

Cyhoeddodd Llwyd ei gyfrol o farddoniaeth *Tir Hela* yn 1956 i ddathlu ei ben-blwydd yn hanner cant. Y mae'r testunau'n amrywio'n fawr a'r cerddi wedi eu llunio ar fesurau caeth a rhydd. Cwm Cleddau (bro ei fagwraeth) ac ardaloedd godre'r Preseli yw ei Dir Na N-og. Bardd y tawelwch a'r tangnefedd ydyw yn y rhan fwyaf o'i farddoniaeth. Dyma paham y mae dyffryn ei fachgendod, y tirlun a'r golygfeydd, mor agos at ei galon. Dywed yn ei gyfres o hir-a-thoddeidiau 'Cwm Cleddau':

>Ni charwn rwystro'r pori – ar lain ir
>A siglo'r tir â swai galw'r hwteri.

Onid yw'r darllenydd yn *gweld* y gyrroedd o wartheg a defaid yn pori'n hamddenol ar y caeau wrth ddarllen y llinellau uchod? Yn wir, nid oes dim yn amharu ar gyfaredd y fro hon ond y milwyr estron yn ymarfer ar lethrau'r Preseli adeg yr Ail Ryfel Byd:

>Unwaith yn unig
>Y dyrchefais fy llygaid i'r mynyddoedd
>A gweled gwarth.
>Yr oedd milwyr ar y moelydd
>Yn bwrw'u prentisiaeth lladd.

Ond telynegwr yw Llwyd Williams yn bennaf. Enillodd yn y Genedlaethol deirgwaith am gyfansoddi telynegion, a naws delynegol sydd i'w farddoniaeth gaeth a rhydd fel ei gilydd. Mae'n hoff o arbrofi â'r mesurau hefyd. Ysgrifennodd ei ddilyniant o dair telyneg 'Doe', 'Heddiw', ac 'Yfory' ar ffurf cwpledi cywydd digynghanedd; a dyma bennill cyntaf ei delyneg 'Y Lleuad Fedi':

>*Ysgub* â phendrwm *osgo* a *welais*
>Ar *niwlog* nos,
>A *lliw* hydrefau'r *lleuad* yn *gleinio*
>*Siglennydd* rhos.

Fe wêl y cyfarwydd ar unwaith mai amrywiad ar ffurf yr englyn ydyw a gellir dweud am Llwyd iddo lwyddo i gyfuno'r mesurau rhydd a'r mesurau caeth mewn llawer o'i gerddi. Dyma bennill cyntaf ei gerd goffa drosiadol 'Dylan', sef Dylan Thomas, y bardd Eingl-Gymreig o Dalacharn:

> Tyfodd pren dan ryfeddod blodau
> Yn gam yn y gwynt,
> A daeth rhuddin adwyth i'w wreiddiau.

Vers libre cynganeddol yw'r ffurf. (Damwain yw'r odl yn y pennill cyntaf). Ond ni fodlonodd y bardd ar y mesur penrhydd ychwaith. Y mae pob pennill sy'n dilyn wedi ei lunio ar yr un patrwm yn union o ran hyd ei linellau. Felly, y mae i'r gerdd gyfan ei rheoleidd-dra mydryddol. Dyma enghraifft arall o gyfuno'r rhydd a'r caeth o ran ffurf a mesur. Un arall o'i ddyfeisiadau mydryddol oedd llunio hir-a-thoddeidiau yn odli fesul cwpled. Afraid dweud fod penillion o'r math yma yn torri ar yr undonedd sy'n digwydd yn aml mewn cyfres o hir-a-thoddeidiau traddodiadol. Chwech yn unig o englynion a gynhwysir yn *Tir Hela*. Nid yw 'Carreg yr Aelwyd', englyn buddugol Eisteddfod Genedlaethol Aberteifi, 1942, yn cael lle yn y casgliad. Y mae hyn yn awgrymu fod y bardd wedi dewis a dethol ei ddeunydd yn ofalus wrth baratoi'r gyfrol. Nid yw telyneg fuddugol Eisteddfod Genedlaethol Llandybïe, 1944, yma ychwaith. Naws crefyddol sydd i'r englynion. Y mae rhai ohonynt yn epigramau hefyd, ac y mae rhywbeth cofiadwy yn y dull o ddweud. Dyma englyn ar destun ysgrythurol, 'Wele yr wyf yn sefyll wrth y drws...':

> Meddyg ein dolur sy'n curo, – a llaw
> Hwnt i'r llen sy ganddo;
> Ni all y drws ambell dro
> Ddirnad pa ddwrn sydd arno.

Ond coron Llwyd Williams ym myd rhyddiaith, heb os nac oni bai, yw ei ddwy gyfrol *Crwydro Sir Benfro* yn y gyfres

'Crwydro Siroedd Cymru'. Syniad y Brodyr Dafisiaid
(Llyfrau'r Dryw) oedd y gyfres boblogaidd hon. Roedd Llwyd
a'r Brodyr Dafis yn gyfeillion agos, a hwy a roes y sbardun
iddo i fynd ati i grwydro sir ei faboed. Y mae'r darn byr a
phersonol wedi ei ysgrifennu yn nhafodiaith Sir Benfro, ar
ddechrau'r gyfrol gyntaf, yn glasur ynddo'i hun. Yng
nghwmpas y ddwy gyfrol y mae Llwyd wedi crwydro pob cwr
o Sir Benfro gyfan. Ardal ei gynefin sy'n cael y sylw blaenaf.
Ond mae'n adnabod y de a'r gogledd fel ei gilydd, – ei phobl,
ei hanes a'i daearyddiaeth. Y mae arddull y bardd a'r llenor
wedi eu cyfuno yn y 'dweud' a rhyw gynhesrwydd yn treiddio
drwy'r cyfan. Llwyddodd yr awdur i roi sylw i'r hen a'r
newydd ar ei deithiau sylwgar, a chyflwyno toreth o
wybodaeth i'r darllenydd mewn dull hwyliog a difyr.

Y mae Llwyd Williams hefyd yn un o'r beirdd a ddaliodd
ati i gyfansoddi ar ôl ennill y Gadair a'r Goron yn y
Genedlaethol. Ymddangosodd pedair cerdd o'i eiddo yn *Awen
Myrddin* (1959); a un ar ddeg o ddarnau amrywiol eu cynnwys
a'u gwead yn *Beirdd Penfro* (gol. W. Rhys Nicholas) a gyhoedd-
wyd yn 1961. Ysgrifennodd rai o'r cerddi'n arbennig ar gyfer
y gyfrol hon, ond ysywaeth, bu farw cyn gweld ei chyhoeddi.
Trist, ar un ystyr, yw ei gywydd 'Gofuned Dechrau Blwyddyn'
(1960):

> Rho inni dirion Ionawr,
> Oriau mwyn heb eira mawr...

ac yntau wedi ein gadael erbyn canol y mis. Ymhlith ei gerddi
diweddaraf y mae ei delyneg un pennill 'Rhydwilym', enw'r
capel (a'r llecyn cyfareddol o'i amgylch) lle treuliodd ei
fachgendod a derbyn yr alwad i fynd i'r weinidogaeth. Y mae
rhai yn ei chymharu â thelyneg un pennill Hedd Wyn i
Drawsfynydd, ac y mae'n werth ei dyfynnu'n llawn:

> Yn Rhydwilym lle'r ymbletha
>   Gwaun a gallt a heol gul,
> Afon Cleddau sy'n cyfeilio
>   Canu'r saint o Sul i Sul.

Hon yw'r afon sy'n fy nilyn
Draw ymhell o'r gweundir llwm,
Nid â'r glust y clywaf heno
Sŵn yr afon yn y cwm.

Llyfryddiaeth

E. Llwyd Williams a Waldo Williams, *Cerddi'r Plant*, Gwasg Aberystwyth, 1936.

E. Llwyd Williams, *Rhamant Rhydwilym*, Gomer, 1939.
        Hen Ddwylo, Llyfrau'r Dryw, 1941.
        Tua'r Cyfnos, Llyfrau'r Dryw, 1943.
        Cofiant Thomas Phillips, Undeb Bedyddwyr Ieuainc
            Cymru, 1946.
        Tir Hela, Llyfrau'r Dryw, 1956.
        Crwydro Sir Benfro, Rhan I, Llyfrau'r Dryw, 1958.
        Crwydro Sir Benfro, Rhan II, Llyfrau'r Dryw, 1960.

Awen Myrddin, (Cyfres Barddoniaeth y Siroedd), Llyfrau'r Dryw, 1959.

W. Rhys Nicholas (gol.), *Beirdd Penfro*, Gwasg Aberystwyth, 1961.

W. R. EVANS
(1910 – 1991)

Yn Eisteddfod Genedlaethol yr Urdd yn Abergwaun 1951 y gwelais ef am y tro cyntaf erioed. Yr oedd yn un o arweinyddion y llwyfan. Rwy'n cofio eistedd yn y babell fawr a Llwyd o'r Bryn wrth yr awenau. Daeth Meic Parri i gymryd ei le gan ddweud fod y dyn bach (un byr o gorff oedd Meic) yn dilyn y dyn mawr. Wedyn tro W. R. Evans oedd hi i arwain a'i eiriau cyntaf wedi cyrraedd y meicroffon oedd: 'Fe ddaeth y dyn bach i ddilyn y dyn mawr, ac yn awr wele y dyn main!' Dyma arddull W. R. bob amser, ar lwyfan eisteddfod, mewn cwmni difyr yn rhywle, neu yn eistedd wrth y tân yn ei gartre. Yr oedd ganddo sylw gwreiddiol, byrfyfyr, ym mhob sefyllfa, a hwnnw yn llawn hiwmor diniwed. Ef oedd seren tîm Sir Benfro yn Ymryson y Beirdd y BBC yn y pumdegau. Rwy'n cofio gwrando ar Meuryn unwaith yn gosod y dasg i'r beirdd o ateb y llinell 'Dyn a'i dafod yn deifio', a W. R. yn ei chwblhau 'Cyfreithiwr o ŵr yw o'. Ei sylwadau bachog oedd yn ennill marciau i'r tîm.

Ganed W. R. Evans yn Nan-garn, Plwyf Mynachlog-ddu, yn 1910. Yr oedd ei dad, Ben Dan-garn, yn rhigymwr gwlad a chyhoeddodd gyfrol o ganeuon yn dwyn y teitl *Cerddi'r Cerwyn*. Magwyd W. R. (oherwydd iddo golli ei fam yn ifanc iawn) gan ei dad-cu a'i fam-gu ar ffarm Glynsaithmaen wrth odre Foel Cwm Cerwyn. Ni fynnai gael ei adnabod ar hyd ei oes yn ddim ond Wil Glynsaithmaen. Mynychodd ysgol leol Mynachlog-ddu ac Ysgol Ramadeg Aberteifi. Graddiodd yn y Celfyddydau yng Ngholeg y Brifysgol, Bangor. Ond cyfaddefodd lawer gwaith, er iddo fod yn eistedd wrth draed Syr John Morris-Jones, Syr Ifor Williams ac R. Williams Parry, fod ganddo fwy o ddiddordeb yn y merched ifainc nag yn y gwerslyfrau. Wedi gadael y coleg bu'n athro yn Ysgol Gynradd Abergwaun ac wedi hynny yn brifathro Ysgol Bwlch-y-groes, Sir Benfro, am un mlynedd ar hugain. Gwasanaethodd yn y Llu Awyr hefyd yng Ngorllewin Affrica yn ystod yr Ail Ryfel Byd a bu'n dioddef o effeithiau'r malaria byth wedyn. Gadawodd Fwlch-y-groes yn 1959 i fod yn brifathro Ysgol Gymraeg Sant Ffransis, Y Barri, ac wedi hynny yn ddarlithydd yn y Coleg Addysg yn yr un dref. Digwydd gweld hysbyseb yn y *Western Mail* (a chynnig am y swydd) a'i denodd yn ôl i Sir Benfro i fod yn Drefnydd Iaith ac Arolygwr Ysgolion. Ymgartrefodd yn nhre Abergwaun. Ond ar ôl iddo ymddeol daeth galwad Parc y Strade (yr oedd ganddo ddiddordeb mawr mewn rygbi) i'w ddenu i'r Felin-foel ger Llanelli, ac yno y treuliodd flynyddoedd olaf ei oes. Merch o'r Tymbl oedd ei briod, Fanw, ac erbyn hyn yr oedd Gwawr, eu hunig blentyn, yn athrawes yn Ysgol Glan Clwyd.

Un o gymwynasau mawr W. R. oedd ffurfio parti noson lawen Bois y Frenni yn ardal Bwlch-y-groes. Yr oedd ganddo'r ddawn i farddoni, actio a chanu. Ffurfiwyd y parti gyda'r bwriad o godi calonnau'r bobl gyffredin yn ystod dyddiau tywyll yr Ail Ryfel Byd. Bu galw mawr ar y 'Bois' i gynnal cyngherddau ar hyd a lled y wlad. Rhyw 14 oedd yn y parti, pobl gyffredin yr ardal, ond yr oedd gan W. R. y ddawn i'w 'tynnu ma's'. Ef oedd yn eu hyfforddi ac yn cyfansoddi'r penillion i'w canu (ar alawon adnabyddus) ynghyd â rhai darnau i'w hadrodd. Darnau doniol iawn oedd y cyfan, wrth gwrs, ac roedd rhyw rym anghyffredin yn symudiadau ac ystumiau'r parti ar y llwyfan, nes cadw'r dyrfa yn rowlio chwerthin o'r dechrau i'r diwedd. Naws ac awyrgylch dyddiau'r Rhyfel oedd i gynnwys y penillion. Dyna oedd yn eu gwneud yn amserol a dealladwy ar y pryd. Yr oedd testunau fel 'Y Rasiwn', 'Y Gas Mask', 'Lord Ho Ho', 'Yr Hôm Gard' a'r 'Faciwî' wrth ddant pawb o'r gynulleidfa. Llwyddodd W. R. i droi'r cyfan yn destun hwyl a difyrrwch.

Cyhoeddwyd y penillion mewn dwy gyfrol, *Pennill a Thonc* a *Hwyl a Sbri*. Nid penillion dwli na phenillion dychan ydynt ond penillion digri. Y mae penillion digri yn rhywbeth prin iawn yn y Gymraeg. Dyma ddau bennill o'r gân 'Y Blac Owt' (pan roed gorchymyn i bawb dywyllu ffenestri'r tai yn y nos rhag ofn i'r golau dynnu sylw awyrennau'r gelyn) sy'n enghraifft dda o hiwmor diniwed a difalais:

> Rhyw noson mi godais yn fy mrys,
> Byth na chyffrwy' mae mor dywyll ym mhob man.
> Mi wisgais gâs gobennydd am fy mhen yn lle crys.
> Byth na chyffrwy' mae mor dywyll ym mhob man.

> Y blac owt, y blac owt,
> Y blac owt mewn tref a llan;
> Rhaid cael defnydd ar ffenestri,
> Ar bob tŷ a thwlc a festri,
> Byth na chyffrwy' mae mor dywyll ym mhob man.

> Fe aeth llanc i garu meinwen gu,
> Byth na chyffrwy' mae mor dywyll ym mhob man,
> Rhoes ei freichiau'n dynn am hen fuwch ddu,
> Byth na chyffrwy' mae mor dywyll ym mhob man.

Cynhaliodd Bois y Frenni dros ddwy fil o gyngherddau ar hyd a lled Cymru yn ogystal â hanner cant o ddarllediadau BBC cyn i W. R. roi'r ffidil yn y to a'i throi hi tua'r Barri.

Ond mae'n anodd meddwl am W. R. Evans heb gofio

amdano fel cwmnïwr a chymeriad o'r iawn ryw. Rwy'n cofio
mynd i'w weld yn Swyddfa Addysg y Sir yn Hwlffordd pan
oeddwn yn dilyn y cwrs Ymarfer Dysgu yn Aberystwyth.
W. R. oedd y Trefnydd Iaith a bwriad yr ymweliad oedd gofyn
iddo a fyddai angen athro i ddysgu'r Gymraeg yn ysgolion
uwchradd Sir Benfro y mis Medi dilynol. Adeg Gwyliau'r
Pasg oedd hi. Gwyddai W. R. am fy niddordeb mewn
barddoniaeth a dechreuwyd sôn am y pentwr o
gyfansoddiadau yr oedd newydd eu hanfon ar gyfer
cystadlaethau llên yr Eisteddfod Genedlaethol y flwyddyn
honno. Yr oedd wedi bod gartre ar ei ben ei hun am ddeg
diwrnod (y wraig yn aros gyda rhyw ffrind neu berthynas
iddi) ac wedi treulio'r amser i gyd yn barddoni ar gyfer y
Brifwyl. Yr oedd y cwbl ganddo ar flaen ei gof. Testun yr
englyn digri oedd 'Hysbyseb ar ffurf englyn', a dyma un o
gynigion W. R.:

YN EISIAU – PRIFATHRO

O-2 Welsh, fflanelét o ŵr, – co byr,
    Ci bach i gynghorwr,
    Un â'i dân o dan y dŵr,
    Boi diddig, a Bedyddiwr.

Bu yna adeg pan oedd nifer o Fedyddwyr yn brifathrawon
ysgolion cynradd Sir Benfro. Rhoddodd W. R. gopi o'r englyn
uchod i un o brifathrawon gogledd y sir yn ddiweddarach, a
bu'r englyn hwnnw ganddo mewn ffrâm ar silff y ffenest yn
ystafell y prifathro yn yr ysgol tan iddo ymddeol. Un arall o
gynhyrchion W. R. ar gyfer yr eisteddfod honno oedd englyn
yn hysbysebu *Weetabix*. Rwy'n cofio amdano yn dweud â gwên
ar ei wyneb, 'Bob tro y bydda i'n cael *Weetabix* i frecwast
mae'n codi tipyn o 'wynt' arna i, ac awydd mynd i'r toiled yn
gyflym'. Ni allaf gofio llinellau cyntaf yr englyn, ond dyma'r
olaf:

Synnet, mae'n siwpersonic!

Wedi adrodd yr englyn fe fyddai'n chwerthin yn
ddilywodraeth am funudau hyd nes bod ei ochrau yn siglo. Yr
oedd bod yn ei gwmni yn donic i'r meddwl.

Bu galw mawr ar W. R. Evans i ddarlithio ac annerch
cylchoedd cinio ar hyd a lled y wlad o bryd i'w gilydd. Yr
oedd hi'n arferiad ganddo, bron bob amser, i gyfansoddi
cyfres hir o benillion i'w darllen ar ddechrau'r ddarlith.
Penillion ysgafn, cartrefol a hawdd eu deall oeddynt,
rhywbeth i greu'r naws a'r awyrgylch briodol cyn dechrau ar
y ddarlith go iawn. Hiwmor oedd ei briod faes. Ef a
draddododd Ddarlith Flynyddol Asgell Addysg Bellach y
Preseli, 1978, a 'Hiwmor' oedd testun honno hefyd – darlith a
gyhoeddwyd yn llyfryn i'w werthu yn ystod yr Ŵyl. Yr oedd
W. R. wedi derbyn llawdriniaeth feddygol ychydig cyn hynny
a heb adfer ei gryfder yn llwyr. Ond mynnodd gadw ei
addewid. Ni fedraf anghofio byth weld y chwys yn byrlymu
o'i dalcen, yn dallu ei lygaid ar adegau ac yn syrthio'n
ddiferion ar ei bapur nodiadau ar y bwrdd o'i flaen. Ond
cafodd hwyl anghyffredin ar draddodi.

Yr oedd wedi mynd i'r afael â'i bwnc o bob cyfeiriad –
hiwmor y gair, hiwmor mewn syniad, hiwmor mewn sefyllfa,
hiwmor yr ateb parod, hiwmor mewn cyfieithu, hiwmor a'r
gynghanedd a hiwmor yr ymylon. Yn dilyn pob
dadansoddiad yr oedd ganddo ddigon o enghreifftiau wrth ei
benelin. Dyma enghraifft o'r olaf, hiwmor yr ymylon, sy'n
dangos fod y ffin yn denau iawn weithiau rhwng chwerthin a
chrio. Hanesyn ydyw am Gwenallt y bardd yn mynd i weld
Idwal Jones, Llambed, ar ei wely angau. Cafodd Gwenallt sioc
o weld papurau Idwal wedi eu *ffeilio* yn daclus ar y bwrdd,
oherwydd creadur digon anhrefnus fuasai gynt:

> 'Bachan, Idwal,' ebe Gwenallt, 'rwy't ti wedi mynd yn
> greadur trefnus iawn.'
> 'Wdw,' atebodd Idwal, 'rwy wedi mynd yn greadur
> *ffaeledig* iawn.'

Onid yw hiwmor a thristwch yn cydgyfarfod mewn sefyllfa o'r
fath ac yn peri chwerthin a chrio ar yr un pryd.

Clywais fwy nag un yn dweud mai cyfraniad mwyaf W. R. i ddiwylliant ei genedl oedd cyfansoddi'r ddwy gomedi gerdd 'Cilwch Rhag Olwen' a 'Dafydd a Goliath'. Eisteddfod Genedlaethol Hwlffordd, 1972, a gafodd y fraint o lwyfannu 'Cilwch Rhag Olwen'. Cyfansoddiad alegorïaidd ydyw yn mynd i'r afael â nifer o faterion cyfoes mewn dull hwyliog a chrafog. Yr hyn a wnaeth yr awdur mewn gwirionedd oedd defnyddio chwedl *Culhwch ac Olwen* yn y Mabinogion fel fframwaith i'r cyflwyniad, ond bod y stori wreiddiol wedi ei throi go chwith yn gyfan gwbl. Menyw fawr hyll yw Olwen a dyn bach di-asgwrn cefn yw Culhwch. Cofiwn fod Culhwch y Mabinogion yn ceisio dod o hyd i Olwen ledrithiol i'w phriodi, ond mae Culhwch y gomedi gerdd yn ceisio cael gwared o'i wraig gas ac unbeniaethol. Gosodwyd tasgau iddo gan yr Anghyfarwydd, tasgau y mae'n rhaid iddo eu cyflawni cyn gwireddu ei ddymuniad. Y mae'r tasgau'n cynnwys rhyddhau Pop Miwan (symbol o helyntion Cymdeithas yr Iaith) o'r carchar yn Llundain, diwygio Gorsedd y Beirdd, cynrychioli Cymru ar Bwyllgor y Farchnad Gyffredin, ac adfer yr iaith Gymraeg ar dir a daear y Gymru sydd ohoni. Yr hyn sy'n gwneud y gomedi gerdd mor ddiddorol yw doniolwch y sefyllfaoedd. Ond o dan yr wyneb y mae yna feirniadaeth ddeifiol ar rai o sefydliadau pwysicaf 'yr oes oleuedig hon'.

Cyfansoddiad tebyg yw 'Dafydd a Goliath' a lwyfannwyd adeg Eisteddfod Genedlaethol Aberteifi, 1976. Y pwerau mawrion sydd o dan lach yr awdur y tro hwn. Ymhlith y cymeriadau mwyaf cofiadwy y mae Abwd ab Dwla (un o gyfoethogion yr olew), y robot ar ddelw dyn, a chadeirydd Cyngor Sir Defed. Ond y dyn bach sy'n ennill y dydd yn y pen draw a'r pwerau mawrion yn syrthio'n gandryll o dan rym y pethau bychain sy'n ymddangos yn ddistadl a di-nod. Brithiwyd y sgriptiau, sy'n cynnwys sgetsys a cherddoriaeth, â darnau o gywyddau ac englynion, yn ogystal â chaneuon ar bob mesur dan haul. Gwelwyd dawn W. R. ar ei ddisgleiriaf yn y ddwy gomedi gerdd.

Cyhoeddwyd ei hunangofiant *Fi Yw Hwn* yn 1980.

Dywedodd ers tro ei bod yn fwriad ganddo ysgrifennu stori ei fywyd. Cafodd oes hynod o ddiddorol ac amrywiol hefyd. Y mae'n ymddangos iddo droi bron bob carreg yn hanes ei yrfa rhwng cloriau *Fi Yw Hwn*. Iaith lafar heb fod yn orbarchus-lenyddol a ddefnyddiwyd i ysgrifennu'r hunangofiant. Y ddwy nodwedd amlycaf yn yr 'hanes', efallai, yw fflachiadau byw o hiwmor a'r duedd i athronyddu ynghylch amcan a phwrpas bywyd bob dydd. Dyma ddyfyniad o hanes ei yrfa yn y Llu Awyr adeg yr Ail Ryfel Byd:

> Ar ôl ychydig amser fe'n symudwyd ni i Morecambe, lle y gorchmynnwyd ni i saliwtio pob swyddog o awdurdod. Hawdd oedd adnabod y rheiny, medden nhw, oddi wrth eu cap â phig. Un noson, rhwng dau olau, dyma fi'n clicio fy sodlau'n sydyn a saliwtio rhyw foi, ar y ffrynt, mor urddasol ag y medrwn.
> 'Beth gythrel wyt ti'n neud?' medde 'mhartner.
> 'Saliwtio'r offiser, wrth gwrs, yn ôl y gorchymyn,' meddwn i.
> 'Offiser?' medde hwnnw, 'blincin *bus conductor* o'dd hwnna, bachan.'

Gwir y dywedodd Waldo am W. R. yn ei gywydd cyfarch iddo ar ei ymadawiad â Bwlch-y-groes, 'Oet ddigri hyd at ddagrau...'

Ond mae'r athronydd yn gryf ynddo hefyd ar adegau. Dyma ddyfyniad o'r bennod 'Chwarae':

> Dywed rhai o'n prif addysgwyr mai ffordd Natur o ddysgu yw 'chwarae'. Dyna paham, mae'n debyg, y daeth 'dulliau chwarae' o ddysgu yn boblogaidd yn ein hysgolion cynradd. Yn bersonol, mae'n gas gen i'r dywediad 'chwarae plant', yn enwedig pan ddefnyddir ef i fynegi tipyn o ddirmyg. 'O,' medd rhywun, 'dyw hwnna'n ddim byd ond chwarae plant'... gan gyfleu rhywbeth dibwys, diamcan. Ni fu dim byd erioed mor gamarweiniol, gan fod plant, at ei gilydd, wrth chwarae,

yn gwbl ymroddedig. Sylwer ar y difrifoldeb ar eu
hwynebau pan fônt yn chwarae.

Y mae yma dipyn o gnoi cil uwchben y ffeithiau; ac er i'r
awdur dreulio rhan helaeth o'i oes mewn amgylchedd trefol, y
mae blas y pridd yn drwm ar ei leferydd drwy gydol y daith.
    Ond nid bradychu unrhyw gyfrinach yw dweud mai prif
uchelgais W. R. oedd ennill naill ai'r Gadair neu'r Goron yn y
Genedlaethol. Mynnai ddweud byth a hefyd ei bod hi'n gas
ganddo arfer rhai beirniaid llenyddol o roi label ar bawb –
'digrifwr yw hwn', 'bardd difrifol yw hwn-a-hwn'. Credai fod
y rhan fwyaf ohonom yn gyfuniad o'r ddau, ac yr oedd ar flaen
ei draed yn haeru fod yn llawer gwell ganddo ef farddoniaeth
ddwys na barddoniaeth ddigri. Gwyddys iddo gystadlu am y
Goron Genedlaethol o leiaf 16 o weithiau a'r Gadair
Genedlaethol o leiaf 6 o weithiau rhwng Eisteddfod
Llandybie 1944 ac Eisteddfod Bro Delyn 1991. Fe'i
dyfarnwyd yn un o'r tri gorau yng nghystadleuaeth y Goron
yn Eisteddfod Cricieth, 1975 am ei ddilyniant ar y testun
'Pridd'. Yn y gystadleuaeth hon fe fynnodd W. R. dorri
patrwm traddodiadol y bryddest a mynd ati i lunio cyfresi o
Benillion Telyn. Dyfarnwyd ef yn drydydd am y Goron yn
Eisteddfod y Rhyl, 1985, hefyd am ei ddilyniant 'Glannau'. Y
tro hwn mynnodd ysgrifennu dilyniant o gerddi 'cyflwyniad',
astrus i raddau, yn gyforiog o ddelweddau a symbolau
cyfriniol.
    Ymhlith ei ffefrynnau ef o'r cerddi a anfonwyd ganddo i
gystadleuaeth y Goron o bryd i'w gilydd y mae'r bryddest
'Cwmwl' (Llanelli 1962) a'r bryddest 'Dadeni' (Hwlffordd
1972). Stori fer o bryddest yw'r 'Cwmwl' yn adrodd hanes
mab ffarm (sy'n benwan) yn ymosod ar Almaenwr a ddaeth i
weithio yno wedi'r Ail Ryfel Byd, am ei fod yn credu mai
hwnnw a laddodd ei frawd ar faes y frwydr. Stori wir a stori
drist hefyd. Pryddest gwbl wahanol yw 'Dadeni' a
ysgrifennwyd yn nhafodiaith Bro'r Preseli. Teyrnged i
ieuenctid y dydd yw'r thema (dioddefodd Gwawr, ei ferch,
gyfnod o garchar am ei rhan yn ymgyrchoedd Cymdeithas yr

Iaith) ac mae'n gorffen â nodyn calonogol drwy ddweud fod ein hasgwrn cefn ni, y genhedlaeth hŷn, yn rhan o gynhysgaeth y plant sy'n dod ar ein hôl. Beth oedd ei faen tramgwydd yng nghystadleuaeth y Goron (a'r Gadair)? Cyfaddefodd droeon ei bod hi'n gas ganddo fynd ati i gaboli ac ailwampio. Pe bai wedi chwysu mwy uwchben ei ddeunydd, i sicrhau cysondeb safon yn ei bryddestau, hwyrach y byddai'r stori'n wahanol.

Ymddangosodd *Awen y Moelydd*, cyfrol o farddoniaeth W. R. Evans yn 1983. Mae'n wir fod yma rai englynion digri, ond y mae'r rhan helaethaf o gynnwys y gyfrol yn gerddi dwys-fyfyriol. Mae'n ddiddorol sylwi hefyd fod 71 tudalen (o'r 96 tudalen sydd yn y gyfrol gyfan) yn ddetholiad o gerddi a anfonwyd i gystadlaethau'r Goron a'r Gadair yn y Genedlaethol rhwng 1962 ac 1980. Felly, bardd cystadleuol oedd W. R. Evans yn bennaf. Mae'n wir fod yma rai cerddi sy'n dychanu'r gymdeithas faterol, hunan-foddhaus yn y byd sydd ohoni. Ond ymdeimlo â hen athroniaeth gwerinwyr y pridd yw'r wythïen ddyfnaf yn ei ganu o lawer. Bro'r Preseli yw llwyfan ei awen. Y mae'r 'gwaed sydd yn cylch-redeg yn y fignen' yn symbol o bedigri tylwythau'r llethrau o Oes y Cerrig hyd ran olaf yr ugeinfed ganrif. Y mae cof cenedl (neu gof ardal â bod yn fanwl gywir) yn bwysig iddo hefyd. Yr un fath â Waldo yn ei gerdd fawr 'Preseli' y mae W. R. hefyd yn gyfarwydd â'r frawdoliaeth gymdeithasol oedd yn clymu tyddynwyr Mynachlog-ddu yn un teulu wrth fynd ati i gynaeafu cynnyrch y tir. Ond ym marddoniaeth W. R. Evans, y ddaear ei hun yw asgwrn cefn cynhaliaeth y bobl:

> Ma dinion in bacar, in bipsan Mam Deiar,
> Wên i in ginnar wrth 'i ffedog hi'n rhwym.
> Wedd hi in gofalu bo llafur i falu.
> Wedd hi wastod in talu, a'i chalon hi'n dwym.

A dyma ddod at yr wythïen gryfaf yn *Awen y Moelydd*, – y cerddi yn nhafodiaith Bro'r Preseli. Y mae tafodiaith W. R. fel pe bai yn codi o'r pridd, yn naturiol heb unrhyw ffrils prydyddol yn perthyn iddi, a rhyw gynhesrwydd ac agosatrwydd yn treiddio drwy'r cyfan. Dyma ddyfyniad o'r gerdd 'Darogan' sy'n sôn am y bardd ei hun yn tanio'r eithin ar lethrau Talmynydd pan oedd e'n fachgen ifanc, a'r fflamau yn mynd allan o reolaeth:

> Wedyn difaru bob bidyn,
> Nes bo isgrid trw fwydyn ech cewn-chi,
> A'ch trâd chi in wêr i gyd
> Fel dŵr Afon Cledde,
> Wrth weld i'r hen dân in gindeirog wyllt
> In gwntrechu pob blewyn we'n sefyll o'i fla'n.
> Wech chi'n meddwl am brifed y ddeiar,
> A'r adarn we'n nitho'n y cawn.
> Wech chi'n cofio am ddefed we'n drwm-o-ŵyn
> In gorwe ing nghwtsh 'u gwanichdod.
> Wech chi'n clwêd y train melltigedig
> In clindarddach dros rails y llethre,
> A'i ffenestri e'n dân pentigili,
> A'i drwyn e in twrio fel neidr-mish-Mai
> I wenwyno pob modfedd o'r tir.
> A we neb in y signal bocs na, chwaith,
> Alle atal y stribyn cideirog.

Onid yw cynhesrwydd yr awen yn un â gwres y tân a'r synhwyrau i gyd yn effro?

Enillodd W. R. ar yr Englyn Digri a'r Cywydd Digri yn y Genedlaethol yn ogystal â chipio'r wobr am y Gerdd Dafodiaith deirgwaith. Cyhoeddodd hefyd gyfrol o gerddi ac ysgrifau yn nhafodiaith ei sir enedigol yn 1986 yn dwyn y teitl *Cawl Shir Bemro*. Un o nodweddion amlycaf y gyfrol yw'r ffaith fod y cerddi a'r ysgrifau wedi eu hysgrifennu yn y person cyntaf. Gan fod yr awdur yn siarad â'r darllenydd (ac iaith lafar yw pob tafodiaith) y mae ei bersonoliaeth ef ei hun – ei hiwmor a'i hynawsedd – yn rhan annatod o'r dweud. Oherwydd iddo ddewis 'llefaru' yn y person cyntaf y mae W. R. Evans wedi llwyddo i ddangos inni ddawn y Cyfarwydd ar ei orau.

Bu farw yn Ysbyty Llanelli ym mis Medi 1991; a daeth

tyrfa fawr i dalu'r gymwynas olaf iddo yng Nghapel Bethel Mynachlog-ddu. Llwyddodd y Parchedig T. R. Jones yn y deyrnged angladd i grynhoi ei brif nodweddion o dan y penawdau, Arweinydd, Afieithwr ac Awenydd. Cafwyd prynhawn heulog braf i ddadorchuddio'r gofeb wrth fynedfa Glynsaithmaen ym mis Gorffennaf 1996. Onid yw'n rhyfedd fod ambell berson fel pe bai wedi ei glymu wrth ardal arbennig? Bob tro y byddaf yn mynd heibio Glynsaithmaen, ac edrych i gyfeiriad y moelydd, ni allaf beidio â meddwl am W. R. Evans. Aeth ef, yn ei fywyd a'i waith, yn un â'r mynyddoedd, a'r mynyddoedd yn rhan ohono yntau. Englyn milwr o'i waith ef ei hun sydd ar y garreg goffa:

> I ymuno â'r mynydd
> Yn ddwst dychwelaf, ryw ddydd,
> At ei gôl bentigilydd.

Llyfryddiaeth

W. R. Evans, *Pennill a Thonc*, Gomer, 1940.
        Hwyl a Sbri, Gomer, 1942.
        Hiwmor, (Darlith Gŵyl Bro'r Preseli), Aberteifi, 1979.
        Fi Yw Hwn, Christopher Davies, 1980.
        Awen y Moelydd, Gomer, 1983.
        Cawl Shir Bemro, Gomer, 1986.
        Cerddi Bois y Frenni, Gomer, 2000.

IDWAL LLOYD
(1910 –)

D yn cymharol dal, boneddigaidd a phwyllog, yn eich gweld ym mhobman a bob amser yn estyn llaw i'ch cyfarch. Dyna geisio rhoi darlun o Idwal Lloyd mewn brawddeg. Y mae'n gwmnïwr diddan, yn gwrtais, a'r sgwrs, os oes gan y gwrandawr ddiddordeb, yn siŵr o droi i fyd 'Y Pethe'. Ganed ef yn Rehoboth (rhwng Mathri a Chroes-goch) yn y tŷ a safai y tu ôl i'r capel cyn iddo gael ei ailgodi yn adeilad tra gwahanol. Yr oedd ei dad yn hanu o Flaen-llyn a'i fam o'r Garn Fawr yng nghymdogaeth Pen-caer. Pan oedd Idwal yn bedair oed fe symudodd y teulu, y tad a'r fam a thri o blant, i fyw yn Y Sgwâr, a elwid Square and Compass yn Saesneg.

Yn yr ardal hon, heb fod nepell o Felin Tre-fin, a anfarwolwyd gan Crwys yn ei delyneg afaelgar, y treuliodd Idwal Lloyd ei fachgendod. Mynychodd Ysgol yr Eglwys ym

mhentre Mathri ac fel bachgen na chlywsai air o Saesneg ar yr
aelwyd yn ei chael hi'n anodd ar y dechrau i ddygymod â
Seisnigrwydd yr ystafell ddosbarth. Athrawes uniaith Saesneg
oedd yn dysgu'r babanod ac nid oedd hi'n bosibl i'r plant
siarad Cymraeg yn unman ond ar yr iard amser chwarae.
(Cofiai Idwal hefyd am ei dad yn dweud iddo ddioddef yn arw
am siarad Cymraeg yn yr ysgol yn nyddiau'r 'Welsh Not').
Enillodd ysgoloriaeth i fynychu Ysgol Sir Abergwaun yn 11
oed a llwyddo yn arholiadau'r *Senior* yn 1926. Yn ystod ei
flwyddyn gyntaf yn y Chweched Dosbarth bu farw ei dad ac
roedd ei fam wedi colli ei golwg rai blynyddoedd cyn hynny.
Yr oedd Idwal wedi rhoi ei fryd ar fynd yn athro, ac er
gwaethaf yr anawsterau, fe ddaliodd ei fam ati i weithio'n
galed er mwyn gweld y mab yn gwireddu ei ddymuniad.

Bu Idwal yn gweithredu fel *Student Teacher* yn ysgolion
Croes-goch, Dinas ac Wdig cyn bwrw dwy flynedd yn y Coleg
Normal, Bangor. Wedi gadael y coleg bu'n athro yn Lerpwl
am chwe blynedd. Ond yn 1938 dychwelodd i ardal ei
fagwraeth i fod yn brifathro Ysgol Tre-fin. Yn fuan wedyn
priododd â Margaret Evans o Gas-mael; a ganed eu hunig
blentyn, Bet, yn 1944. Fodd bynnag, erbyn 1954 yr oedd
cynlluniau ar y gweill i gau ysgolion Tre-fin a Llanrhian a
symudodd Idwal Lloyd i fod yn brifathro Ysgol Blaen-ffos yn
ardal y Frenni Fawr. Bu yn y swydd honno am naw mlynedd.
Ond yn dilyn cyfnod o waeledd yn yr ysbyty fe benderfynodd
roi'r gorau i ddysgu. Yn 1963 symudodd i Lundain i gadw
Gwesty'r Tregaron mewn partneriaeth â'i frawd yng
nghyfraith. Ond ymhen pum mlynedd, wedi i'w briod
ddiodde pwl o salwch, dychwelodd y ddau i Sir Benfro gan
ymgartrefu yn nhre Hwlffordd. Ond byr fu eu harhosiad yno.
Yr oedd Idwal, o bawb, yn dyheu am y bywyd diwylliannol
Cymraeg a symudasant i 'fwrw angor' yn nhref Abergwaun.
Dylid nodi hefyd fod gan Idwal Lloyd ddiddordeb mewn
arlunio ac mae nifer o beintiadau trawiadol o'i waith yn
hongian ar furiau'r cartre. Wedi symud i Abergwaun fe
fwriodd Idwal yn syth i fwrlwm cymdeithasol ei amgylchfyd
newydd. Ef oedd un o sylfaenwyr Cymdeithas y Cymrodorion

yn y dref a bu'n olygydd Colofn Farddol *Y Llien Gwyn* (papur bro'r gymdogaeth) am ugain mlynedd.

Cafodd Idwal Lloyd ei fagu yn sŵn 'Y Pethe' ar yr aelwyd gartre. Mae'n siŵr fod yr awen yn ei waed. Roedd ei dad-cu yn cyfansoddi penillion a'i dad yn cystadlu ar y farddoniaeth yn eisteddfodau bach y cylch. Mae'n ddiddorol hefyd fod ei dad, a oedd yn fugail defaid heb ei ail, wedi dysgu'r cynganeddion ar ei liwt ei hun. Ond yn Ysgol Uwchradd Abergwaun, wrth draed J. J. Evans, ei athro Cymraeg, y dysgodd Idwal gynganeddu. Un o'i gyfeillion bore oes oedd Eliaser Williams a weithiai yn ffatri wlân Tre-gwynt, – bardd gwlad a chynganeddwr medrus. Ef a berswadiodd Idwal Lloyd i gystadlu yn ei erbyn ar yr englyn yn Eisteddfod Tremarchog. 'Y Gwlithyn' oedd y testun. Dywedodd Eliaser wrtho: 'Os byddi di o 'mla'n i yn y feirniadaeth fe roia i swllt i ti, ac os bydda i o dy fla'n di fe gei di roi swllt i fi.' Y Parchedig O. R. Owen, Caernarfon oedd yn beirniadu a deuddeg wedi cystadlu. Dau ymgeisydd oedd yn y dosbarth cyntaf, Idwal ac Eliaser, ac wedi tipyn o bwyso a mesur englyn Idwal a ddyfarnwyd yn fuddugol. Dyma fe:

> Fe ganna dwf y gweunydd, – rhoi gemwaith
>   Ar gymoedd a mynydd,
>   Daw i'r ardd gyda'r hwyrddydd   .
>   A gado'r dail gyda'r dydd.

Englyn tlws yn cynnwys cynganeddion cryf a llithrig. Nid oedd Idwal ond 16 oed ar y pryd a hon oedd ei wobr gyntaf am gyfansoddi englyn. Cafodd hanner coron o wobr ynghyd â swllt Eliaser. Wedi hynny bu'n cystadlu llawer yn eisteddfodau bach y cylch gan ennill a cholli bob yn ail.

Wedi dechrau yn y Coleg Normal ym Mangor penderfynodd gystadlu ar yr englyn yn yr Eisteddfod Ryng-golegol er mwyn ceisio ennill marciau i'w goleg ei hun. 'Yr Alltud' oedd y testun a Gwili yn beirniadu. Englyn Idwal oedd yn fuddugol eto a chlywais ef yn dweud droeon fod y fuddugoliaeth hon wedi rhoi gwefr fawr iddo wrth feddwl fod boi bach o'r Normal wedi curo graddedigion y Brifysgol.

Amser hesb iawn o safbwynt yr awen oedd ei gyfnod yn
Lerpwl. Nid oedd yno feirdd i gymdeithasu â hwy. Ond wedi
dychwelyd i Sir Benfro dyma ailafael yn 'Y Pethe' drachefn.
Ymhlith ei hoff englynion o'i waith ei hun y mae ei englyn 'Ci
Defaid':

> Yn ei fron ceir cyfrinach – ffridd y bryn,
>   A phraidd bro a chilfach,
>   A rhyw egni dirwgnach
>   Y sy' tu fewn i'w frest fach.

Cofiwn fod ei dad yn ymhel â defaid ac yn fugail tan gamp.

Yr oedd gan Idwal Lloyd glust i glywed y gynghanedd yn
sgwrsio naturiol pobl. Rwy'n cofio amdano yn dweud unwaith
iddo glywed rhyw wraig ym mhentre Tre-fin yn gofyn i'w gŵr
'A roist ti fwyd i'r ast fach?' 'Dyna gynghanedd groes
berffaith,' meddai, 'ond ni wyddai'r wraig honno fod y fath
beth â chynghanedd yn bod!' Rwy'n cofio amdano yn sôn
hefyd am ryw ddyn o'r enw Con yn cadw siop yn yr ardal. Un
noson dyma wraig leol yn rhuthro ar draws y ffordd â'i gwynt
yn ei dwrn gan ofyn 'A ydy Con wedi cau?' Cynghanedd groes
eto gan rywun cwbl ddiawen! Aeth Idwal ati i ffurfio dosbarth
i ddysgu'r cynganeddion yn y cylch. Ond i ddychwelyd at
Idwal y bardd. Yr oedd yn gywyddwr medrus a llithrig. Un o'i
gywyddau gorau yw'r cywydd 'Bro Fy Mebyd'. Nid oes iddo
ryw weledigaeth fawr na dyfnder meddwl. Ei swyn a'i
symlrwydd yw ei gryfder. Dyma ddisgrifiad y bardd o'r gaeaf
yn goddiweddyd yr ardal wledig:

> Wedi'r hydref a'i odrin
> I'r gwrych hael dôi garwach hin;
> I lef uniaith gylfinir
> Mydrai ystorm dros y tir,
> A bu'r glaw'n ysgubo'r glyn
> A chreu hwdwch o'r rhedyn.

Ond epigramwr yw Idwal Lloyd yn bennaf. Enillodd yn y
Genedlaethol ddwywaith am gyfres o epigramau ar ffurf
cwpledi cywydd. Y syniad bachog a'r dweud gafaelgar sy'n

apelio ato. Credai hefyd y dylai pob epigram fod yn wirioneddol gofiadwy. Nid oedd dim yn ei blesio'n well na deall fod rhai o'i epigramau buddugol yn Eisteddfod Genedlaethol Caernarfon 1959 wedi aros yng nghof llawer o ddilynwyr 'Y Pethe'. Dyma rai ohonynt:

Gŵr oediog i werydo,
Gwan ei dwf fydd ei gnwd o.

Lleiha'r cur pan ballo'r cof,
Angau'r ing yw yr angof.

Un a faidd ddweud ei feddwl
Yw dyn dewr neu adyn dwl.

Asgell fuan sy' i anwir,
Ara'i gam y crwydra'r gwir.

Yn ogystal ag ennill ar yr epigramau fe gipiodd Idwal Lloyd y wobr am yr Englyn Ysgafn yn y Genedlaethol ddwywaith. Daeth yn bur agos at ennill y Gadair hefyd Yr oedd ganddo feddwl mawr o'i awdl i'r awyrennwr. Cyfansoddwyd hi, nid ar gyfer cystadleuaeth, ond i lenwi bwlch yn ein llenyddiaeth. Ym marn Idwal yr oedd gan y milwr lawer o gerddi yn canmol ei wrhydri. Nid oedd y morwr yn brin o glod ychwaith. Ond yn ei farn ef nid oedd bechgyn y Llu Awyr wedi cael sylw haeddiannol mewn barddoniaeth Gymraeg. Credai Idwal hefyd mai'r awyrenwyr a achubodd ein gwlad o grafangau'r Almaenwyr adeg yr Ail Ryfel Byd. Felly, dyma gyfansoddi awdl i gofnodi cyfraniad bechgyn o Gymru yn y Llu Awyr i amddiffyn hynny o ryddid oedd gennym, a'n cadw rhag 'Operation See Löwe' Hitler. Anfonwyd hi i gystadleuaeth y Gadair yn Eisteddfod Genedlaethol Rhuthun, 1973, ar y testun 'Atgof'; ac fe'i dyfarnwyd yn orau gan un o'r tri beirniad.

Awyrennwr a laddwyd yn y Rhyfel yn llefaru o'i feddrod a geir yn awdl 'Atgof':

> O rostir a gwaun i grastir gynnau
> Â'i gwysi dannedd fe'm gwysiwyd innau;
> O'r heulwen i orielau – cytiau cŵyn,
> O drum yr ŵyn i'r drôm awyrennau.

Cawn gip ar fywyd a gweithgaredd awyrennwr yn y Llu Awyr
ym mlynyddoedd y Rhyfel, yr hyfforddi, y cyrchoedd a'r
cymdeithasu fin nos. Y mae yma ambell ddarlun llachar fel y
disgrifiad o'r ymosodiad ar y llong olew ar y cefnfor:

> Crynodd hwyrnos, â'r tancer yn ddarnau
> A lledu'n dân ar y llwydion donnau;
> Mi welwn o'r cymylau – ei sglodion
> Yn wynias wreichion o eingion angau.

Ond colli ei fywyd ei hun a wnaeth yr awyrennwr hefyd
wrth ymosod ar 'argae Mohn' a throi'n ysglyfaeth i ddrylliau'r
gelyn. Syrthiodd yr awyren i ebargofiant:

> Ni wêl y radar 'M' am Mari,
> Uwchlaw'r Foel ni ddychwel i'r Fali,
> Eithr fin nos bu'i therfyn hi – draw'n yr hesg
> Rywle yn llesg, a'r oel yn llosgi.

Canmolwyd yr awdl hefyd am ei hidiom fodern a defnydd y
bardd o dermau byd yr awyrlu a oedd yn taro nodyn newydd
ym marddoniaeth Gymraeg y cyfnod.

Yr oedd Idwal wrth ei fodd yn aelod o Dîm Sir Benfro yn
Ymryson y Beirdd y BBC, ac yn aelod o Dîm y Preselau ar
Dalwrn y Beirdd wedyn. Enillodd wyth o gadeiriau
eisteddfodol hefyd o bryd i'w gilydd yn cynnwys cadair gyntaf
Eisteddfod Pontrhydfendigaid a chadair arian Eisteddfod
Llanbedr Pont Steffan. *Cerddi'r Glannau* yw teitl ei gyfrol o
farddoniaeth a gyhoeddwyd yn 1985. Un peth sy'n ein taro ar
unwaith wrth ei ddarllen yw'r nifer o dribannau a phenillion
telyn sydd wedi eu cynnwys rhwng ei chloriau. Rwy'n ei gofio
yn dweud rywdro ei fod yn dechrau 'tynnu mlaen mewn
oedran' ac wedi mynd yn fyr ei wynt fel bardd. Ym marn
Idwal fe ddylai pob triban a phennill telyn fod yn uned ar ei

ben ei hun heb destun o unrhyw fath. Dyma rai o hen
benillion newydd *Cerddi'r Glannau*:

Cred Siôr o Lain y Saeson
Ei fod yn berffaith union,
Ond gwêl pob un o Fynwy i Fôn
Fod llawer tro'n ei gynffon.

Mae d'ymffrost yn gredadwy
Am 'fory, trennydd, tradwy,
Ond cofia, gwell gan bawb yw iâr
Sy'n clochdar ar ôl dodwy.

Chwilio am wraig yn Sir Gaerfyrddin,
Chwilio Llundain a Chaeredin,
Chwilio'r byd i'r pegwn eitha'
Cyn ei gweld dros glawdd drws nesa'.

Yn fy nghryfder mae fy ngwendid,
Yn fy ngwendid mae fy nerth,
Yn fy nghyfoeth mae fy nhlodi,
Yn fy nhlodi mae fy ngwerth.

Teimlo yn ei galon y dylid rhoi gwybod i'r Saeson am y
cynganeddion a barodd iddo baratoi'r gyfrol *Celtic Word Craft*
a gyhoeddwyd yn 1985. Llawlyfr yn egluro elfennau'r
gynghanedd yn Saesneg ydyw. Diddorol yw ei gyfieithiadau o
enwau'r prif gynganeddion, – The Echoing Harmony (Y
Gynghanedd Lusg), *The Criss-Cross Harmony* (Y Gynghanedd
Groes), *The Bridging Harmony* (Y Gynghanedd Draws) a *The
Sonorous Harmony* (Y Gynghanedd Sain). Y mae'n egluro prif
reolau'r gynghanedd mewn ffordd syml a hawdd ei deall gyda
digon o enghreifftiau Saesneg o'i waith ei hun i oleuo'r
disgybl ynglŷn â ffurfiant y gwahanol fathau o gynganeddion.
Er iddo gael cryn drafferth i ddod o hyd i gyhoeddwr a
fyddai'n barod i gyhoeddi'r gwaith cyn cael gafael ar Gwmni
Dyllansow Truran yng Nghernyw i fynd â'r maen i'r wal, fe
aeth y gyfrol allan o brint mewn byr amser.

Daeth *Cerddi Idwal Lloyd* i law pan oedd y gyfrol hon ar ei ffordd drwy'r wasg. Nid yr un fath yn union yw diffiniad pob beirniad llenyddol o'r term 'bardd gwlad'. Ym marn rhai pobl bardd sy'n canu'n syml i'r bywyd gwledig ydyw, yn ymdrin â hynt y tymhorau, adar ac anifeiliaid, a byd yr amaethwr wrth ei waith-bob-dydd. Cred eraill mai bardd cymdeithasol yw'r bardd gwlad yn canu i ddigwyddiadau ac achlysuron arbennig yn ymwneud â *phobl* ei filltir sgwâr.

Nid oes yr un amheuaeth nad yw Idwal Lloyd yn cyflawni'r ddwy swyddogaeth yn ei gyfrol ddiweddaraf. Y mae yma nifer o deyrngedau a cherddi coffa i'w gydnabod a pheth wmbredd o ganu yn disgrifio a darlunio byd natur yn ei gynefin. Cynhwysir yn y gyfrol hefyd (yr un fath â *Cerddi'r Glannau*) nifer sylweddol o epigramau ar ffurf cwpledi cywydd ynghyd â rhai penillion telyn epigramatig eu naws. Dyma un ohonynt:

> Ffolineb o'r mwyaf
> Yw canmol y dyn
> Sydd byth a beunydd
> Yn ei ganmol ei hun.

Yn hyn o beth mae Idwal Lloyd hefyd yn cynrychioli doethineb y gwladwr ar ei orau.

Llyfryddiaeth

Idwal Lloyd, *Cerddi'r Glannau*, Cyhoeddiadau Barddas, 1985.
        Celtic Word Craft, Dyllansow Truran, 1985.
        Cerddi Idwal Lloyd, Gomer, 2000.

W. RHYS NICHOLAS
(1914 – 1996)

Dyn hamddenol yr olwg â hanner gwên ar ei wyneb yn rhoi'r argraff ei fod bob amser yn barod am sgwrs. Ond dyn prysur o dan yr wyneb. Yr oedd wrth ei fodd o flaen cynulleidfa hefyd, – yn pregethu'r Gair, yn darlithio ar ryw fardd neu lenor o bwys, neu yn beirniadu ar lwyfan eisteddfod. Roedd e'n hoff o hiwmor tawel, dim llawer o amynedd ar gyfer rhyw siarad dibwys neu ddibwrpas, ac yn eang iawn ei ddiddordebau. Ganed W. Rhys Nicholas mewn tŷ o'r enw Pen-parc ym mhentre Tegryn yn fab i William a Sarah Nicholas. Ef oedd y pumed o naw o blant. Symudodd y teulu wedyn i Fron Fedw uwchlaw Chwarel y Glog, ac oddi yno i fwthyn Soar lle saif modurdy Tegryn heddiw, cyn ymgartrefu yn Ardwyn, byngalo newydd ar gyrion y pentre. Saer maen oedd ei dad, pregethwr cynorthwyol, a chefnder i'r bardd a'r pregethwr, T. E. Nicholas. Diau fod Rhys hefyd yn

ymddiddori rhywfaint yng nghrefft ei dad fel y dengys ei
englyn i'r saer maen:

> Ei fwyniant oedd trin ei feini; – gŵr oedd
> Ar ei grefft yn ffoli,
> A gweler ar bileri
> Ei sêl wrth ei harddel hi.

Aeth Rhys Nicholas yn blentyn i Ysgol y Cyngor, Tegryn,
pan oedd John Rees yn brifathro yno. Yr oedd y teulu yn
aelodau yng nghapel yr Annibynwyr yn Llwyn-yr-hwrdd, ac
yno y daeth Rhys yn gyfarwydd â phregeth a chwrdd
gweddi.Wedi gadael yr ysgol aeth yn fyfyriwr yn Ysgol Baratoi
y Parchedig John Phillips yng Nghastellnewydd Emlyn a'i
fryd ar y weinidogaeth. Yn ddiweddarach fe'i derbyniwyd yn
fyfyriwr yng Ngholeg y Brifysgol, Abertawe, lle graddiodd
gydag Anrhydedd yn y Gymraeg. Yn ystod ei flwyddyn olaf
yn Abertawe cafodd ei ddyrchafu i'r swydd o Lywydd
Myfyrwyr y Coleg. Yn ôl Rhys, bu hwn yn brofiad gwerthfawr
yn ei hanes. Wedi gadael Abertawe bu'n fyfyriwr yn y Coleg
Presbyteraidd, Caerfyrddin, gan gymryd gradd mewn
Diwinyddiaeth. Ar derfyn ei yrfa yn y coleg apwyntiwyd ef i
swydd yn Llyfrfa'r Annibynwyr yn Abertawe lle y bu'n
cynorthwyo'r Parchedig E. Curig Davies am ddwy flynedd; a
chafodd ei ordeinio yn ei fam-eglwys yn Llwyn-yr-hwrdd.

Pan dderbyniodd alwad i fugeilio Eglwys y Bryn, Llanelli,
yn 1947, yr oedd wedi priodi â Beti Evans, Bwlch-y-corn, yr
hon a fu'n gefn ac yn gynhaliaeth iddo ar hyd y blynyddoedd.
Ar ôl pum mlynedd yn y Bryn symudodd i gymryd gofal
eglwysi Horeb a Bwlch-y-groes, ger Llandysul, ac yn 1965 fe'i
denwyd i fod yn weinidog ar eglwys y Tabernacl, Porth-cawl.
Bu yno hyd ei ymddeoliad yn 1982. Mae'n anodd meddwl am
neb a gafodd fwy o anrhydeddau yn ei faes ei hun. Fe'i
dyrchafwyd yn Llywydd Undeb yr Annibynwyr Cymraeg
1982-83; a'i wneud yn Weinidog Anrhydeddus y Tabernacl,
Porth-cawl, ar ôl iddo ymddeol. Cafodd un o anrhydeddau
prin y Brifwyl drwy gael ei ethol yn Gymrawd Eisteddfod
Genedlaethol Cymru; ac ef oedd Derwydd Gweinyddol

Gorsedd y Beirdd o 1987 hyd ei farw. Dwy anrhydedd arall a ddaeth i'w ran oedd cael ei ddyrchafu yn Gymrawd Cymdeithas Emynwyr Cymru ac yn Gymrawd Coleg y Brifysgol, Abertawe. Bu marw ei briod yn 1985 yn ergyd galed iddo.

Dechreuodd Rhys Nicholas farddoni yn gynnar yn ei oes. Roedd John Rees, prifathro Ysgol Tegryn, yn annog y plant i gyfansoddi ac yn gofyn iddynt ddarllen eu gwaith i weddill y dosbarth os teimlai ei fod yn ddigon da! Bu Cyrddau Cystadlu Cymdeithas Lenyddol Llwyn-yr-hwrdd yn hwb pellach iddo, a dysgodd gynganeddu yn ifanc iawn o dan gyfarwyddyd Owen Davies, y teiliwr o'r Glog. Gwelwyd ei farddoniaeth hefyd yn britho tudalennau *Dawn*, cylchgrawn Coleg y Brifysgol, Abertawe, pan oedd yn fyfyriwr yno.

Cynhoeddwyd *Cerdd a Charol*, y gyfrol gyntaf o farddoniaeth W. R. Nicholas, yn 1969. Y mae'n dangos ei fedr fel bardd yn y mesurau rhydd a chaeth. Ygrifennwyd y rhan fwyaf o'r cerddi yn y mesurau traddodiadol ond y mae Rhys Nicholas yn feistr hefyd ar drafod y mesur penrhydd. Ni ellir peidio â synnu, rywsut, fod ei gerddi *vers libre* yn gwbl rydd o arddull a ffasiwn pryddestwyr y chwedegau. Nid oes yma unrhyw ymgais i fathu geiriau a chymalau cyfansawdd, creu geiriau newydd drwy ychwanegu terfyniadau berfol ac ansoddeiriol fel 'rofereiddio' a 'Gwenalltaidd', na'r arfer o ddefnyddio ymadroddion stroclyd i daro'r darllenydd yn ei dalcen. Rhythmau cyhyrog a soniarus yw cryfder pennaf ei ganu *vers libre*. Y mae'r gerdd 'Cynhaeaf Gwair' yn enghraifft o'i ddawn ar ei gorau. Dyma'r diwedd:

Roedd haf yn haf drwy gydol dydd,
a'r hir brynhawn
yn tynnu'n parc dan tŷ drwy iet y clos,
nes dyfod cymanfa'r picwyrch ar wal y cwrt,
y ffenestri gwynion yn tynnu'r awel
i'r cymun clòs,
baneri rhaflog y drain

yn cyhoeddi'r fendith
a glaslanc yn gweld y wyrth.

Dyma ddarlun byw a synhwyrus o gymdogion bro ei febyd yn
helpu ei gilydd adeg y cynhaea' gwair. Y mae rhyw ffresni yn
y mynegiant a chynhesrwydd yn y dweud.

Dioddefodd Rhys Nicholas gyfnod o waeledd difrifol pan
oedd yn llanc ifanc. Ar ôl iddo ddechrau yn Ysgol Baratoi
Castellnewydd Emlyn arferai aros mewn llety o ddydd Llun
hyd ddydd Gwener a mynd adre dros y penwythnos. Fel
mae'n digwydd roedd gwraig y tŷ yn dioddef o'r dicléin a
chyn pen blwyddyn yr oedd Rhys ei hun yng ngafael y dolur
hwnnw. Yr arwydd cyntaf a gafodd o'r afiechyd oedd
pesychiad o waed wrth gario ystenaid o ddŵr o ffynnon
gyfagos at wasanaeth yr aelwyd. Dywedodd ei fam wrtho
ymhen blynyddoedd wedyn nad oedd y meddyg lleol yn
disgwyl iddo fyw am fwy na rhyw wythnos neu ddwy. 'Efallai
na welith y Sul nesaf,' meddai. Cafwyd gwely iddo yn Ysbyty
Sealyham ac wedi hynny yn Ysbyty Talgarth. Llwyddwyd i
wthio aer i'w frest i ddygwympo'r ysgyfaint heintiedig a
dychwelodd adref yn 1932 wedi tair blynedd o salwch. Yn
ystod ei waeledd bu'n gorwedd yn yr un gwely am flwyddyn
gyfan. Yr oedd coeden yn tyfu y tu allan i'r ffenest ac yn
hawlio ei sylw ddydd ar ôl dydd. Yn ddiweddarach lluniodd
gerdd i'r goeden honno gan gofio fel yr oedd hi'n newid ei
gwisg a'i gwedd yn ystod y pedwar tymor. Dyma'r ddau
bennill olaf:

Gwelais yr Hydref dolurus
yn sychu'r clwyfau yn dy ddail,
a'th adael ym mwlch y machlud
yn delpyn fflamgoch
a'th boenau'n gweiddi'n uchel.

Heddiw,
mae'r gaeaf ar dy war;
'does dim cuddiedig mwy.
Wedi dy ddiddilladu

fe wêl y llygaid manwl
dy golfenni a'th geinciau hagr,
a thithau'n druan diymadferth
yn gywilydd i gyd.

Afraid dywedyd mai llais dyn claf sydd i'w glywed yn y gerdd
hon. Fe welodd y bardd y tebygrwydd ingol rhyngddo ef a'r
goeden yn nyddiau'r haint a'r clafychu.

Un o nodweddion amlycaf barddoniaeth Rhys Nicholas yw
ei bod yn canu yn y glust. Y mae'r faled ddramatig 'Y Ferch
o'r Sgêr' yn llawn cynnwrf a thosturi bob yn ail. Y mae
ganddo afael sicr ar dafodiaith Gogledd Sir Benfro hefyd yn y
gerdd hir 'Dydd Diolchgarwch' (math o faled eto); ac yn y
gerdd ddisgrifiadol 'Y Cardi Bach', sy'n taro nodyn o hiraeth
am y trên a fu'n tuchan ei ffordd rhwng Aberteifi a Hendy-
gwyn am yn agos i ganrif gyfan. Cynhwysir yn *Cerdd a Charol*
nifer o englynion trawiadol ac y mae englyn y bardd i'w fam
(a oedd yn agos iawn at ei galon) ymhlith y rhai mwyaf
cofiadwy:

Gwên siriol oedd ei golud, – a gweini'n
Ddi-gŵyn oedd ei gwynfyd;
Bu fyw'n dda, bu fyw'n ddiwyd,
A lle bu hon mae gwell byd.

Ond fel emynydd y byddwn yn meddwl yn bennaf am W. R.
Nicholas. Ef, ar wahân i Elfed, yw emynydd Cymraeg mwyaf
cynhyrchiol yr ugeinfed ganrif. Gellir dweud fod emynau
Rhys Nicholas yn ymrannu'n ddau ddosbarth sef emynau
cymdeithasol ac emynau mwy personol eu naws. Yn ddi-os,
cyhoeddi ei gyfrol *Cerddi Mawl*, 1980, oedd penllanw
traddodiad emynyddol Gogledd Sir Benfro. Yr un fath ag
Elfed o'i flaen, gwelodd Rhys Nicholas yr angen am
gyfansoddi emynau ar gyfer achlysuron arbennig. Ond bu'n
rhaid i rai o'i emynau ef fynd i gyfeiriadau newydd i gyfarfod
ag anghenion oedfaon ac achlysuron nas cynhelid mewn
addoldai o unrhyw fath. Y mae llawer o emynau Rhys
Nicholas wedi eu cyfansoddi ar gais unigolion a sefydliadau

hefyd. Ymhlith ei emynau 'ar gyfer achlysuron' y mae emyn at wasanaeth Urdd Gobaith Cymru, emynau ar gais y BBC, emyn ar gyfer seremoni'r Fedal Ryddiaith yn yr Eisteddfod Genedlaethol, emyn ar gyfer Rhaglen Nodwedd Undeb yr Annibynwyr yng Ngogledd Sir Benfro, emyn ar gyfer gwasanaeth mewn ysbyty a nifer o garolau Nadolig. Yr emyn olaf iddo ei gyfansoddi oedd emyn ar gais rheolwyr a phrifathro Ysgol y Preseli ar gyfer ei ddefnyddio yng ngwasanaethau boreol yr ysgol, ryw bythefnos yn unig cyn ei farw. Enillodd wobrwyon hefyd am gyfansoddi emynau yn yr Eisteddfod Genedlaethol, Eisteddfod Pantyfedwen a Gŵyl Fawr Aberteifi.

Y mae Rhys Nicholas yn y rhan fwyaf o'i emynau yn siarad yn uniongyrchol â Christ. Dyfynnaf ran o lythyr a dderbyniais oddi wrtho, dyddiedig 26 Medi, 1996, yn ôl pob tebyg y llythyr olaf a ddaeth o'i law cyn iddo ein gadael ymhen rhai dyddiau:

> Clod i Dduw yw'r peth hanfodol mewn emyn. Nid ein teimladau ni ynghylch pethau fel y maent. Does dim angen dweud wrth Dduw sut mae pethau! Ond dylai pob emyn fod yn llawn o fawrhad i'r Arglwydd Iôr. Ei fendithion ef sy'n bwysig nid ein melltithion ni!

Dywedodd hefyd mewn cyfweliad ar y teledu adeg recordio 'Dechrau Canu, Dechrau Canmol' yng nghapel Llwyn-yr-hwrdd ym mis Medi 1995:

> Clod a mawl i Dduw yw emyn a rhaid iddo fod yn *ganadwy*. Rhaid hefyd wrth ddigon o lafariaid mewn llinell i gynnal y gerddoriaeth. Y mae crefft yr emyn yn wahanol i grefft barddoniaeth. Nid wyf yn hoff o gwbl o gyfansoddi emyn ar gais rhywun arall. Rwy'n hoffi mynegi profiad sy'n dod yn naturiol. Mae'n rhaid fod gennych *brofiad* i'w fynegi. Heblaw hynny chwarae â geiriau yr ydych chi.

Mae'n deg dweud mai mawl i Dduw yn ei ragluniaeth a'i ras, ac i Grist a fu farw dros bechaduriaid, yw'r nodau amlycaf yn ei emynau. Mae'n ddiddorol sylwi hefyd fod y geiriau a'r delweddau 'goleuni', 'gogoniant', 'mawrhad' a 'harddwch' yn digwydd yn gyson yn ei waith fel emynydd. Rwy'n cofio amdano'n dweud mewn darlith hefyd y dylai'r delweddau a ddefnyddir mewn emyn fod yn ymwneud â'r oesol a'r tragwyddol; ac nad gwiw i emynydd ddefnyddio termau'r oes dechnolegol. Fel gweinidog yr Efengyl, fe welodd drai ar grefydd yn ein capeli; a diau fod ysbrydoli'r addolwyr yn nyddiau gwacter ystyr ail hanner yr ugeinfed ganrif yn ddimensiwn yn ei emynau hefyd.

Bu gan Rhys Nicholas gysylltiad agos â Phwyllgor y Caniedydd ers iddo adael y coleg, yn ysgrifennydd ar y dechrau ac yn gadeirydd wedyn. Pan glywodd Elfed y dôn 'Berwyn' yn cael ei chanu am y tro cyntaf yr oedd wedi dotio'n llwyr arni a gofynnodd i Rhys gyfansoddi geiriau ar ei chyfer. Dyma'r pennill cyntaf:

> Tyrd atom ni, O! Grëwr pob goleuni,
>   Tro Di ein nos yn ddydd;
> Pâr inni weld holl lwybrau'r daith yn gloywi
>   Dan lewyrch gras a ffydd.

Clywais ef yn pwysleisio droeon hefyd am y pwysigrwydd o sicrhau priodas hyfryd rhwng y dôn a'r geiriau.

Ond ei emyn mwyaf poblogaidd yw 'Mawrhad i Grist' a genir ar y dôn 'Pantyfedwen'. Y mae hanes diddorol y tu ôl i'w gyfansoddi. Fe'i hysgrifennwyd mewn un noson wedi iddo fod yn pregethu yn y Tabernacl, Porth-cawl, ar wyrth y dyn dall yn cael ei olwg. Yr oedd wedi ei feddiannu'n llwyr gan yr hyn a ddaeth yn brofiad y gŵr hwnnw sef 'gweld' am y tro cyntaf erioed. Gan fod hyn yn cyfateb i brofiad cyffelyb yn ei fywyd ef ei hun, daeth llinellau'r emyn iddo, a theimlai ei bod hi'n orfodaeth arno i'w dodi ar bapur. Dywed yn y llythyr a ddyfynnwyd uchod ynglŷn â'r cymhelliad i'w gyfansoddi:

> Cefais salwch difrifol pan oeddwn rhwng 18 a 20 oed... a chlywais fy mam yn dweud ddwsinau o weithiau, 'Mae'n wyrth dy fod ti'n fyw!'... Mae'n sicr

fod rhywbeth tebyg i wyrth wedi digwydd yr adeg honno. Ac mae'r gair yn digwydd droeon yn fy emynau. Mae'r ffaith fy mod erbyn hyn yn 82 oed ynddo'i hun yn 'wyrthiol'.

Wedi cael yr ysgogiad i gyfansoddi'r emyn ni allai roi'r gorau iddi ac yr oedd wedi ei orffen yn gyfan gwbl cyn troi i'w wely y noson honno. Tua'r un adeg yr oedd cystadleuaeth llunio emyn yn cael ei hysbysebu gan Bwyllgor Eisteddfod Teulu Pantyfedwen yn Llanbedr Pont Steffan. Anfonodd ei emyn newydd i'r gystadleuaeth ac fe'i dyfarnwyd yn fuddugol. Y flwyddyn ddilynol enillodd Eddie Evans y wobr am gyfansoddi tôn ar ei gyfer sef yr emyn-dôn 'Pantyfedwen'. Cydiodd yr emyn hwn ar unwaith yng nghalonnau'r cynulleidfaoedd ledled Cymru. Cafodd ei ganu ar bob math o achlysuron ac fe'i cyfieithwyd i Saesneg, Sbaeneg ac iaith Fizi. Oherwydd iddo ennill ei le yng nghof addolwyr o bob oed nid oes angen ond dyfynnu'r pennill cyntaf:

Tydi a wnaeth y wyrth, O! Grist, Fab Duw,
Tydi a roddaist imi flas ar fyw;
Fe gydiaist ynof trwy dy Ysbryd Glân,
Ni allaf, tra bwyf byw, ond canu'r gân;
Rwyf heddiw'n gweld yr harddwch sy'n parhau,
Rwy'n teimlo'r ddwyfol ias sy'n bywiocáu;
Mae'r Haleliwia yn fy enaid i,
A rhoddaf, Iesu, fy mawrhad i Ti.

Yn sicr, un o brif gymwynasau Rhys Nicholas â llenyddiaeth Gymraeg yw iddo adfer y salm fel ffurf lenyddol. Y mae ganddo un adran gyfan o salmau amrywiol eu cynnwys yn y gyfrol *Cerddi Mawl*, ac ymddangosodd salmau eraill o'i eiddo mewn cyhoeddiadau diweddarach. Yn ei farn ef yr ydym ni'r Cymry yn tueddu i esgeuluso ffurf y salm fel cerdd o fawl. Dywed eto yn y llythyr y cyfeiriwyd ato eisoes:

'Mae'r salm fel ffurf lenyddol wedi apelio'n fawr ataf erioed. Credaf fod arddull salmau'r Beibl, a'r delweddau a'r cyffelybiaethau yn ogoneddus, a bod cynildeb y brawddegau yn artistig.'

Y mae salmau Rhys Nicholas, yr un fath â'i emynau yn ymrannu'n fras i ddau ddosbarth. Canodd salmau o fawl i bersonau neu deip arbennig o berson megis 'I'r Fam', I'r Athro'. I'r Gwyddonydd', a hefyd salmau ar bynciau cyffredinol megis 'Mawl i Gymru', 'Salm i Heddwch' ac 'I Ddiolch am Gelfyddyd'. Un o'i salmau gorau yw 'I'r Gweddill', y salm fuddugol yn Eisteddfod Genedlaethol Y Fflint, 1969. Salm o edmygedd ydyw i ffyddloniaid yr Arglwydd Iesu yn y byd sydd ohoni. Y mae'n cynnwys delweddaeth gadarn (er bod y ffigurau ymadrodd yn y penillion agoriadol yn adleisio canu'r Cynfeirdd a Beirdd y Tywysogion), rhythmau cyhyrog a chyfochredd effeithiol. Ond bodlonwn y tro hwn ar ddyfynnu un salm fer yn ei chrynswth, y salm i'r Pasg, sy'n dehongli'r Atgyfodiad yn nhermau'r gwanwyn:

Gorfoledded y ddaear,
    canys daeth y wawr newydd
        a'i glendid nerthol.

Fel y cyfyd yr haul ar ddaear ddu
    felly y disgleiria daioni
        mewn byd digofus.

Gorfoledded y ddaear
    am nad yw'r dicter yn difa
        na'r croesau yn lladd.

Fel y tyf y blodyn o'r graig
    felly y daw harddwch gras
        o hagrwch y dioddefiadau.

Gorfoledded y ddaear
    am fod y gerddi'n goleuo
        a'r pyrth yn agor.

> Fel blagur yn torri trwy'r pridd
> felly y daeth bywyd o'r bedd;
> Ni allodd y maen ei garcharu
> na'r milwyr ei orchfygu.
> Daeth Ef yn fyw, gorfoledded y ddaear.

Y mae salmau W. R. Nicholas yn gyfraniad unigryw i lenyddiaeth Gymraeg.

Ni ellir trafod ei farddoniaeth ychwaith heb sôn am ei ddiddordeb yn yr ifanc. Detholiad o gerddi ar gyfer ieuenctid yn bennaf yw cynnwys ei gyfrol *Y Mannau Mwyn* (1985). Yr oedd llawer o alw arno i fod yn feirniad adrodd mewn eisteddfodau (yn enwedig yn ystod ei arhosiad yn Sir Aberteifi) a gwelodd yr angen am ddarnau adrodd cyfoes a chyffrous ar gyfer plant a phobl ifainc fel ei gilydd. Y mae'n hawdd dychmygu parti o fechgyn oed ysgol uwchradd yn cael hwyl anghyffredin ar gydadrodd darnau fel 'Y Gêm', 'Cais i Gymru' ac 'Y Cŵn Hela'. Clywais Rhys yn dweud droeon hefyd iddo gyfansoddi'r gerdd ymddiddan 'Fo a Fe', a fu mor boblogaidd fel darn adrodd mewn eisteddfodau a chyngherddau, flynyddoedd lawer cyn y cychwynnwyd y gyfres deledu oedd yn dwyn yr un enw. Dyma rai o'r penillion gogleisiol sy'n creu difyrrwch i'r gwrandawyr:

> Un tro, 'rôl loetran bron am awr
>   Ar un o lwybrau'r fro,
> Medd E yn sydyn, 'Dere'n awr.'
>   'Tyrd rŵan' meddai O.

> Bûm yn eu cwmni yn y dre,
>   Ac amser bwyd a ddaeth,
> Roedd un am lefrith yn ei de
>   A'r llall yn 'mofyn llaeth!

> Gofynnodd O am blatiaid mawr
>   O frechdan i ni'n tri,
> Ond ebe Fe, 'Gan bwyll yn awr,
>   Tafell wna'r tro i fi!'

Ond mynnai Rhys Nicholas mai fel golygydd y bu ei gyfraniad mwyaf i'n llenyddiaeth. Bu'n golygu *Dawn*, cylchgrawn Cymraeg Coleg y Brifysgol, Abertawe, am ddwy flynedd. Ef oedd golygydd llenyddol Gwasg Gomer am flynyddoedd lawer a mwynhad mawr iddo fu cael y fraint o lywio cyfrolau cyntaf awduron fel Islwyn Ffowc Elis, T. Llew Jones, Jane Edwards, Eigra Lewis Roberts a llawer o ysgrifenwyr eraill drwy'r wasg. Wedi iddo symud i Borth-cawl cafodd yr un swydd gan Wasg John Penry. Bu'n gyd-olygydd *Y Genhinen* am bymtheng mlynedd ac yn olygydd *Cyfansoddiadau a Beirniadaethau'r* Eisteddfod Genedlaethol (yn y De) am ddeng mlynedd. Nid y lleiaf o'i gymwynasau oedd golygu Colofn Farddol y *Tivy-Side* hefyd am flynyddoedd lawer. Wedi iddo symud i Borth-cawl daeth yn olygydd erthyglau *Yr Hogwr*, papur bro'r gymdogaeth honno. Golygodd gyfrolau o bwys hefyd: *Beirdd Penfro* (1961), blodeugerdd o waith beirdd cyfoes Sir Benfro; *Triongl* (1977), blodeugerdd o waith beirdd Cymraeg ac Eingl-Gymreig De-Orllewin Cymru; a *Cerddi '77* (1977), yn y gyfres o flodeugerddi o waith beirdd Cymraeg y saithdegau.

Cyhoeddodd Rhys Nicholas nifer o lyfrau a llyfrynnau safonol o'i waith ei hun hefyd (heblaw'r tair cyfrol o gerddi ac emynau y soniwyd amdanynt eisoes). Ef oedd cyd-awdur y llyfrau taith *Llenorion y Gorllewin*, 1974 (ar y cyd â Dillwyn Miles) a *Dilyn Afon*, 1977, (ar y cyd ag Ifor Rees). *Maen Prawf ein Cristnogaeth* oedd teitl ei anerchiad o Gadair Undeb yr Annibynwyr a gyhoeddwyd yn llyfryn yn 1983. Y mae ei lyfryn *Emynau a Thonau'r Mawl* yn gyhoeddiad pwysig hefyd. Ef yw awdur y gyfrol *The Folk Poets*, astudiaeth ar y bardd gwlad, yn y gyfres *Writers of Wales* a gyhoeddwyd gan Gyngor Celfyddydau Cymru. Llyfrau gwasanaethgar iawn hefyd ar gyfer oedfa o addoliad yw *Oedfa'r Ifanc* (1974) a *Gweddïau a Salmau* (1993). Y cyhoeddiad olaf a ddaeth o'i law oedd *Thomas William Bethesda'r Fro* (1994), cyfrol yn ymdrin â bywyd a gwaith yr emynydd adnabyddus.

Dyma ddiwrnod da o waith i unrhyw awdur. Er i Rhys Nicholas, drwy gydol y blynyddoedd, ddringo'n uchel ym myd addysg ac ysgolheictod, nid anghofiodd erioed ei wreiddiau gwledig yn ardal amaethyddol y Frenni Fawr. Bro ei fachgendod oedd prif ysbrydoliaeth ei awen hyd y diwedd. Priodol iawn yw llinellau agoriadol y Prifardd Tomi Evans yn ei gywydd teyrnged iddo rai blynyddoedd yn ôl:

> Wyt o awen y Frenni,
> Wyt aer ei thraddodiad hi,
> Wyt rymus ym mhob tramwy,
> Wyt un o blant dy hen blwy.

Llyfryddiaeth

W. Rhys Nicholas (gol.), *Beirdd Penfro*, Gwasg Aberystwyth, 1961.
          Cerdd a Charol, Gomer, 1969.
          Cerddi Mawl, Tŷ John Penry, 1980.
          Y Mannau Mwyn, Tŷ John Penry, 1985.
          Emynau a Thonau'r Mawl, Tŷ John Penry, 1987.
          Gweddïau a Salmau, Tŷ John Penry, 1993.
Eirwyn George (gol.), *Blodeugerdd y Preselau*, Cyhoeddiadau Barddas, 1995.

D. GWYN EVANS
(1914 – 1995)

Dyn byr o ran maint ei gorff oedd D. Gwyn Evans, a rhyw sirioldeb yn y ddau lygad byw oedd yn edrych arnoch drwy wydrau trwchus ei sbectol. Un o'i nodweddion amlycaf oedd agosatrwydd ei bersonoliaeth. Bu'n aelod o Dîm Sir Gâr yn Ymryson y Beirdd ac yn aelod o Dîm Aberystwyth ar Dalwrn y Beirdd wedi hynny. Yr oedd wrth fodd ei galon hefyd yn cymryd rhan yn ymrysonau barddol eisteddfodau Pontrhydfendigaid a Llanbedr Pont Steffan ac yn ymgolli'n llwyr yng ngweithgareddau'r Babell Lên yn yr Eisteddfod Genedlaethol. Bûm yn siarad ag ef ar y ffôn lawer gwaith yn gofyn am gerdd newydd ar gyfer rhyw gyhoeddiad neu achlysur arbennig ac ni welais neb erioed yn ymateb mor gyflym! Bob tro y digwyddech fod yn ei gwmni yr oedd hi'n bleser gwrando arno yn rhoi ei farn ar 'Y Pethe'. Barddoniaeth oedd ei fywyd. Rwy'n cofio seiadu ag ef un min nos adeg Eisteddfod Genedlaethol Llanrwst, 1989, ac yr oedd yn

poeni'n arw ei fod yn cilio i'w fyfyrgell mor aml i gyfansoddi
ac yn ofni nad oedd yn rhoi sylw dyledus i'w deulu. (Ond
roedd y teulu yn deall yn iawn). Cefais y fraint o'i gadeirio am
y tro olaf yn Eisteddfod Maenclochog, 1994, ychydig fisoedd
cyn ei farw. Pan ofynnais iddo yn ystod y seremoni ar y
llwyfan pa faint o gadeiriau oedd yn ei feddiant erbyn hyn, ni
allai gofio ar y pryd. Ei ateb oedd, 'Dros hanner cant o leiaf'.
Yr oedd camu i lolfa ei gartref yn 48 Marine Terrace,
Aberystwyth (lle y symudodd ar ôl iddo ymddeol) yn wledd i'r
llygad. Yr oedd gweld y rhesi o gadeiriau o bob llun, lliw a
maint yn eich gwneud i deimlo eich bod mewn 'amgueddfa
farddol'. Ar ben y cyfan yr oedd Gwyn ei hun yn cerdded o
gwmpas y lle yn groeso i gyd ac yn plymio ar unwaith i fyd 'Y
Pethe' i'ch diddanu â llifeiriant ei barabl wrth adrodd rhai o'i
englynion diweddaraf neu wyntyllu cynnwys rhyw ymryson
farddol.

     Ganed D. Gwyn Evans ym Mlaenffynnon, Tegryn, yn 1914,
yn un o naw o blant. Mae'n amlwg for yr awen yng ngwaed y
teulu. Yr oedd tri o'i frodyr yn feirdd hefyd, y Prifardd Tomi
Evans a enillodd y Gadair yn Eisteddfod Genedlaethol
Rhydaman, 1970, am ei awdl 'Y Twrch Trwyth'; Ifor a
symudodd i Rydaman; ac Alun a dreuliodd ei oes ym mhentre
Tegryn. Mae'n ddiddorol fod Gwyn Evans a W. Rhys Nicholas
(un o'i gyfoeswyr yn Ysgol Tegryn) wedi eu geni o fewn mis
i'w gilydd. Cafodd Gwyn, yr un fath â Tomi a Rhys, ei fagu yn
sŵn y diwylliant Cymraeg, anogaeth John Rees y prifathro yn
Ysgol Tegryn, cyfarfodydd diwylliannol capel Llwyn-yr-
hwrdd, a chyfarwyddyd yr athro cynghanedd penigamp,
Owen Davies, y teiliwr o'r Glog.

     Wedi gadael Ysgol y Cyngor yn Nhegryn aeth Gwyn i
weithio ar ffarm yn ardal Login yng ngorllewin Sir
Gaerfyrddin. Ac er iddo gael ei dderbyn yn aelod yng nghapel
yr Annibynwyr yn Llwyn-yr-hwrdd, yng Nghwm Miles y
codwyd ef i'r weinidogaeth. Aeth i Goleg Myrddin yn nhre
Caerfyrddin ac oddi yno i Goleg y Brifysgol, Abertawe. Ond
gadawodd ymhen blwyddyn i fynd yn fyfyriwr yng Ngholeg
Presbyteraidd Caerfyrddin. Dywed Rhys Nicholas mewn

ysgrif goffa iddo yn *Clebran* (Mai 1995), 'Petai wedi aros yn y
Brifysgol i sicrhau gradd byddai wedi llwyddo heb unrhyw
amheuaeth.' Ond yr oedd Gwyn yn awyddus i ddechrau ar ei
waith yn y weinidogaeth. Bu'n weinidog gyda'r Annibynwyr
yn ardaloedd Gwernogle, Llanwrda, Llandybïe, Pencader a
Thal-y-bont (Ceredigion) tan iddo ymddeol i fyw yn
Aberystwyth yn 1979. Bu ei briod, Marged Ann, a oedd yn
hanu o Swyddffynnon, yn gefn mawr iddo ar hyd y daith, ac
yr oedd gan Gwyn feddwl mawr o'r plant Ina a Geraint, yn
ogystal â'i wyrion a'u wyresau. Bu'n olygydd Colofn Farddol
Y Tyst; ac yn gadeirydd Pwyllgor Gwaith y Gymdeithas Gerdd
Dafod. Wedi iddo ymddeol o'r weinidogaeth bu'n gyfieithydd
swyddogol i Lysoedd y Goron ac i'r Comisiwn Cyffredin.
Erbyn hyn, cyflwynir Tlws Coffa D. Gwyn Evans bob
blwyddyn yn y Babell Lên adeg yr Eisteddfod Genedlaethol.
Tlws hardd i'w ddal am flwyddyn ydyw gan enillwyr y
gystadleuaeth cyfansoddi cerdd ar destun gosod i ymgeiswyr
dan 25 oed wedi ei threfnu gan y Gymdeithas Gerdd Dafod.

Bardd cystadleuol oedd D. Gwyn Evans yn bennaf.
Cyhoeddwyd *Caniadau'r Dryw*, ei unig gyfrol o gerddi, yn
1990. Ar wahân i nifer o gerddi cyfarch a cherddi coffa i
enwogion a pherthnasau, cerddi eisteddfodol yw'r mwyafrif
llethol o gynnwys y gyfrol. Yr oedd Gwyn Evans yn dalyrnwr
brwd hefyd a ffrwyth ymrysonau Talwrn y Beirdd yw llawer
o'r englynion unigol, yr hir-a-thoddeidiau a'r cywyddau
byrion sydd wedi eu cynnwys yn y gyfrol. Y mae'n deg dweud
hefyd mai bardd y gynghanedd ydoedd. Dwy soned, salm o
foliant i dyddyn ei hynafiaid yn ardal y Preseli, a dau emyn
yw'r unig gerddi digynghanedd a ymddangosodd yn
Caniadau'r Dryw. Y mae'r mesurau caeth 'arferol' yma i gyd.
Ond y mae Gwyn Evans yn hoff o arbrofi a llacio cortynnau'r
mesurau caeth hefyd. Y mae'r cywydd di-odl yn un o'i
ffefrynnau. Dyma fesur rhai o'i delynegion a rhai o'i gerddi
coffa. Lluniwyd rhai o'r cywyddau di-odl ar batrwm y cywydd
go iawn (gan hepgor yr odl wrth gwrs), ac weithiau mae'n torri
ar batrwm arferol cwpledi'r cywydd drwy orffen y llinellau a
phâr o eiriau unsill neu eiriau diacen yn ôl y galw.

Amrywiadau ar fesur yr englyn yw rhai o'i delynegion hefyd. Ond nid arbrofi sydd yma'n bennaf ond mynd ati i ad-drefnu neu gyfuno rhai o'r mesurau cydnabyddedig. Bardd traddodiadol yw Gwyn Evans yn y bôn.

Bu'n gweinidogaethu mewn sawl ardal yn ne Cymru ac y mae adlais o'r 'symud' i'w weld yn nhestunau rhai o'i gerddi. Y mae'n ymwybodol iawn o'r newid a ddaeth dros y gymdeithas gefn gwlad yn gyffredinol. Cafodd y Comisiwn Coedwigo ei afael sicr ar fro Rhandir-mwyn a throi pawr y defaid yn elltydd o goed pinwydd. Yr un yw'r stori yn Rhydcymerau hefyd. Dyma filltir sgwâr D. J. Williams a hen wynebau annwyl ei bortreadau a'i hunangofiannau difyr:

Ym mro hudol yr hen gymeriadau
Yr oedd gwŷr mentrus, dawnus eu doniau;
Yno bu gwŷr â gwreiddioldeb geiriau
A melys ydoedd eu haml seiadau;
Ond daeth dydd y coedydd cau – ar oledd
A diwedd mawredd bro Rhydcymerau.

Bu Gwyn Evans yn weinidog am gyfnod yn Llandybïe ac yno y daeth yn gyfarwydd ag awyrgylch y gymdeithas yn ardaloedd y pyllau glo. Nid oedd byd y glöwr yn fêl i gyd o bell ffordd. Soned yn ymdrin ag effaith tanchwa-dan-ddaear yw 'Yr Hen Lofa':

Ni chlywir seiniau'r hwter yno mwy
    Yn galw'r gwŷr i'w gorchwyl megis cynt.
Rhydodd y rheiliau gloyw, a'r rhaff sy'n ddwy
    Fu'n tynnu'r dramiau'n gyflym ar eu hynt.
Ni thry yr olwyn chwaith o ben y pwll
    A weindiai'r gaets i fyny, dro a thro,
Yn llawn o weithwyr o'i berfeddion mwll,
    Ag arnynt lwch y ffas, a'r talcen glo.
Ond mud yw'r hwter, ac os gwag yw'r ddram,
    Byth nid â'n angof yn y cwm y dydd
Y crinodd glowyr yno yng ngwres y fflam,
    A hwythau'n gaeth, heb obaith dod yn rhydd;

Ac ni all Duw na dewin godi craith
Y danchwa a fu'n dranc i ddyn a gwaith.

Ond bardd sy'n hoffi hoelio'i lygad ar harddwch y wlad a'i
amgylchfyd yw D. Gwyn Evans yn bennaf. Y mae'n dotio ar
brydferthwch bysedd y cŵn yng nghilfachau diarffordd Cwm
Rheidol a goleuni'r promenâd yn Aberystwyth liw nos. Y mae
wrth ei fodd hefyd yn dilyn hynt afon Teifi o'i tharddle i'w
haber; ac yn gweld gwerthoedd cynhenid trigolion Cwm Taf
yn goroesi ymyrraeth y mewnlifiad estron. Weithiau y mae
tinc o hiraeth yn ei lais fel yn ei awdl farwnad i'r Cardi Bach
(y trên a arferai deithio o Hendy-gwyn i Aberteifi ers talwm),
ac yn arbennig am ardal ei febyd yn nhueddau'r Frenni Fawr.
Ond nid hiraeth sentimental mohono ychwaith. Y mae'r
bardd ar hyd yr amser yn ymwybodol o (ac yn gwerthfawrogi)
hanes a thraddodiadau'r fro:

> Yma o'u holrhain bu hen gymhelri
> Ar f'erwau creigiog, gyhyrog gewri;
> Eu grym a luchiodd yr aml gromlechi
> O fryn i fryn nes cyrraedd y Frenni;
> Hanes y geirwon feini – ar fynydd
> Yno a edrydd stori'r gwrhydri.

Un peth sy'n ein taro wrth ddarllen ei waith yw absenoldeb
cymariaethau a throsiadau yn ei farddoniaeth. Bardd y
mynegiant uniongyrchol ydyw. Nid yw delweddau a
symbolau at ei ddant o gwbl. Y mae dyn yn teimlo hefyd fod
ei linellau ar adegau yn tueddu i fod yn oransoddeiriog. Dyma
ei englyn 'Eithin':

> Aur *gorwych* ar dir *gerwin* – yw *hudol*
>   *Gwyllt* flodau yr eithin;
>   *Digymar* gnwd *tlawd* gomin,
> Chwyn y fferm, tegwch *hen* ffin.

Y mae saith ansoddair mewn pedair llinell yn goflaid go fawr!
Y mae'r englyn uchod yn dangos un duedd arall yn ei waith
hefyd sef yr arfer o bentyrru ansoddeiriau o flaen yr enw –

arfer a oedd yn boblogaidd iawn yng nghyfnod y rhamantwyr
ym mlynyddoedd cynnar yr ugeinfed ganrif. Edrycher eto ar
yr englyn 'Newyn':

> *Esgyrnog, newyn*og wedd – a'i heisiau
> Yn deisyf ymgeledd
> Ein *hafradlon* ddigonedd
> Rhag *araf ddifara* fedd.

Pob ansoddair o flaen yr enw.

Y mae gwarchod traddodiad y canu caeth yn bwysig i Gwyn
Evans. Nid oes ganddo fawr i'w ddweud wrth y pryddestwyr
a'r beirdd modern. Y mae canu astrus a thywyll yn dân ar ei
groen ac y mae'n gosod ei safbwynt yn glir a diamwys yn ei
gerdd ar fesur-tri-thrawiad 'Cwyn Edward Richard'. Y
pryddestwyr cymhleth eu mynegiant a llac eu gafael ar grefft
yr hen benceirddiaid sydd o dan lach ei awen:

> Y triciau toracen a rhaffio gair heiffen
> Sydd imi'n ddiawen er darllen yn deg;
> Ti'r gŵr est â'r goron, a'th eiriau maith hirion
> Heb swynion na cheinion ychwaneg.
>
> Yn ebrwydd fer librwr e drodd y mydryddwr
> Yn benrhydd ryddieithwr heb gynnwr' i'w gerdd;
> O'i henwi 'rwy'n benwan, a haeddiant anniddan
> Yw'r cyfan o'th yngan diangerdd.

Y mae'n gofidio am fod urddas y gynghanedd wedi mynd ar
goll a cheinder ymadrodd y meistri – Dafydd ap Gwilym,
Gruffudd Gryg, Tudur Aled, Goronwy Owen a'r Morysiaid
heb gael ei arddel gan lawer o'n prydyddion cyfoes.

Un o gyfraniadau mwyaf toreithiog ei awen yw ei
ddilyniannau o englynion ar destunau gwahanol. (Hwyrach
fod testunau'r Gadair yn Eisteddfodau Rhys Thomas James
Llanbedr Pont Steffan wedi bod yn hwb iddo i'r cyfeiriad
hwn). Y mae llawer ohonynt yn englynion sy'n traethu
doethineb ac y mae lle amlwg i fyd natur yn ei farddoniaeth i
gyd. Y mae hiwmor a doniolwch hefyd wrth fodd ei galon, ac

weithiau y mae'n mwynhau tynnu ei goes ei hun fel yn yr englyn 'Chwefror':

> Caraf Chwefror y corrach – o'i fesur
> Â'i gyd-fisoedd meithach,
> Oherwydd, os yw'n fyrrach,
> Fel yntau 'rwyf innau'n fach.

Cyhoeddwyd yn *Caniadau'r Dryw* a *Blodeugerdd y Preselau* (1995) 35 o ddarnau o'i waith, cyfresi o englynion a chywyddau gan amlaf, naill ai yn cyfarch pobl ac achlysuron arbennig neu yn coffáu'r marw. Yn hyn o beth y mae D. Gwyn Evans a'i droed yn ddwfn yn y canu caeth traddodiadol. Dyma brif bynciau a themâu Canu Taliesin, y Gogynfeirdd a Beirdd yr Uchelwyr hyd yr unfed ganrif ar bymtheg. Yn ôl 'labelu' rhai beirniaid llenyddol dyma yw swyddogaeth y bardd gwlad hefyd. Y mae cerddi Gwyn Evans i bobl yn ymrannu'n ddau ddosbarth eto: canu i enwogion y genedl a chanu i gylch ei gydnabod a'i deulu agos. Un o'i gywyddau gorau (sy'n braidd gyffwrdd â dosbarth y canu coffa) yw 'Bwlchnewydd'. Fe'i seiliwyd ar ddyfyniad o eiddo y Parchedig D. J. Davies, Capel Als, 'Mae'r bwlch o hyd yn newydd', yn angladd y Parchedig Ben Davies, Llandeilo ym Mwlchnewydd. Dyma ei ddyfynnu'n llawn:

> Hen adwy'r terfyn ydyw,
> A bwlch sy'n newydd i'r byw.
>
> Un cul nad yw fyth yn cau
> Rhyngom a rhandir angau.
>
> Yn y bwlch ni chenfydd byd
> Onid afon rhwng deufyd.
>
> Ein rhaid fydd mynd drwy'r adwy,
> A mynd heb dychwelyd mwy.
>
> Er ei osteg a'i dristyd
> Wele fwlch i'r anwel fyd.

O blith yr wyth awdl a gynhwysir yn *Caniadau'r Dryw* y mae 'Yr Allor' yn un o'r rhai mwyaf cofiadwy. Dyma awdl a

gipiodd i'w hawdur gadair Gŵyl Fawr Aberteifi. Ymweliad â
gwersyll y carcharorion rhyfel yn Henllan ar lan afon Teifi
yw'r ysgogiad y tu ôl i'r gerdd. Codwyd y gwersyll ar gyfer
carcharorion o'r Eidal a'r Almaen adeg yr Ail Ryfel Byd. Ond
nid dyna'r stori i gyd. Aeth y carcharorion ati (gyda chaniatâd
yr awdurdodau) i godi capel o goed a ffelt a tho o asbestos arno
o fewn tiriogaeth y gwersyll. Gwnaed murlun o'r Swper Olaf
y tu ôl i'r allor. Atgof hynafgwyr yw'r rhyfel bellach. Ond erys
y capel o hyd ac y mae croeso i ymwelwyr fynd i'w weld gyda
chaniatâd y perchennog. Y murlun a gafodd yr effaith ddyfnaf
ar fyfyrdod y bardd:

> Piau'r llaw a adawodd
> Luniau ar furiau o'i fodd?
> Bysedd pwy baentiodd Basiwn
> Ei Grist yn y cysegr hwn?
>
> Rhoi mawredd ar y miwral,
> Cyfaredd Ei wedd ar wal;
> Llunio dwylo a dolur
> Briwiau y Mab ar y mur.

Yn nyddiau'r bomio a'r tywallt gwaed onid balm i enaid y
carcharorion Pabyddol oedd cynnal yr offeren yn y capel
bach?

> Ger bron yr allor gwelent ragoriaeth
> Y Bugail annwyl ar bob gelyniaeth
> Yn y taer aros gwelent arwriaeth
> A her rhyw alwad yn Ei farwolaeth;
> Gwelent ddewr fuddugoliaeth – Calfaria
> A'i eiriau ola' yn troi'n eiriolaeth.

Ie, bardd a phregethwr oedd Gwyn Evans hyd yr anadl olaf.

Llyfryddiaeth

D. Gwyn Evans, *Caniadau'r Dryw*, Cyhoeddiadau Barddas, 1990.
Eirwyn George (gol.), *Blodeugerdd y Preselau*, Cyhoeddiadau Barddas, 1995.

LLYWELYN PHILLIPS
(1914 – 1981)

Tornado o ddyn mewn mwy nag un ystyr oedd Llywelyn Phillips (Llew ar lafar gwlad). Dwywaith yn unig y cyfarfûm ag ef yn y cnawd. Yr oedd yn ddyn cymharol fawr o ran maintioli ei gorff, cadarn yr olwg a rhyw wên annwyl yn lledu rhwng ei wefusau. Yr oedd ar fynd i gyd, yn gymysgwr heb ei ail, yn symud o gwmpas i siarad â phawb, a'i sgwrs bob amser yn fwrlwm o frawddegau am fod ganddo gymaint i'w ddweud. Oni ddywedodd Gerallt Lloyd Owen rywdro wrth dafoli ymdrechion Tîm Aberystwyth ar Dalwrn y Beirdd mai Llywelyn Phillips oedd biau'r llais cyflymaf yng Nghymru gyfan?

Brodor o'r darn gwlad rhwng pentre Hermon a Glandŵr ym mhlwyf Llanfyrnach ydoedd. Bwriodd ei blentyndod yn nhai annedd Clover a Pen-parc (y ddau yn adfeilion erbyn hyn) yn un o bump o blant i John ac Elizabeth (Lizzie)

Phillips. Yr oedd ei dad, Siôn Phylip i drigolion y fro, yn fardd gwlad, a chafodd Llew yntau ei fagu yn sŵn 'Y Pethe' ar yr aelwyd gartref ac ynghanol bwrlwm diwylliannol ardal Llanfyrnach. Mynychodd ysgolion Hermon a Glandŵr a derbyn ei addysg uwchradd yn Ysgol Ramadeg Aberteifi. Enillodd ysgoloriaeth mynediad i Goleg Prifysgol Cymru, Aberystwyth, a graddio gydag anrhydedd mewn Swoleg Amaethyddol yn 1936.

Y ddaear a'i dirgelion a byd anifeiliaid y ffarm oedd diddordeb pennaf Llew Phillips. Treuliodd ei yrfa broffesiynol yn gyfan gwbl ar staff Bridfa Blanhigion Cymru a gysylltir â Choleg y Brifysgol yn Aberystwyth. Dechreuodd ar ei waith yn ddwy ar hugain oed yn geidwad cyfrifon a Sioni-bob-gwaith (a defnyddio ei derm ef ei hun) i Moses Griffiths; ac yn ddiweddarach yn rheolwr ei hun ar Gynllun Gwella'r Tir Uchel a elwid yn *Cahn Hill Improvement Scheme* ar ffarm Pwllpeiran yng Nghwmystwyth. Yr oedd yr ardal wrth fodd ei galon a dywedodd droeon fod ganddo ef *ddwy* filltir sgwâr. Y mae ganddo ysgrif gynhwysfawr yn egluro a thrafod cynllun arloesol Cahn yn ei gyfrol *Hel a Didol* a gyhoeddwyd ddeufis ar ôl ei farw yn 1981. Daeth Cynllun y Tir Uchel i ben yn 1947 a dychwelodd Llew Phillips i ganolfan Bridfa Blanhigion Cymru ym Mhlas Gogerddan heb fod nepell o dref Aberystwyth. Ymhen amser dyrchafwyd ef yn Swyddog Cyswllt a Golygydd Cyhoeddiadau, swydd y bu ynddi tan ei ymddeol yn 1976, yn ogystal â rhannu gyda Glyndwr ei frawd y cyfrifoldeb o weinyddu Fferm Gynhyrchu Hadau'r Fridfa ym Morfa-mawr, rhwng Llan-non ac Aberarth. Yn ystod ei gyfnod yng Nghwmystwyth y priododd â Megan James, nyrs ardal yng ngogledd Ceredigion, a ganed iddynt ddwy ferch, Menna ac Angharad, i lonni'r aelwyd. Y mae'n cyfeirio atynt dro ar ôl tro fel 'Brain Cwmystwyth' oherwydd dyna'r term a roddwyd gan drigolion ardaloedd eraill ar frodorion cynhenid y Cwm.

Yr oedd Llywelyn Phillips yn gyfuniad o wyddonydd a llenor. Afraid dywedyd fod 'inc yn ei waed'. Defnyddiodd golofnau'r papurau newydd i oleuo ei gyd-Gymry ar lawer o faterion yn ymwneud ag amaethyddiaeth a chyflwyno'r cwbl mewn dull hynod o ddiddorol a darllenadwy. Dechreuodd ei yrfa fel llenor gyda'i gyfres wythnosol yn dwyn y teitl 'Colofn y Gwladwr' yn y *Welsh Gazette*, un o bapurau newydd Aberystwyth a'r cylch. Ymddangosodd ei ysgrif gyntaf ym Mehefin 1949 a'r olaf ym Mehefin 1956. Mae'r pynciau yn amrywiol iawn yn ymdrin â thestunau fel 'Llwydolau gymylau mwg' (profiad y smociwr), 'Darllen yn y gwely', 'Bendithiol ddyddiol ddefod' (safio); 'Y Polion Trydan', 'Palu'r ardd', a'r awdur wedi llwyddo i gynhyrchu dros 300 o ysgrifau cyn rhoi'r ffidil yn y to wedi cyfnod o saith mlynedd gyfan. Nid rhoi'r ffidil yn y to fel llenor ychwaith oherwydd yn 1956 (bythefnos cyn cloi 'Colofn y Gwladwr') y dechreuodd ysgrifennu 'Dyddiadur Morfa-mawr' yn golofn wythnosol yn *Y Cymro*. Dyddiadur hynod o ddifyr yn cofnodi gweithgarwch y ffarm yr oedd ef yn ei gorchwylio ar y cyd â Glyndwr ei frawd oedd y golofn hon ac ni ddaeth y gyfres i ben tan fis Medi 1965. Erbyn hyn yr oedd yr awdur wedi cyhoeddi 412 o ddyddiaduron neu ysgrifau wythnosol yn *Y Cymro* a gellir eu disgrifio fel enghraifft odidog o ddiwylliant a diwydiant yn mynd law yn llaw. Rhan o'r dyddiadur wythnosol yw ei awdl 'Morfa-mawr' sydd wedi ei llunio ar fesur yr hir-a-thoddaid, yr englyn a'r cywydd. Dyma ddyfyniad ohoni:

> O rych i gefn ar lefn lain, lle bu'r og,
>   Lle bu'r egin mirain,
>   Dyrnwr-medi sy' a sain
>   Ei sbîd yn diasbedain.

> Morfa yw'r lle am erfin, – lle i faip,
>   A lle i fangls wedyn,
>   A lle i fendith gwenith gwyn,
>   Neu bêr lwysedd barlysyn.

> Lle manglys a phys a ffa, – a rhoi rêp
>   Ar y rhipyn pella',
>   A daw o gae G'langaea
>   Lond cartws o datws da.

Ond hawyr bach! Nid oedd un golofn papur newydd yn
ddigon i Llew Phillips ar y tro. Ymhen blwyddyn wedi lansio
Dyddiadur Morfa-mawr yn *Y Cymro* fe ddechreuodd
ygrifennu cyfres o ysgrifau, amrywiol eu cynnwys eto, bob yn
ail â Llwyd o'r Bryn a Tom Parri Jones yn y *Welsh Farm News*.
Daeth y gyfres hon i ben yn 1962 a Llew Phillips wedi
cyfrannu 99 o ysgrifau eto i'r papur hwn. Yr oedd cyfanswm
ei ysgrifau bellach dros 800! Cyfres fer yn ymestyn o fis
Mawrth hyd fis Awst 1980 oedd yr ysgrifau o'i eiddo a
ymddangosodd yn wythnosol yn *The Cambrian News* wrth y
ffugenw Y Gwladwr. Y mwyaf arwyddocaol ohonynt, efallai,
oedd ei ymdriniaeth â thwf y tractor a thestun y ddarlith
gyhoeddus olaf a draddodwyd ganddo, i Gymdeithas
Ceredigion, ychydig fisoedd cyn ei farw.

Helaethu geirfa'r Gymraeg a'i haddasu at ddibenion iaith
amaethyddiaeth oedd ei gyfraniad cyfoethocaf, efallai, i faes y
diwylliant Cymraeg. Bu'n aelod o'r Pwyllgor Bathu a
sefydlwyd gan Adran Amaethyddol Gymraeg Urdd
Graddedigion Prifysgol Cymru am dros ugain mlynedd.
Amcan a phwrpas y Pwyllgor Bathu oedd llunio termau
cymwys ar gyfer dysgu Gwyddor Gwlad drwy gyfrwng y
Gymraeg. Disgrifiodd Llew Phillips y Pwyllgor hwn fel 'y
gymdeithas fwyaf diddan y gwn i amdani'. Bu'n gadeirydd y
Pwyllgor Bathu yn ei dro; a bu galw arno i gynorthwyo gyda
helaethu geirfa'r iaith hyd ddiwedd ei oes. Diddorol, a dweud
y lleiaf yw'r soned 'Mynd a Dod' a gyhoeddwyd ganddo yn *Y
Faner* 8 Ebrill 1953. A lwyddwyd erioed i grynhoi cymaint o
dermau technegol mewn pedair llinell ar ddeg? Dyma hi:

> Pan fydd ehedbridd rhywiog yn erydu,
> A dolbridd hyfriw heb gydlyniad hwy,
> A holl gyfarpar ydfaes yn cyrydu
>   Ac yn sychgamu neu'n hindreulio'n fwy;
> Pan dderfydd digonolrwydd capilaredd
> Laënnol daenfa cludbridd fel y mae,
> A diffyg calch ffeiriadwy a hydreiddedd
>   Wrthi'n lligneiddio maeth cilfilyn cae;

Yna rhaid casglu dodion agronomig,
    Cael datsgwar swm y cadeirennau iach,
Ystyried pob rhes ymyl gywasgedig,
    Talyrnau hollt a phob petryal bach;
Mae mesuroniaid tir o'r ffafar bori
A hadau dilys hefyd yn y stori.

'Awenyddol garbwl ond amaethyddol gywir' oedd barn yr awdur amdani.

Y mae gweithgarwch Llew Phillips bron â bod yn anhygoel. Ef oedd golygydd cyntaf *Yr Angor* (papur bro cylch Aberystwyth); a bu'n gyd-olygydd *Y Cardi* am gyfnod hefyd. Bu'n ysgrifennydd Clwb y Bedol (cynulliad o wŷr llengar Aberystwyth); ac yr oedd galw mynych arno i ddarlithio i gymdeithasau'r cylch. Bu'n olygydd *Gwyddor Gwlad*; yn aelod o Fwrdd Golygyddol *Y Gwyddonydd*; a chlywid ei lais yn aml ar y radio yn ymdrin â phynciau amaethyddol o bob math. Yn ddiweddar yn ei oes hefyd cychwynnodd gyfres yn *Y Gwyddonydd* yn ymdrin â gwahanol ardaloedd, eu daear a'u pobl, yn dwyn y teitl 'Llwybrau Cymru'.

Cyfeiriodd un o'r siaradwyr at Llew Phillips yn ei angladd fel y cyfaill mwyaf a gafodd y Sioe Frenhinol erioed. Y sioe yn Llanelwedd oedd uchafbwynt y flwyddyn iddo a dyrchafwyd ef i blith y Cyfarwyddwyr Cynorthwyol Mygedol. Onid ysgrifau o'i eiddo a ymddangosodd yng nghylchgronau'r Sioe Amaethyddol yw'r rhan fwyaf o gynnwys ei gyfrol *Hel a Didol*? Pynciau'r tir yw'r thema a'r ysgrifau unigol yn dwyn y teitlau 'Termau'r Tir', 'Terfynau'r Tir', 'Cnydau'r Tir', 'Tywydd y Tir', 'Cambrenni'r Tir', 'Dywediadau'r Tir' a 'Brain y Tir'. Do, cyflawnodd Llew Phillips ddiwrnod caled o waith llenyddol yn ei gartref yn Aberystwyth.

Beth am ansawdd a theithi ei lenyddiaeth? Y mae'n deg dweud fod yr athronydd ynddo yn dod i'r amlwg dro ar ôl tro. Yn ei ysgrif 'Hela'r Mochyn Daear' y mae'n drwm ei lach ar y bobl sy'n collfarnu'r mochyn gwyllt am fod un ohonynt rywbryd wedi cael ei demtio i fwyta ffowlyn unwaith yn ystod

ei oes. Y mae'n cloi ei feirniadaeth ag un frawddeg
athronyddol afaelgar:

> Nid gwiw pardduo cymdeithas gyfan ar sail ffaeledd
> unigolyn, ac nid teg difrïo'r cŵn i gyd am fod eithriad
> yn eu plith yn gi lladd.

Yn yr un modd y mae'r ieithydd ynddo yn brigo i'r wyneb
wrth drafod geiriau a'u hystyron. Y mae'n amddiffyn y gair
'whilber' sy'n fenthyciad o'r Saesneg *wheelbarrow* am fod ei
ffurf luosog 'whilberi' (ac nid 'whilbers') yn gydnaws â
theithi'r iaith Gymraeg. Dywed hefyd na ddylid collfarnu
'treiler' a 'beler' am eu bod yn fenthyciadau o'r iaith fain os
rhoddir iddynt y ffurfiau lluosog 'treileri' a 'beleri' sy'n gwbl
naturiol yn y Gymraeg.

Dywedodd rhywun am Llywelyn Phillips 'Gall adrodd
milltiroedd o englynion ar ei gof ac y mae ganddo gwpled
wrth law i ffitio pob achlysur'. Gwir bob gair. Y mae ei
ysgrifau yn llawn o ddyfyniadau o farddoniaeth o bob math
wedi eu codi o awdlau a phryddestau eisteddfodol, telynegion,
sonedau, caneuon, englynion a chywyddau. Nid
ychwanegiadau ydynt o gwbl ond llinellau a phenillion sy'n
rhan naturiol o 'ddweud' yr awdur. Ond un o brif nodweddion
ei ddull o draethu yw ei gyfeiriadau mynych at ddarnau o'r
Ysgrythur. Dyma un neu ddwy enghraifft yn unig. Yn ei
ysgrif 'Llwydolau gymylau mwg' y mae'n sôn amdano yn
rhoi'r gorau i ysmygu unwaith gan ychwanegu: 'Pa ryfedd fod
gennyf gydymdeimlad dwysach nag erioed â Moses a'i
ddeugeinmlwydd yn yr anialwch.' Yn yr un ysgrif y mae'n
adrodd yr hanes amdano yn smocio ar y slei yn blentyn ysgol
a dywed drachefn: 'Y mae rhyw bren afalau neu'i gilydd yn
tyfu yng Ngardd Eden pob glaslanc.' Onid yw'r cyfeiriadau
ysgrythurol yn dyfnhau effaith y dweud?

Mae'n wir fod Llew Phillips wedi gwneud ei siâr i fathu
termau technegol newydd yn ei briod faes. Ond un o brif
nodweddion ei arddull eto yw ei hoffter o greu ansoddeiriau
newydd drwy ychwanegu'r terfyniad -ol neu -og at bob math
o enwau cyffredin. Dyma rai enghreifftiau: egwyl *ddarllenol*,

adnoddau *cyllaol*, galluoedd *treuliadol* (ar ôl bwyta bwyd), danteithion *eirinog*, (eirin duon bach), briw *eisteddol* (saib hir o farchogaeth ceffyl), sail *ymborthegol* (bwyta digon o gaws), yn *delegramol* ddisgwylgar (disgwyl telegram). Onid yw grym seinegol y geiriau gwneud yn taro deuddeg yn eu cyd-destun, a'r ieithydd a'r llenor yn troi'n un yn y mynegiant?

Y mae'n rhaid cyfeirio hefyd at ddefnydd yr awdur o hiwmor cynnil yn awr ac yn y man. Yn ei ysgrif ar effeithiau ysmygu dywed fod rhai meddygon yn darogan gwae a dinistr i'r sawl sy'n ymhel â sigarennau gan ychwanegu '…ac y mae'n werth adrodd y stori am un hen frawd a ddarllenodd gymaint am hyn o beryglon nes penderfynu rhoi'r gorau i ddarllen!'

Er bod yr awdur weithiau yn ymdrin â dulliau modern o amaethu (yn ei gyfnod) mae'n wybodus hefyd mewn hen arferion a thraddodiadau'r ffarm. Y mae'n rhyfeddol o gytbwys yn ei ymdriniaeth â'i bwnc, yn gweld y ddwy ochr i bob dadl, ac yn cyflwyno'i safbwynt yn gwbl ddiragfarn.

Uchafbwynt ei yrfa fel bardd oedd cael ei ddyfarnu'n gyd-fuddugol â Tom Parri Jones am ei soned ar y testun 'Mur' yn Eisteddfod Genedlaethol Rhosllannerchrugog, 1945. Soned yw hi yn sôn am fachgen a fagwyd yn y wlad yn sŵn miri maes cynhaeaf a hwyl yr hen ffeiriau Calangaeaf yn cael ei daflu i garchar am wrthod ymuno â'r fyddin. Eto i gyd, er gwaethaf unigrwydd a chyfyngder y drysau caeëdig:

Cododd o'i gofion cynnar gadarn fur
Rhyngddo a gorthrwm clo a barrau dur.

Yn sicr, fe fyddai barddoniaeth Llew Phillips ar ei hennill pe bai'r bardd wedi mynd ati i chwynnu rhywfaint ar yr ansoddeiriau sy'n gorlwytho rhai o'i gerddi. Yn ystod y pedwardegau, efallai, y bu'n fwyaf cynhyrchiol fel bardd-o-ddifri. Dyma'r adeg yr ymddangosodd nifer o'i gerddi yn *Y Faner*, o dan olygyddiaeth Gwilym R. Jones, a llawer ohonynt wedi eu dodi yn y 'Lle Anrhydedd'. Hiraethu am yr hen fywyd diflanedig yw'r nodyn amlycaf o lawer yn ei farddoniaeth; ac y mae'r delyneg 'Hen Efail' ymhlith y goreuon o'i gerddi:

Dim ond adeilad uncorn
  A'i do rhidyllog, blêr,
Pentyrrau hen bedolau
  A chantiau ceirt a gêr,
Y fegin wichlyd, mwg tân glo,
  A miwsig eingion Deio'r Go'.

Deuai'r ebolion nwydwyllt
  A'r wedd borthiannus, gre',
Ceid hisian carnau'n llosgi
  A'r sawr yn llenwi'r lle;
Ac yn ei gwrcwd Deio'r Go'
  Yn taro'r wythoel yn eu tro.

Ond heddiw nid yw rhuban
  Y mwg ar war y gwynt,
Na'r morthwyl mawr a'r eingion
  Mewn cytgord megis cynt.
Tawelwch Sabath sydd i'r lle, –
  Aeth Deio'r Go'n ei dro i'r dre.

Ymddangosodd nifer o gerddi Llywelyn Phillips hefyd yn
y cylchgrawn *Blodau'r Ffair* o bryd i'w gilydd yn dwyn y
ffugenw Eleasar Gronw. Parodïau ar gerddi adnabyddus yw'r
rhan fwyaf ohonynt; ac mae'n siŵr fod cylchgrawn ysgafn o'r
fath yn gwbl at ei ddant. Lluniwyd llawer o'r parodïau ar gyfer
eu darllen yng nghiniawau'r Pwyllgor Bathu a Chlwb y Bedol;
ac y mae'r awdl 'Cwynfanner, Canaf Innau' sy'n gerdd o
foliant i gyffur lladd chwyn, yn un o'r cyfansoddiadau mwyaf
nodedig o'i eiddo a gyhoeddwyd yn *Blodau'r Ffair*. Newydd-
deb ei thema sy'n rhoi arbenigrwydd iddi. Yr oedd Llywelyn
Phillips ar ddiwedd ei oes hefyd yn aelod o Dîm Aberystwyth
o Dalwrn y Beirdd a chyhoeddwyd cywydd a phennill ymson
o'i waith yn *Pigion Talwrn y Beirdd, Cyfrol I*, wedi ei golygu
gan Gerallt Lloyd Owen.

Yn ei ysgrifau a'i golofnau rhyddiaith y mae cryfder pennaf
Llew Phillips fel awdur a llenor. Bywyd y wlad yw canolbwynt

ei lenyddiaeth; a dywed Dic Jones mewn hir-a-thoddaid coffa iddo:

Idiom y pridd yn frwd ym mhob brawddeg...

Ie wir, dyma ddisgrifiad cymwys iawn o ddawn lenyddol un o feibion y tir yng ngwir ystyr y gair.

Llyfryddiaeth

W. Rhys Nicholas (gol.), *Beirdd Penfro*, Gwasg Aberystwyth, 1961.

Llywelyn Phillips, *Hel a Didol*, Cyhoeddiadau Mei, Caernarfon, 1981.

Gerallt Lloyd Owen (gol.), *Pigion Talwrn y Beirdd, Cyfrol I*, Gwasg Gwynedd, 1981.

B. G. Owens (gol.), *Cywain: Detholiad o waith Llywelyn Phillips*, Cymdeithas Lyfrau Ceredigion, 1986.

B. G. Charles a B. G. Owens, 'Perlau Penfro', *Rhaglen Swyddogol Eisteddfod Genedlaethol Abergwaun a'r Fro 1986*.

Eirwyn George (gol.), *Blodeugerdd y Preselau*, Cyhoeddiadau Barddas, 1995.

DEWI W. THOMAS
(1917 –   )

D yn cymharol dal, llednais ei bersonoliaeth, a rhyw
gadernid tawel yn ei osgo a'i drem. Dyna'r offeiriad
a'r Canon Dewi Thomas. Y mae rhai pobl yn meddwl
amdano fel tipyn o eithafwr a rebel dros ei gredoau. Ond y
gwir amdani yw, ni fu neb erioed yn fwy rhesymol a chytbwys
i ymgomio ag ef, boed hynny mewn cwmni diddan neu ar ei
ben ei hun ym mhen arall y ffôn.

Ganed ef yn Y Post, Llanfyrnach, yn 1917, ar brynhawn
Ffair Crymych yn ôl ei dystiolaeth ef ei hun yn ei
hunangofiant *Cysgodau'r Palmwydd.* Yr oedd ganddo ddwy
chwaer a oedd yn hŷn nag ef, a phan aned y bachgen fe ddaeth
ei fodryb, Anti Heti, a oedd yn byw yn Login i roi tro
amdanynt, gan gario rhyw bethau mewn basged ar ei braich i
weini ar y fam a'r baban. Credodd y chwiorydd am
flynyddoedd wedyn mai mewn braich-fasged o Login y daeth

eu brawd bychan i'r byd. Ond daeth cwmwl i fwrw ei gysgod
ar yr aelwyd yn fuan wedyn. Bu farw'r tad pan oedd Dewi yn
bedwar mis ar ddeg oed, a gadawyd y fam weddw i fagu tri o
blant yn ogystal â gofalu am y Swyddfa Bost.

Addysgwyd Dewi Thomas yn Ysgol Tegryn pan oedd John
Rees yn brifathro yno. Y mae ganddo barch mawr i'w hen
ysgolfeistr er ei fod yn anghymeradwyo ei ddulliau weithiau,
yn enwedig ei barodrwydd i ddefnyddio'r gansen. Aeth oddi
yno i Ysgol Sir Aberteifi a chael blas ar y rhan fwyaf o'r
pynciau. Yr oedd y teulu yn aelodau blaengar yng nghapel yr
Annibynwyr yn Llwyn-yr-hwrdd a derbyniwyd Dewi yn
gyflawn aelod yno. Dywed ei fod yn ddyledus iawn i ddau
sefydliad yn ei gyfnod bore sef Ysgol Sul a Chymdeithas
Ddiwylliadol Llwyn-yr-hwrdd. Yr adeg honno yr oedd Tomi
Evans, Gwyn Evans a Rhys Nicholas yn aelodau o'r
gymdeithas amlochrog a gynhelid yn festri'r capel. Pan oedd
yn ddisgybl yn Ysgol Sir Aberteifi y penderfynodd Dewi
Thomas droi'n Eglwyswr. Nid yw'r rhesymau yn gwbl
bendant. Gan fod teulu'r Post yn byw'n agos i Eglwys y Plwyf
yn Llanfyrnach yr oedd hi'n arferiad ganddynt fynd i'r
gwasanaethau yn achlysurol. Yr oedd Dewi Thomas yn
coleddu syniadau heddychol yn gynnar iawn yn ei oes; a
dywed yn ei hunangofiant mai'r rebel ynddo 'efallai a barodd
iddo droi'n Eglwyswr er mwyn cael y cyfle i ddwyn y
dystiolaeth heddychol i ryw gongl fach o'r Eglwys yng
Nghymru'. Dywed hefyd yn ei gyfrol *Hynt y Sandalau* fod
pensaernïaeth y llannau, eu symboliaeth, a'r *Llyfr Gweddi*
hefyd yn apelio ato ac yn rhesymau amlwg am ei benderfyniad
i fynd yn offeiriad yn yr Eglwys yng Nghymru.

Hyfforddwyd ef ar gyfer yr offeiriadaeth yng Ngholeg Dewi
Sant, Llanbedr Pont Steffan a Choleg Sant Mihangel,
Llandaf. Wedi iddo lwyddo yn ei arholiadau yn y coleg aeth
ati i ymgeisio am ei guradiaeth gyntaf. Adeg y Rhyfel oedd hi
a gwrthodwyd ef fel curad yn Noc Penfro a hefyd ym Mhen-
bre oherwydd ei ddaliadau heddychol; ond fe'i derbyniwyd
yn gurad cynorthwyol i Ficer Caeo a Llansewyl yn Sir
Gaerfyrddin. Wedi hynny bu maes ei weinidogaeth yn eang; –

bu'n gurad plwyf Llandysul; yn Ficer Clydau, Penrhydd a
Chastellan yn Sir Benfro; Llanfihangel Genau'r-glyn a
Llangynfelyn yng Ngheredigion; a Phontyberem yn Sir
Gaerfyrddin; cyn iddo gael ei sefydlu'n offeiriad plwyf yng
ngofalaeth gyfunol Llangwyryfon, Llanilar a Lledrod yng
Ngheredigion eto. Sumudodd i fyw i Rydaman wedi iddo
ymddeol.

Yn ystod ei gyfnod fel curad yn Llansewyl y priododd ag
Anna, Annibynreg o Gefn-y-pant; a ganed iddynt bedair o
ferched, Llinos, Morfudd, Eluned a Nona. Graddiodd yn y
Gymraeg yng Ngholeg Prifysgol Cymru, Aberystwyth, pan
oedd yn offeiriad yn Llanfihangel Genau'r-glyn (ar ôl
mynychu'r darlithiau ac astudio yn ei amser sbâr); ac ennill
gradd uwch mewn Addysg yn ddiweddarach am draethawd ar
'Addysg yng Ngheredigion (1800 – 1850) yn ôl y cofiannau'.
Bu Dewi Thomas hefyd yn Llywydd Cymdeithas y Cymod ac
yn Llywydd Cymdeithas Gymraeg yr Eglwys yng Nghymru a
dyrchafwyd ef yn Ganon Anrhydeddus Eglwys Gadeiriol
Tyddewi. Disgrifiodd ei hun unwaith fel 'offeiriad
anghydffurfiol'.

Cyhoeddodd Dewi Thomas bedair cyfrol o ryddiaith, – tri
llyfr taith a chyfrol o hunangofiant. Hanes y daith ar gefn ei
ferlen, Dainty, o Glydau i'r Bala ac yn ôl adre drachefn ar hyd
ffordd arall yw ei gyfrol gyntaf, sy'n dwyn y teitl *Pedair Pedol
Arian*. Dilynwyd hi gan *Hynt y Sandalau*, hanes taith gerdded
y tro hwn (taith o naw milltir ar hugain), yng nghwmni ei
ferch, Eluned Mai, ar hyd trac yr hen reilffordd o Hendy-
gwyn ar Daf i Aberteifi. Llyfr taith yw *Wrth Ymdaith* hefyd,
yng nghwmni Eluned Mai eto a'i phriod David, o
Gaerfyrddin i Aberystwyth dros drac y rheilffordd a gaewyd
rai blynyddoedd ynghynt. Yr oedd hon yn daith o un filltir ar
bymtheg a deugain! Hunangofiant yr awdur yw *Cysgodau'r
Palmwydd*, yn lledu o gyfnod ei blentyndod hyd nes iddo
adael Llanfihangel Genau'r-glyn a mynd yn offeiriad i
Bontyberem tua diwedd y chwedegau.

Y mae'r llyfrau taith (a'r hunangofiant i raddau) yn dilyn yr
un drefn. Fel y dywed yr awdur yn 'Rhagair' *Pedair Pedol*

Arian, nid yw'n honni ei fod bob amser yn 'cadw at ei destun'. Dull yr awdur o ddweud yr hanes yw tynnu sylw at ambell lecyn neu adeilad sy'n dwyn atgofion iddo. Weithiau, y mae cofio am ambell gymeriad yn peri iddo feddwl am ryw ddigwyddiad neu gymeriad arall sy'n gysylltiedig â'r person hwnnw, a mynd ati i ddirwyn ambell hanesyn diddorol sydd wedi aros yn ei gof. Nid yw'n brin o ymateb personol ychwaith. Ar adegau hefyd y mae'n aros i ddweud ei feddwl yn blwmp ac yn blaen ynglŷn â rhyw ddigwyddiad sy'n ei gorddi. Gwelir felly fod yma gymysgedd o hanes (yn ystyr eang y gair), myfyrdod, a thipyn o fynegi safbwynt. Yn hyn o beth y mae'r awdur wedi llwyddo i sicrhau amrywiaeth mawr yn eu ddeunydd a hefyd yn ei ddull o ddweud.

Nid yw'n petruso o gwbl i fynegi ei farn yn ddiflewyn ar dafod, boed honno yn farn yn ymwneud â chwaraeon, y gosb eithaf, crefydd a lle'r Eglwys yn y gymuned neu unrhyw bwnc arall sy'n ei daro ar y pryd. Dyma ei farn parthed yr 'enwad' y mae'n perthyn iddo:

> 'Efallai mai cymedroldeb marwaidd yr Eglwys yng Nghymru ynglŷn â phopeth bron yw ei phechod parod a bod anogaeth i offeiriad 'eistedd ar ben llidiart' chwedl Idwal Jones.

Ond i fod yn deg â'r awdur nid beirniadu sefydliadau yn unig sydd yn ei gyfrolau rhyddiaith. Nid yw'n brin o hunangyffes, ac, ar adegau y mae'n hunanfeirniadol hefyd. Yr oedd Dewi Thomas yn heddychwr digymrodedd ers ei ddyddiau ysgol. Dywed yn ei hunangofiant na thwyllwyd ef i chwarae milwyr na chwennych milwyr tun na theganau milwrol erioed. Nid yw'n syndod, felly, ei fod yn drwm ei lach ar gynnwys ein Hanthem Genedlaethol; a'r arfer o ddefnyddio'r cleddyf mawr yn seremonïau Gorsedd y Beirdd; yn ogystal ag ynfydrwydd a chreulondeb y rhyfeloedd. Y mae'n genedlaetholwr cadarn hefyd. Gwrandewch arno'n traethu ei argyhoeddiad yn *Pedair Pedol Arian:*

Er mwyn pawb, a lles pawb, dylai Cymru fynnu ymreolaeth, pe na bai ond er mwyn addysgu pobl fod Cymru, er gwaethaf ei hagosrwydd daearyddol, cyn belled o Loegr â Phatagonia.

Y mae llais dirwestwr yn amlwg iawn yn ei gyfrolau i gyd. Dyma ei sylwadau ynglŷn â'i helynt wrth chwilio am lety yn Llanybydder yn ystod ei daith i'r Bala ar gefn ei ferlen Dainty:

Holais am lety didrwydded gan fy mod, ac ni fynnaf ymddiheurio am hynny i neb, yn llwyrymorthodwr ac yn ddirwestwr digrymrodredd, milwriaethus ac ymosodol.

Ond ochr yn ochr â'r siarad plaen y mae rhyw hiwmor cynnil yn rhan naturiol o'i ddawn ysgrifennu. Y mae'r paragraffau wedi eu britho â sylwadau digri neu gellweirus gan yr awdur ei hun. Dyma ei ddull o ddisgrifio 'cymeriad' un o'r geifr y bu'n ei chadw yn Ficerdy Clydau ers talwm:

Ond synnwyr digrifwch yn unig a'm ceidw rhag galw Topsi yn rhywbeth gwaeth na 'blincin nani-gôt'. Hi oedd 'joker' pac cardiau anifeiliaid Ficerdy Clydau; croesan hunan-etholedig y syrcas!

Yr un arddull a synnwyr digrifwch sy'n nodweddu ei ddisgrifiad o un o weithwyr Cyngor Bwrdeistref Aberteifi oedd yn arfer mynd o gwmpas y strydoedd gyda'r nos i gynnau'r lampau nwy oedd yn goleuo'r dref:

Tua'r un adeg â'r gwdihŵ y byddai ef yn ymddangos. Yn cychwyn ar ei daith ac ar ei waith rhwng dau olau, ac fel yr Hollalluog ei hunan, yn hau goleuni wrth fynd rhagddo...

Weithiau y mae'n tynnu ei goes ei hun megis y cyfeirad ato fel y 'Tywysog Du' yn ei wisg law o liw'r muchudd yn mynd ar gefn ei ferlen drwy dre Aberaeron ar ddiwrnod gwlyb. Ar adegau y mae'n tynnu coes y darllenydd hefyd mewn

ymadroddion fel '...a phwy, a gaf i ofyn, a glywodd erioed am
offeiriad yn traethu anwiredd?' Mae'n hoff iawn hefyd o
groniclo troeon trwstan a digwyddiadau doniol o bob math.

Nid yw Dewi Thomas yn brin o ddawn doethinebu
ychwaith, ac weithiau y mae'n bathu dywediadau sy'n ymylu
ar fod yn ddiarhebion. Wrth sôn am arddull y mae'n werth
crybwyll y ffaith ei fod yn hoff iawn o ddefnyddio'r frawddeg
aml-gymalog. Yn wir, y mae'n hirwyntog iawn ar adegau a
rhai o'i frawddegau yn cynnwys 15-17 gwahannod (coma), cyn
i'r awdur fynd â'r syniad i fwcwl. Nodwedd arall ar ei arddull
(dylanwad y pregethwr efallai) yw ei fod yn hoff o godi
dyfyniadau yn uniongyrchol o'r Ysgrythur. Y mae ganddo
ddiddordeb mawr mewn pobl. Yn wir, y mae wedi rhoi inni
bortread byr o lawer o aelodau ei eglwysi, ac yn hael ei
ganmoliaeth i bawb ym mhobman, hyd yn oed os nad yw'n
cytuno â'u daliadau bob amser.

Soniwyd eisoes am yr amrywiaeth yn ei arddull. Weithiau y
mae'n creu disgrifiadau cyffrous fel yn y paragraff sy'n sôn am
Dainty, y ferlen urddasol, yn troi'n wyllt yn ei hunfan wedi ei
dychryn gan fellt a tharanau. Weithiau hefyd y mae'r arddull
yn gynnil-farddonol ac yn cynnwys ambell gymhariaeth
drawiadol. Dyma un enghraifft o'i ddawn i greu naws ac
awyrgylch a hefyd i gyflwyno i'r darllenydd ddarluniau byw a
chofiadwy:

> Gwelais un wedd arall ar yr Afon Teifi, y deil ei
> hysblander yn ddarlun byw yn fy nychymyg. Cawswn
> driniaeth yn yr ysbyty. Mis Ionawr oedd hi, os da y
> cofiaf, ac ar doriad gwawr, un pen bore, gwelais wyneb
> yr afon yn ddrych cochliw o'r ffurfafen fygythiol, yn
> llonydd, lonydd, fel gwydr. Ac yna, drwy ganol y
> darlun, yn araf ac urddasol, nofiodd tuag ataf, yn groes
> i'r afon, yr un alarch mwyaf pendefigaidd a welais i
> erioed, a 'meddyginiaeth' megis, yn ei esgyll a'i osgo.

Ymddangosodd detholiad o gerddi Dewi W. Thomas yn
Beirdd Penfro (1961) a *Blodeugerdd y Preselau* (1995). Enillodd
yn y Genedlaethol hefyd ar yr Hir-a-thoddaid, Cerddi ar Dâp

a Cherdd Rydd. Y mae'r cerddi a gyhoeddwyd yn *Beirdd Penfro* yn amrywiol iawn o ran eu ffurf a'u cynnwys, a'r cwbl (ar wahân i'r hir-a-thoddaid 'Alun') yn gerddi odledig yn y mesurau rhyddion. Y mae cerddi *Blodeugerdd y Preselau* yn aeddfetach eu naws, a nodyn caletach (a herfeiddiol weithiau) yn llais y bardd. Ymateb personol mewn cyd-destun cymdeithasol, efallai, yw'r diffiniad cymwys o'i gerddi diweddaraf. Teimlir, rywsut, fod y bardd wedi troi'n genhadwr a'i farddoniaeth yn fynegiant croyw o'i argyhoeddiadau dyfnaf.

Nid yw'n syndod yn y byd fod Waldo Williams, yr heddychwr a'r Cristion, yn un o arwyr Dewi Thomas. Dilyniant o gerddi i 'freuddwydion' Waldo oedd ei ddilyniant a osodwyd yn y dosbarth cyntaf gan ddau o'r beirniaid yng nghystadleuaeth y Goron yn Eisteddfod Genedlaethol Bro Madog, 1987. Dywed yn 'Yr Awenydd' (un o gerddi'r dilyniant) fod y Gair wedi dod drachefn 'at un disyml ei wedd'. Waldo yw hwnnw. Eto i gyd, dywed mewn cerdd arall, 'Yr Ymateb', ein bod ni, blant dynion, yn rhy barod o lawer i anwybyddu ei freuddwydion ac yn bodloni ar weld y bardd yn cael ei droi yn degan i'r dysgedigion. Ond er gwaethaf ein difrawder:

Diau y daw'r dirhau, a Duw yw awdur y drefn.

Ond un o greadigaethau grymusaf Dewi Thomas, heb os nac oni bai, yw ei ddilyniant o gerddi ar y testun 'Cyfannu' a osodwyd yn y dosbarth cyntaf gan ddau o'r beirniaid, ac yn drydydd gan un ohonynt, yn Eisteddfod Genedlaethol Aberystwyth, 1992. Math o faled mewn *vers libre* (os goddefir y fath derm) yw hi, am y Weinyddiaeth Amddiffyn yn meddiannu Mynydd Epynt a throi'r gymuned wledig, uniaith Gymraeg yng Nghwm Cilieni yn faes ymarfer i'r fyddin. Dawn y cyfarwydd sydd yma'n bennaf a'r stori'n cael ei hadrodd yn syml, yn gelfydd ac yn llawn tyndra. Weithiau, y mae yma ddarlunio gafaelgar hefyd, fel y darn hwnnw yn 'Y Gwahoddiad' sy'n sôn am y model o bentre ffug a adeiladwyd ar y maes tanio. Y swyddog estron sydd yma eto:

yn brolio Babel ei bentre gorwag,
â phinacl ei ryfyg yn ymrithio'n eglwys,
a'i thŵr pigfain, fel taflegryn,
yn hyrddio cabledd
i entrychion Creawdwr y mynyddoedd hyn.

Uchafbwynt y dilyniant yw hanes yr hen ŵr a faged yn Tir
Bach (ar y maes tanio bellach) yn cael ei berswadio gan ei or-
ŵyr i ddychwelyd i de parti a drefnwyd gan y fyddin i hen
breswylwyr y Cwm. Yn lle mynd i'r parti y mae'r ddau
ohonynt yn mynd i roi tro am yr hen gartre, a rhywsut, yn
ddiarwybod iddo, y mae'r bachgen yn mynd ati i osod maen
ar faen:

yn ymyl
carreg aelwyd
oer
Tir Bach.

Hwyrach fod y diweddglo yn fwriadol amwys. Tybed ai ffydd
sydd yma fod y bachgen (sy'n symbol o genhedlaeth iau) yn
mynd i ailadeiladu'r gymdeithas heddychol, Gymraeg yng
Nghwm Cilieni; neu ai chwarae plant oedd y cwbl? Os felly y
mae'r colyn yn brathu'n ddyfnach.

Un o gerddi mwyaf diddorol Dewi Thomas yn *Blodeugerdd
y Preselau* yw 'Y Chwedegau'. Seiliwyd hi ar ddyfyniad o eiddo
John Davies yn ei gyfrol *Hanes Cymru*:

Tua chanol y chwedegau symudodd adloniant
Cymraeg dros nos bron allan o festri'r capel i mewn i'r
dafarn – neu efallai yn ôl iddi – a chafwyd tystiolaeth
drachefn o gwrwgarwch cynhenid y Cymry.

Cerdd syml yw hi sy'n dweud fod yr union beth a ddywed yr
hanesydd wedi digwydd ar gyrion pentre Lledrod yng
Ngheredigion. Trosglwyddwyd *long room* y dafarn yn festri
capel Rhyd-lwyd. (Cofiwn fod festrïoedd y capeli ar un adeg
yn ganolfannau i'r diwylliant Cymraeg). Ond daeth tro ar fyd.
Yn ddiweddarach (yn y chwedegau yn ôl yr hanes) llithiwyd

y bobl yn ôl drachefn i'r dafarn a'r clwb i wrando ar 'rygni merfaidd ryw meri-man'. Yn y cyd-destun hwn y mae'r gerdd yn gorffen â'r llinell ysgytwol:

a dychwelodd y ci a'r hwch i'w cynefin.

Y mae Dewi Thomas y Cristion, yr heddychwr a'r dirwestwr yn brigo i'r wyneb yn ei farddoniaeth hefyd.

Bu rhai o'i emynau yn fuddugol mewn eisteddfodau a chystadlaethau eraill. Un o'i emynau gorau yw emyn buddugol Eisteddfod Genedlaethol Bro Madog, 1987, a luniwyd ar gyfer Gwasanaeth Gŵyl Ddewi mewn ysgolion uwchradd. Fe'i seiliwyd ar bregeth olaf Dewi Sant, ac yn ei symylrwydd, efallai, y mae ei nerth. Dyma'r pennill olaf:

O Dduw, y gallu inni moes
I ninnau wneuthur yn ein hoes
Y pethau bychain, er pob loes,
A wnaeth y sant.
Yn enw Iesu Grist y Groes
Clyw lef dy blant.

Llyfryddiaeth

W. Rhys Nicholas (gol.), *Beirdd Penfro*, Gwasg Aberystwyth, 1961.
Dewi W. Thomas, *Pedair Pedol Arian*, Llyfrau'r Dryw, 1970.
    Hynt y Sandalau, Christopher Davies, (dim dyddiad).
    Wrth Ymdaith, Gomer, 1980.
    Cysgodau'r Palmwydd, Tŷ John Penry, 1988.
    'Cyfannu', Alan Llwyd (gol.), *Barddas*, Tachwedd 1992.
Eirwyn George (gol.), *Blodeugerdd y Preselau*, Cyhoeddiadau Barddas, 1995.

JAMES NICHOLAS
(1928 –   )

Y tro cyntaf imi weld James Nicholas yn y cnawd oedd adeg Etholiad Cyffredinol 1959. Dyma'r adeg y bu i Waldo sefyll fel ymgeisydd Plaid Cymru yn etholaeth Sir Benfro. Cynhaliwyd cyfarfod cyhoeddus yn Ysgol Maenclochog ac yr oedd James Nicholas yn un o'r siaradwyr oedd yn rhannu'r llwyfan â Waldo. Disgrifiwyd ef fel 'dyn ar dân' gan un o'r gwrandawyr ar ôl iddo annerch y gynulleidfa yn ei lawn hwyl. Cefais y fraint o'i adnabod yn dda ar ôl hynny; a chydweithio ag ef am rai blynyddoedd pan oeddwn ar staff Ysgol y Preseli yng Nghrymych. Y mae'r un peth yn wir am James Nicholas o hyd. Dyn ar dân ydyw, ar dân dros 'Y Pethe' a holl werthoedd Cristnogol a diwylliannol y genedl Gymreig.

Ganed ef yn Nhyddewi yn unig fab i George a May Nicholas. Brodor o'r ardal oedd ei dad, ac er i'w fam gael ei geni yn Sale Creek yn yr Amerig, yr oedd gwreiddiau ei theulu hi hefyd yng nghymdogaeth Pen-y-cwm. Mynychodd James Ysgol y Cyngor ac Ysgol Ramadeg Tyddewi. Dioddefodd gyfnod o salwch yn blentyn a threuliodd bymtheng mis yn Ysbyty Kensington yn nhiriogaeth Seisnig de Sir Benfro. Bu hwn yn gyfnod pwysig yn ei hanes. Arferai ei fam anfon pentwr o lyfrau Cymraeg iddo i'w darllen yn yr ysbyty. Yr oedd cyfrolau'r gyfres *Chwedl a Chân* ymhlith ei ffefrynnau; ac yn y cyfnod hwn yn bennaf y bu iddo feithrin chwaeth at lenyddiaeth Gymraeg.

Wedi gadael yr ysgol graddiodd mewn Mathemateg yng Ngholeg Prifysgol Cymru, Aberystwyth, a dilyn y cwrs Tystysgrif Athro yn yr un coleg. Bu'n athro Mathemateg yn Ysgol Ramadeg y Bechgyn, Y Bala, ac yn Ysgol Ramadeg Penfro, cyn cael ei benodi yn brifathro Ysgol y Preseli, Crymych yn 1963. Ymunodd ag Arolygwyr Ei Mawrhydi ym Mangor yn 1975 a phara yn y swydd honno hyd ei ymddeoliad. Yn ystod ei gyfnod fel athro ym Mhenfro y priododd â Hazel Griffiths o Gydweli, athrawes Gwyddor Tŷ yn yr un ysgol; ac wedi iddynt symud i fyw ar gyrion pentre Blaen-ffos dan gysgod y Frenni Fawr y ganed y ddwy ferch Branwen a Saran.

Bu James Nicholas yn weithgar ym myd 'Y Pethe' ar hyd ei oes. Ef oedd golygydd y cyfrolau *Awen Gwyndaf Llanuwchllyn* a *Cerddi '71*; bu'n aelod o Dîm Sir Benfro yn Ymryson y Beirdd; ac yn gofalu am 'Colofn Farddol' y *Tivy-Side* am ddeng mlynedd. Ef oedd awdur *Waldo Williams* yn y gyfres *Writers of Wales*; golygydd y gyfrol deyrnged *Waldo*; a hefyd y gyfrol ddarluniadol *Waldo Williams* yn y gyfres *Bro a Bywyd*. Cyhoeddwyd hefyd ei ddarlith ar fywyd a gwaith T. E. Nicholas o dan y teitl *Pan oeddwn grwt diniwed yn y wlad*; a'i anerchiad o Gadair Undeb y Bedyddwyr ar y testun *Deled Dy Deyrnas*. Etholwyd James Nicholas yn Gofiadur Gorsedd y Beirdd yn 1979 (swydd y mae'n dal i'w chyflawni); a bu'n Archdderwydd Cymru o 1981 hyd 1984. Ef hefyd oedd Llywydd Undeb Bedyddwyr Cymru (1990-91); ac ymhlith ei anrhydeddau diweddar y mae cael ei ddyrchafu yn Llywydd Cymdeithas Addysg y Gweithwyr, Gogledd Cymru; Cymrawd

er Anrhydedd o Goleg y Gogledd, Prifysgol Cymru; a
Chymrawd yr Eisteddfod Genedlaethol.

Beth am ei gyfraniad fel bardd? Dechreuodd James
Nicholas farddoni pan oedd yn ddisgybl yn yr Ysgol
Ramadeg; ac aeth ati i ddysgu rheolau'r gynghanedd drwy
astudio *Llawlyfr y Cynganeddion* o waith J. J. Evans (ei hen
brifathro) pan oedd ar ei ymarfer dysgu yn Ysgol Ramadeg
Aberdaugleddau. Ond wedi iddo symud i'r Bala yr aeth ati i
farddoni o ddifri. Yr oedd ardal Penllyn wrth fodd ei galon.
Mynychodd ddosbarthiadau nos Euros Bowen; bu'n astudio
Cerdd Dafod (John Morris-Jones) yn fanwl; a bu cwmnïaeth
beirdd yr ardal yn sbardun iddo fynd ati i gyfansoddi. Yn y
cyfnod hwn caniateid i gyn-fyfyrwyr y colegau gystadlu am
gadair yr Eisteddfod Ryng-golegol o fewn dwy flynedd wedi
iddynt adael y coleg. Yn ystod ei flwyddyn gyntaf yn y Bala
gwefr fawr i James Nicholas oedd ennill cadair yr Eisteddfod
Ryng-golegol am ei awdl 'Y Gors'. Y flwyddyn ddilynol fe
enillodd gadair Gŵyl Fawr Aberteifi hefyd am gerdd
benrhydd gynganeddol ar y testun 'Lleisiau'. Y ddwy
fuddugoliaeth ar lunio cerddi hir yn y mesurau caeth a roes y
symbyliad a'r hyder iddo fynd ati i gyfansoddi o ddifri. Y Bala
a'i gwnaeth yn fardd.

Cyhoeddwyd *Olwynion a Cherddi Eraill* yn 1967 a *Cerddi'r
Llanw* yn 1969. Y gerdd 'Olwynion' sy'n agor y gyfrol gyntaf.
Cerdd yw hi mewn *vers libre* yn cynnwys ambell linell o
gynghanedd. Hon hefyd yw'r gerdd a gipiodd i'w hawdur
gadair Eisteddfod Dyffryn Conwy yn 1957. Cerdd yn bwrw
golwg ar yr oes fecanyddol yw 'Olwynion'. Y mae'r bardd yn
uniaethu rhawd dyn ar y ddaear â'r olwynion sy'n troi'r
peiriannau yn y ffatrïoedd. Yr awgrym yw fod dyn hefyd wedi
mynd yn undonog ac yn fecanyddol yn ei ffordd o fyw. Y
mae'n cychwyn ar daith ac yn dychwelyd bob tro i'r un man.
Er gwaethaf ymgais yr unigolyn i fynd i rywle, y mae
unffurfiaeth bywyd-bob-dydd yn ei lethu. Y mae'r ailadrodd
pwrpasol (i gyfleu undonedd a syrffed bywyd) a'r patrymu
effeithiol yn ei gwneud hi'n gerdd gyfoethog hefyd i bartïon
adrodd a llefaru.

Un peth sy'n taro dyn wrth ddarllen gwaith James Nicholas
yw fod crefft y bardd yn bwysig iddo. Y mae myfyrio a
chynllunio yn rhan hanfodol o'r broses o greu. Enghraifft dda
o grefft y bardd yw'r cywydd 'Swper Olaf yr Haf' lle mae
delwedd yr Oedfa Gymun wedi ei gwau'n edau gyfrodedd
drwy'r llinellau; ac y mae'r cyfeiriad at yr 'atgyfodiad' ar y
diwedd yn cryfhau'r darlun. Un ddelwedd estynedig hefyd
yw'r gerdd benrhydd gynganeddol 'Y March'. Rwsia yn
ymosod ar Hwngaria yn 1956 oedd yr ysgogiad i'w
chyfansoddi; a chofiwn hefyd fod James Nicholas yn
heddychwr digymrodedd. Defnyddir y march fel symbol o
rym militaraidd a pharatoi ymlaen llaw ar gyfer rhyfela:

> Aethpwyd ag ef i efail...

Ond pan ddaeth ei gyfle fe ddihangodd o'r stabl:

> A'i ben yn y gwynt i ddibenion gwae.

Bu effaith ei bedolau yn andwyol; ac ni fedr y bardd ond
gresynu iddo gael ei borthi a'i bedoli i greu dinistr. Daw James
Nicholas yr heddychwr yn amlwg hefyd yn ei gerddi teyrnged
i Waldo, T. E. Nicholas a Martin Luther King.

Brogarwch yw un o themâu amlycaf ei farddoniaeth.
Lluniodd gerddi i ardal Penllyn – ei daear a'i phobl – yn ystod
ei arhosiad yn Y Bala. Y mae'r englyn 'Ar Lan Llyn Tegid' yn
cyfleu naws a phrofiad arbennig:

> Ym min nos oer tremio'n syn – ar eira
>   Yr Aran a'r Berwyn:
>   Am Ddyfed codai wedyn
>   Hiraeth y llanc wrth y llyn.

A dyma gydio'r ddwy fro oedd yn ennyn ei edmygedd. Sir
Benfro yw ei filltir sgwâr o hyd. Y mae'n hiraethu amdani
(ond nid yn sentimental) yn Y Bala; canodd gerddi o fawl i'w
gynefin ar ôl dychwelyd i Benfro; a dychwelodd yr hiraeth
drachefn ar ôl iddo symud i Fangor. Ymhlith ei gerddi mwyaf
gafaelgar i'w gynefin y mae ei gyfres o englynion 'Myfyrdod
yn Nyfed'. Llwyddodd i gipio naws ac awyrgylch y tirlun

garw a gysylltir â rhai o'r seintiau cynnar yn ei fynegiant. Onid yw cwmnïaeth y môr, ac ysblander y machlud yn fwyaf arbennig, yn hollbresennol yng nghymdogaeth Tyddewi? Ymdeimlo â hen hanes y gorffennol a wneir hefyd yn 'Ffordd y Pererinion', y gadwyn o englynion a fu'n gyd-fuddugol â T. Llew Jones yn Eisteddfod Genedlaethol Pwllheli 1955. Yn yr Oesoedd Canol cyfrifid dwy bererindod i Ddyddewi yn gyfwerth ag un i Rufain a thair pererindod i Ddyddewi yn gyfwerth â mynd i weld bedd Crist. Ond cerdd gyfoethocaf James Nicholas i'w gynefin, heb unrhyw amheuaeth, yw 'Cerdd i Ddyfed'. Y mae rhyw swyn a chyfaredd arbennig yn perthyn iddi. Dyma ddyfynnu'r pennill cyntaf a'r ddau olaf:

> Canaf gerdd i Ddyfed, Dyfed yr asgwrn a'r galon,
> A'r rhan ohonof sydd yn hŷn na'm hynt;
> Braich y pentir a wybu'r nerth cynnar:
> Gallu Rhys ei hun, ac allor y Sant...
>
> Yno clywais yr wylan yn galw pellter y stormydd
> Cyn i'm calon blygu i'r tywydd garw,
> A chlywais y môr yn meudwyo yn oesoedd yr ogof
> A rhwydi'r lloer yn tynnu ar ei drai a llanw.
>
> Canaf i Ddyfed, sydd a'r haul o'm boreddydd
> Yn dal i wanu pob niwl, a thaenu'r hud;
> Ynof yn nisgleirdeb dwfn pob cof a breuddwyd
> Bywyd ei haf sydd yn bod o hyd.

Mae'n werth nodi hefyd fod James Nicholas yn hoff o ddefnyddio proest yn lle odl mewn llawer o'i gerddi rhydd. Nid bardd plwyfol mohono ychwaith. Mae tynged yr iaith Gymraeg yn gonsyrn mawr iddo. Lluniodd gywydd i'w ddarllen yn Rali Llywelyn yng Nghilmeri ychydig ddyddiau cyn arwisgo'r Tywysog Siarl yng Nghaernarfon yn 1969 pan nad oedd 'amgylchiadau'r dydd' yn ei gwneud hi'n gysurus i brifathro ysgol ddangos ei liw. Mae'n cynnwys rhai llinellau ysgytwol o bersonol wrth annerch y Gymraeg:

> Hon yw'r anadl a'r einioes
> A gwae'r awr! – hyhi yw'r groes...

Mae Cristnogaeth hefyd yn thema bwysig yn ei waith.
Ymdeimlo â'r trai ym myd crefydd (a dannod eu difaterwch,
efallai, i weithwyr y winllan) a wneir yn y gerdd ymson 'Yr
Hen Weinidog'. Awdl Gristnogol yw 'Ffordd Emaus' a
gipiodd i'w hawdur gadair Eisteddfod Môn 1959; a thalu
teyrnged i ddycnwch ac ymroddiad y mynachod ar Ynys Bŷr
yw byrdwn ei awdl 'Yr Ynys' a enillodd iddo gadair
Eisteddfod Môn eto yn 1961. Lluniodd nifer o englynion
unigol i ddathlu'r Nadolig o bryd i'w gilydd; ac amrywiad ar
ffurf yr englyn hefyd yw 'Emyn ar gyfer y Cymun' sy'n
fyfyrdod ar arwyddocâd y 'Swper Sanctaidd'. Ond un o'i
gerddi Cristnogol pwysicaf, efallai, yw 'Credaf', y gerdd
gomisiwn a ymddangosodd yn *Y Cristion* (Gorffennaf / Awst
1988). Y mae'n syml, yn foel ei harddull, ac yn fynegiant
uniongyrchol o gyffes ffydd y bardd. Dyma'r pennill cyntaf:

> Credaf yn y Bod o Dduw.
> Credaf yn Nuw, Ein Tad;
> Credaf mai Efe biau'r ddaear a'r cwbl sydd ynddi;
> Credaf mai trwyddo Ef y daethom i fod.
> Credaf iddo ddatguddio'i hun laweroedd o weithiau,
> Ac y deil i ddatguddio'i hun,
> Ond y mae'r datguddiad pennaf yn y Mab,
> Mab y Dyn.
> Credaf yn y Gair,
> Credaf yn y Gair a wnaethpwyd yn gnawd,
> Credaf ei fod Ef yn bod yn y Gair.

Onid yw ei ddiwinyddiaeth yn ysgrythurol gadarn?
   Y mae swmp o ganu teuluol yng ngwaith James Nicholas
hefyd. Mae dolen gyswllt y teulu a'r ymdeimlad o berthynas
yn bwysig iddo. Lluniodd gerddi coffa a theyrnged i'w deulu
agos yn ymestyn dros bedair cenhedlaeth yn cynnwys ei fam-
gu, ei rieni, ei ddwy ferch a'i ŵyr bychan. Ond penllanw ei
ganu teuluol (os nad penllanw ei farddoniaeth i gyd) yw ei
gerddi mawl i'w briod Hazel. Ni chafodd hi fwynhau iechyd
da ar hyd ei hoes. Y mae cariad y bardd at ei briod yn
angerddol. Cerddi serch i Hazel yw corff y gyfrol *Cerddi'r*

Llanw. Na, nid cerddi serch ychwaith, ond cerddi cariad. Onid ysgrifennodd Saunders Lewis ddwy ddrama (*Blodeuwedd* a *Siwan*) i ddangos y gwahaniaeth sylfaenol rhwng serch a chariad? Rhywbeth byrhoedlog yw serch i S. L. fel blodyn 'a dyf ar glogwyn tranc', ond mae cariad yn rhywbeth 'a dyf ... fel derwen drwy dymhestloedd oes', yn gryf, wedi ei wreiddio'n ddwfn, yn medru magu teulu ac yn ddiysgog ei barhad. Dyma yw byrdwn James Nicholas hefyd yn ei gerddi i'w briod. Dywed yn 'I'm Hanwylyd':

> Wele f'anwylyd,
> Hi ydyw'r gerdd yn ei chyflawnder i gyd;
> Yno, ym merw ei hanian y mae'r awenau
> A luniodd fyd o lawenydd i fardd.

Dyma ddweud y cyfan mewn pedair llinell. Lluniwyd y rhan fwyaf o'i gerddi i Hazel mewn *vers libre* cynganeddol. Y mae'r delweddu'n llachar ac yn gyffrous wrth i'r bardd fynd ati i ddadansoddi ei berthynas â'i anwylyd. Mae'n wir fod anawsterau yn eu goddiweddyd ar daith bywyd, ond y mae cariad y ddau at ei gilydd (waeth beth fyddo'r gost) yn eu galluogi i oresgyn *pob* maen tramgwydd. Ymhlith ei gerddi cyfoethocaf i Hazel y mae 'Mynydd yr Haul', 'I'm Cariad', 'Dyfnder a eilw ar Ddyfnder' ac 'Mewn Breuddwyd'. Y mae afiaith a llawenydd y galon yn tywynnu drwy'r dweud a hithau ym mhob tywydd yn fodd i'w gynnal. Ni all y bardd ond diolch i Dduw amdani:

> Bendigaf Di heddiw, fy Arglwydd a'm Creawdwr
> Am greu ohonot ar Dy lun a'th ddelw fy anwylyd lon;
> Bendigaf Di am had y gorfoledd a heuwyd cyn ei geni,
> Ac am ddwy galon a gurodd ynghyd yn y galon hon.

Cyhoeddwyd yn ei ddwy gyfrol dair awdl a fu'n troi o gwmpas y Gadair Genedlaethol. Awdl wyddonol ei naws yw 'Llef Un yn Llefain' (1962). Y gwyddonydd sy'n siarad wedi dinistr y byd. Mae'n gerdd gignoeth, unigryw a dieithr ei llais mewn barddoniaeth Gymraeg. Awdl Gristnogol yw 'Y Cynhaeaf' (1966), sy'n asio ffrwythlondeb y tir a chynhaeaf y

Gair. Awdl dawel, ddelweddol yw hi, a choeth ei saernïaeth hefyd. Awdl a luniwyd er cof am T. S. Eliot yw 'Yr Ymchwil' (1965) yn seiliedig ar rai o gerddi a delweddau'r bardd Saesneg. Hanes y daith ymchwil drwy'r tir diffaith i ddod o hyd i 'lannerch y goleuni' yw'r thema ac fe roes James Nicholas arwyddocâd cyfoes i'r cyfan. Nid pob bardd a fedr ddweud ychwaith iddo gipio'r Gadair neu'r Goron Genedlaethol am yr awdl neu'r bryddest orau (yn ei farn ef) a anfonwyd ganddo i gystadlaethau'r Brifwyl. Ond rwy'n siŵr y byddai James Nicholas yn cytuno fod awdl 'Yr Alwad' a enillodd iddo Gadair Eisteddfod Genedlaethol Y Fflint 1969 yn un o'i gynhyrchion gorau. Yr awdl hon oedd uchafbwynt ei yrfa gystadleuol.

Beth am ansawdd a theithi awdl 'Yr Alwad', a'r neges sydd ymhlyg yn ei gwead? Y mae'n awdl gywrain o ran ei hadeiladwaith. Awdl fer o ryw 140 llinell yw hi wedi ei threfnu'n ddwy ran. Y mae'r ddwy ran yn dechrau â chadwyn gron o englynion yn cael eu dilyn gan benillion ar ffurf gwawodyn yn cynnwys yr un odl. Seiliwyd yr awdl ar gerfluniau o waith Henry Moore. (Bu James Nicholas a'i briod yn ymweld â'r arddangosfa yn Oriel y Tate ym mis Awst 1968). Yr alwad sy'n gynhenid mewn gwraig i ffrwythloni a chenhedlu yw'r thema sylfaenol ac mae'r 'alwad' hon yn ei hamlygu ei hun i'r bardd yn ffurf a naddiad y cerfluniau:

> Galwad gwaelod y galon – a naddwyd
>   Yn anniddig ddigon;
>   Hiraethlef y wraig ffrwythlon,
>   Onid taer yw galwad hon?

(Y mae'r ffaith fod Hazel yn cario ei chyntaf-anedig hefyd yng nghyfnod cyfansoddi'r awdl yn rhoi dimensiwn ychwanegol i fyfyrdod y bardd). Y mae'n ateb i ystum a chrefftwaith y cerfluniau yw byrdwn yr awdl ac y mae'r cwlped sy'n disgrifio'r fam yn rhoi swcwr i'w bychan eiddil:

> Ac ar slent deil ei phlentyn
>   O oes i oes yno'n syn...

yn dangos balchder ac ymroddiad 'y fam' ar hyd y canrifoedd hefyd. Ar ddiwedd yr awdl y mae dyhead y wraig i ffrwythloni yn cael ei uniaethu â'r fam ddaear:

> Egni a roed, egina'r hadau,
> A'r wraig a rydd ddaear i'r gwreiddiau,
> A daw cyffro'r tymhorau – ar ei rawd,
> Nwyf y cnawd ydyw twf y cnydau.

Onid yw'r ddau yn gynhenid, yn dragwyddol ac yn rhan o'r drefn ddwyfol yn y byd sydd ohoni? Llwyddwyd hefyd i asio'r cerfluniau marw a'r wraig fyw drwy gydol yr awdl nes eu gwneud ym mhob ystyr yn ddiwahân. Rwy'n cofio James Nicholas yn dweud hefyd ar ôl y fyddugoliaeth yn Y Fflint iddo astudio syniadaeth Henry Moore yn fanwl cyn mynd ati i gyfansoddi ei awdl arobryn. Ac, wrth gwrs, yn ogystal â bod yn awdl i alwad y wraig y mae'n awdl hefyd i grefft a gweledigaeth y cerflunydd. Awdl gelfydd ei saernïaeth a dyfeisgar ei chynllun yw 'Yr Alwad'.

Gair sy'n digwydd byth a hefyd yng ngwaith James Nicholas (yn enwedig yn *Cerddi'r Llanw*) yw 'goleuni'. Weithiau goleuni byd natur – fel y golau lledrithiol sy'n denu arlunwyr i Sir Benfro o bryd i'w gilydd sy'n hawlio ei sylwgarwch; a phryd arall, mewn cerddi mwy astrus eu syniadaeth, y mae'n ymdrin â'r goleuni ysbrydol a symbolaidd sy'n rhoi ystyr a phwrpas i fywyd. Y mae'n hoff iawn hefyd o gyferbynnu delwedd y goleuni a delwedd y tywyllwch. Bodloner ar un enghraifft yn unig. Dywed yn y gerdd 'I Hazel':

> Buom yn hau golau gyda'n gilydd,
> Yn y tŷ tywyll...

Bardd y gobaith hyderus yw James Nicholas a hynny weithiau mewn amgylchiadau anodd a chyfyng.

Y mae'n deg dweud hefyd ei fod yn cyflawni swyddogaeth y bardd cymdeithasol. Lluniodd gerddi ac englynion teyrnged a choffa i nifer o'i arwyr a'i gydnabod – J. J. Evans, Myra Griffiths, T. Morris Owen, William Jones, Edward

Watson, Jim Davies, G. B. Owen – mae'n rhestr faith. Ac wrth
sôn am ei ganu cymdeithasol nid yw'n syndod yn y byd iddo
lunio nifer o gerddi i'w gyfaill, Waldo Williams, yn cynnwys
dau gywydd o edmygedd iddo adeg ei safiad yn erbyn
gorfodaeth filwrol, cywydd coffa iddo yn *Pair* 1973, a chywydd
coffa arall ar achlysur dadorchuddio'r gofeb ym Mynachlog-
ddu yn 1978. Y mae ei edmygedd o farddoniaeth ac
egwyddorion bardd *Dail Pren* yn ddi-ffael. Un o gerddi
cymdeithasol diweddaraf James Nicholas yw ei gerdd goffa i
Ioan Bowen Rees, Cymro gwlatgar a chymydog iddo, a fu farw
ym mis Mai 1999. Cerdd gynganeddol mewn *vers libre* ydyw a
gyfansoddwyd ar ffurf gweddi a cherdd sy'n gyfuniad o
angerdd dwys a phatrymu effeithiol. Dyma ddyfyniad ohoni:

> Mwyn ydyw Mai
> A'i dwf yn ei dir.
> Ond y golau, yr hud a giliodd.
> Dywysog o nerth, hwn fu'n ein dysgu ni,
>   Ac anadl iach i genedl oedd.
> Ef oedd hoff Lyw. Ni dderfydd y fflam.

Eto i gyd, y mae tir a daear Sir Benfro yn dal i ysbrydoli
awen y bardd. Ef biau'r englyn hyfryd sy'n rhan o'r murlun a
osodwyd ar safle castell ac amgueddfa tre Dinbych-y-pysgod:

> Y gaer hon uwch y tonnau – yn Nyfed
>   A safodd drwy'r oesau;
>   Ac o'r tir gwelir golau
>   Ynys Bŷr ar draws y bae.

(Y mae'r odl yn y llinell olaf yn gwbl dderbyniol i glust
deheuwr). Yn ôl pob tebyg, 'y gaer hon' oedd safle'r llys
ysblennydd a ddisgrifir gan fardd anhysbys o'r nawfed neu'r
ddegfed ganrif yn y gerdd 'Edmyg Dinbych'. Cerfiwyd un o
englynion diweddaraf James Nicholas i Dyddewi hefyd ar
ddarn o garreg nadd wrth fynedfa'r Ganolfan Ymwelwyr ar
gyrion dinas ei fagwraeth. Yr ardal hon yw tir ei galon o hyd.
Onid:

Porth y nef yw parthau Non

iddo yn ei englyn swynol i Eglwys Non ar y pentir creigiog sy'n wynebu Bae San Ffraid? Y mae'n anodd tynnu dyn oddi ar ei wreiddiau.

Llyfryddiaeth

James Nicholas, *Olwynion*, Llyfrau'r Dryw, 1967.
            Cerddi'r Llanw, Llyfrau'r Dryw, 1969.
Cyfansoddiadau a Beirniadaethau Eisteddfod Genedlaethol Y Fflint 1969.
Vaughan Hughes (gol.), *Pair*, 1973.
T. Llew Jones (gol.), *Cerddi '79*, Gomer, 1979.
Y Cristion, Gorffennaf / Awst, 1988.
Eirwyn George (gol.), *Blodeugerdd y Preselau*, Cyhoeddiadau Barddas, 1995.
Dafydd Rowlands (gol.), *Cerddi'r Troad*, Gomer, 2000.

W. R. SMART
(1932 –   )

C arreg filltir o bwys yn hanes traddodiad barddol y fro
oedd dechrau dosbarth 'Gweithdy'r Bardd' yn Asgell
Addysg Bellach y Preseli yng Nghrymych ym mis
Hydref 1978. Gofynnwyd i mi fod yn ddiwtor y dosbarth; a
daeth rhyw ddwsin o feirdd ynghyd ar gyfer y cyfarfod cyntaf.
Yr oedd un wyneb yno a oedd yn gwbl ddieithr imi; dyn byr,
siriol yr olwg, a rhyw ddwyster a direidi bob yn ail yn ei lygaid
wrth wrando ar y darlithydd. Reggie Smart oedd ei enw, ac ni
fu erioed well aelod mewn dosbarth. Arferwn osod tasgau i'r
beirdd i lunio cerdd ar destun gosod ar gyfer y dosbarth nesaf
ymhen pythefnos, ac yr oedd ymateb Reggie Smart yn
syfrdanol. Yn lle dod ag un gerdd yn ei ffolio yr un fath â'r
beirdd eraill, yr oedd Reggie wedi cyfansoddi rhwng chwech
a deuddeg o gerddi newydd ar gyfer pob dosbarth. Ni welais
neb erioed yn cyfansoddi barddoniaeth ar y fath gyflymdra.
Dywedodd wrthyf flynyddoedd yn ddiweddarach, pan oedd

yn cystadlu'n gyson mewn eisteddfodau lleol, ei fod yn
cyfansoddi pryddest o 100 llinell neu ragor ar un eisteddiad
mewn un noson! Y mae ei hiwmor parod a'i hoffter o storïau
doniol hefyd yn ei wneud yn gwmnïwr diddan bob amser.

Ganed W. R. (Reggie) Smart ym Mhantygwyddel, plwyf
Llanfyrnach, yn fab i Victor a Rosina Smart. Symudodd y
teulu wedyn i Ros-ddu yn ardal Tegryn, a bu'r tad farw pan
oedd Reggie yn bedair oed gan adael tri o blant ar yr aelwyd.
Yn ddiweddarach symudodd y teulu i Fwcle yng
nghymdogaeth Bwlch-y-groes; ac wedi i'r fam ailbriodi, ag
Edwin Harries, fe aned iddynt hwythau chwech o blant.
Mynychodd Reggie ysgolion Tegryn a Bwlch-y-groes; a bu'n
gweithio ar ffermydd yn ardal y Frenni ac yn ardal
Llandudoch wedi iddo adael yr ysgol. Priododd â Daisy Jones
o Landudoch gan ymgartrefu yn y pentref. Ganed iddynt
hwythau dair o ferched, June, Diana a Dawn. Yn
ddiweddarach, bu Reggie yn gweithio i gwmni o adeiladwyr;
ac yn negesydd gyda'r Weinyddiaeth Amddiffyn yn Aber-
porth.

Bardd â'i galon yn agos iawn at fyd natur yw Reggie Smart.
Y mae'n rhyfeddu at wyrthiau'r tymhorau a'r egni creadigol
sydd ym mhridd y ddaear. Nid oes pall ar ei ddisgrifiadau o
gyflawnder y coed yn eu dail yn y gwanwyn a harddwch y
grug a'r eithin ar lethrau'r Frenni Fach. Nid y tirwedd yn unig
sy'n ennyn ei ddiddordeb ychwaith. Y mae i adar ac
anifeiliaid hefyd le allweddol yn ei farddoniaeth. Yn wir,
cydymdeimlad greddfol â thynged bywyd gwyllt y wlad yw
cynnwys llawer o'i delynegion gorau. Cerdd gynhyrfus a
chynnil ei gwead yw 'Y Lleuad' sy'n sôn am y profiad o weld
curyll yn lladd cwningen ar noson loergan. Dyma'r ddau
bennill olaf:

> Ni welais y llygaid craff
>   Yn nail y llwyn,
> Yn bygwth dy einioes di,
>   Anifail mwyn.

Clywais y sydyn drwst
A'r iasoer gri,
Teimlais y gwasgu brwnt,
Dy angau di.

Cerdd grefftus hefyd yw 'Y Gwyliwr' a fu'n fuddugol yng nghystadleuaeth y Gerdd Rydd Fer yn Eisteddfod Genedlaethol Aberystwyth, 1992. Gweld crychydd yn sefyll yn ei unfan ar lan afon Teifi drwy ffenestr y bws ar ei ffordd i'r gwaith un bore a roes yr ysgogiad i'r bardd i'w chyfansoddi ac erbyn iddo gyrraedd pen y daith yr oedd y gerdd wedi ei chwblhau. Y mae cryn gamp ar y dweud a'r disgrifiadau manwl yn peri i'r darllenydd weld yr aderyn yn sefyll o flaen ei lygaid. Y mae crebwyll y bardd hefyd wrth alw'r crychydd yn '*gerflun* byw', '*lladdwr* amyneddgar', a grym yr ansoddeiriau 'pig *bladurog*' a 'choesau *brwynog*' yn ein hatgoffa o grefft yr hen gywyddau dyfalu.

Mae Reggie bellach wedi treulio dros chwarter canrif yn byw ar lan afon Teifi mewn llecyn hyfryd iawn ym mhentre Llandudoch. Golygfa ddeniadol, a dweud y lleiaf, yw gweld yr afon yn llifo'n un corff llydan o fwâu pont Aberteifi, o fewn tafliad carreg i'w gartref, i ymuno â'r môr yn nhueddau Poppit (y fath enw anaddas ar le mor ddymunol). Myfyrdod delweddol ar lannau Teifi yng ngenau'r aber yw'r gerdd benrhydd hir 'Yr Afon'. Cyfres o ddarluniau yw corff y bryddest a dyma enghraifft o awen y bardd yn ymateb i'r olygfa fin nos:

Heno, mae golau pentref Landudoch
Fel sêr yn y dŵr,
A'r torlannau yn eu carcharu
Yn balmant o lwybyr llaethog.
Mae ambell whisgeryn o dawch
Yn chwarae ar wyneb y drych,
A'r blotyn gwyn o alarch
Yn ymlwybro drwy'r feidr hufennog...

Ond er cystal y golygfeydd ym mhentre Llandudoch, hiraethu am fro ei febyd yn ardal y Frenni yw un o nodau amlycaf barddoniaeth Reggie Smart. Y gymdogaeth hon yw ei ddihangfa ysbrydol pan fo'r byd a'i bethau yn pwyso ar ei feddwl. Y mae balm i'r enaid yn ei thirwedd a'i golygfeydd yn unig:

> Yno y mae iodlwr y grug
> Yn nyddu ei gân
> I odli â'r gwynt,
> A'i big gam fel pibell glai
> Yn ysmygu'r niwl...

Yn y fro hon, y rhostir a'r gefnen, y mae'n ymdeimlo â'i wreiddiau ym mhob tywydd. Hi yw'r Eldorado sy'n harbwr i'r galon ac yn angor i'r ysbryd. Bro dlawd yn faterol a chyfoethog yn ysbrydol.

Nid y tir heb y bobl ychwaith. Daw hen gymeriadau bro ei febyd i brocio'r awen o bryd i'w gilydd hefyd. Pobl â'u traed yn solet ym mhridd y ddaear yw'r mwyafrif ohonynt, yn ddigon bodlon ar fyw o ddydd i ddydd o fewn cyfyngiadau eu milltir sgwâr. Teyrnged i'r math yma o berson, a phortread cartrefol ohono hefyd yw'r soned dafodieithol sy'n dwyn y teitl 'Gwerinwr':

> Hen foi bach od yn byw pen pella'r mini,
> Yn joio byw ar fiwsig sŵn ei glocs,
> Perchennog tair Shorthorn ac un hen Jersi,
> A dwy hen Ffergi fach, a'r rheini'n grocs.
> Ei bleser ydyw parchu pridd ei gilfach
> A rhoi rhyw faldod slei i Jet y mul,
> Mae'n mynnu cyrchu at ryw Nefoedd bellach
> O sêt y gwt yn Salem ar y Sul.
> Ni welwch ef yn jengyd yn ei Ostin
> I 'sblander Debenham yn nhre Caerdydd,
> Ma mynd i dra'th y Mwnt, chi, iddo'n owtin,
> Nid yw e'n lico ca'l i ben yn rhydd;
> A phe bai'r byd rhyw fore'n mynd o chwith
> Ni wnâi ond loetran i edmygu'r gwlith.

Ond tynfa barhaus bro ei febyd i Reggie Smart yw bedd ei
dad ym mynwent Eglwys Llanfyrnach. Y mae ei dad marw yn
un â harddwch y dyffryn bellach ac mae'n treulio hydoedd yn
myfyrio uwchben ei orweddle yng nghladdfa'r plwy,
oherwydd:

> Fy nghnawd i yw ei gnawd ef,
> Ei waed sy'n llifo ynof,
> A chur ei oriau olaf
> Yw'r boen sy'n curo yn fy nghalon i.

Y mae ei berthynas â'i dad, yr un fath â'i berthynas â bro ei
febyd, yn anwahanadwy.

Eto i gyd, bardd Cristnogol yw Reggie Smart yn y bôn. Bu
dylanwad y capel yn drwm ar ei fagwraeth. Y mae ei ymlyniad
wrth yr achos yn Eglwys Llandudoch hefyd yn ddi-ffael. Y
Beibl yw ei allwedd i ddeall a dehongli efengyl y ffydd
Gristnogol. (Mae'n ddiddorol mai Llyfr y Salmau yw ei hoff
gyfrol o farddoniaeth). Bu myfyrio uwchben y Beibl yn falm
ysbrydol iddo mewn llawer profedigaeth hefyd. Y Crist
Croeshoeliedig yw canolbwynt ei ffydd, ac mae'r gân fer
'Dyhead' yn crynhoi'r cyfan:

> Rwyf am fynd at y preseb
> I'w godi Ef o'r crud
> A'i ddal Ef yn fy mreichiau
> Am ennyd, dyna i gyd.

> Cans rwy'n gwybod y daw yntau
> Pan glyw fy olaf lef
> I'm codi yn Ei freichiau
> I mewn i'w fynwes Ef.

Ond mae Duw yn cael ei wrthod yn barhaus gan ei bobl. Un
o gerddi mwyaf beiddgar Reggie Smart yw'r gerdd benrhydd
dafodieithol 'Ar Werth'. Eglwys y Plwyf sydd ar werth (neu
hynny sydd ar ôl ohoni) ac mae gweld yr adeilad yn dechrau
troi'n adfeilion yn dwyn atgofion iddo am yr amser pan oedd
yr oedfaon yn eu hanterth. Gwêl rai o hen gymeriadau brith y

cwrdd nos yn syrthio i gysgu ar ôl canu'r emyn cyntaf ac yn
deffro yn sŵn 'amen' yr emyn olaf. Dangos eu hetiau, yn anad
dim arall, oedd prif ddiddordeb rhai o'r gwragedd ffroenuchel
hefyd; ac mae'n cloi'r gerdd â'r cwestiwn pryfoclyd – ai eglwys
i Dduw neu eglwys i ddyn oedd hi wedi'r cwbl?

Ond troi at Dduw a wna dyn yn awr ei gyfyngder. Duw yw'r
'bad achub' sy'n crwydro'r moroedd i ddwyn ei ddilynwyr i
'hafan hedd'. Ef yw'r cyfryngwr a'r iachawdwr hawdd ei gael
mewn dyddiau blin. Ar ôl myfyrio ynghylch dirgelwch a
sydynrwydd yr angau yn 'Y Gorwel' y mae'n cloi'r soned â
datganiad cadarn o sicrwydd y Cristion:

> A phan y dêl, fel llofrudd drwy y gwŷdd,
> Fe bwysaf arno Ef, iachawr fy ffydd.

Ymddiried yn y Crist Croeshoeliedig, a derbyn ei
ddysgeidiaeth, yw'r unig ffordd i sicrhau tangnefedd ar y
ddaear. Canu i'r ffydd Gristnogol sy'n gyffro ac yn
dangnefedd yn ei galon a wnaeth Reggie Smart. Dyma paham,
efallai, y bu iddo lunio cymaint o emynau o bryd i'w gilydd.
Y mae rhai ohonynt yn emynau a gyfansoddwyd ar gyfer
gwahanol achlysuron – 'Carol Nadolig', 'Emyn Bedydd',
'Emyn Priodas', 'Emyn ar gyfer y Cymun', ynghyd â llawer o
emynau ar destunau mwy personol eu naws. Afiaith y galon
yn troi'n fawl i'r Gwaredwr yw cynnwys a sylwedd ei emynau
i gyd. Dyma bennill cyntaf yr emyn 'Mawl i'r Arglwydd':

> Mae'r gerdd sydd yn fy nghalon
>   I gyd yn eiddo i Ti,
> A'r gerdd heb iddi ddiwedd
>   Yw'r gerdd a ganaf i,
> Y gerdd a gân yr enaid
>   Hyd dragwyddoldeb maith,
> Y gerdd sy'n dechrau bywyd
>   A gorffen hyn o daith.

Thema arall yng ngwaith Reggie Smart yw ymdeimlo â
gorffennol ei filltir sgwâr yn ardaloedd Tegryn a Bwlch-y-
groes. Amaethwr yw Reggie o'i gorun i'w sawdl. Y mae caeau'r

ffarm, yr anifeiliaid a'r peiriannau yn agos iawn at ei galon. Mae hen athroniaeth y byd amaethyddol hefyd, arwyddion y tywydd a chalendr y tymhorau, yn rhan o'i gynhysgaeth o ddyddiau ei blentyndod. Un o'i gerddi cyfoethocaf yn ymwneud â gorffennol y byd amaeth yw'r gerdd hir 'Ymddeol'. Ymson amaethwr sydd yma ar fore'r arwerthiant cyn canu'n iach i'r ffarm a symud i fyw i fyngalo newydd. Ond mae'n gerdd sy'n crynhoi'n gynnil hynt a helynt yr amaethwr wrth ei waith ac yn ymdrin â thrafferthion a bendithion amaethu'r tir o oes y ceffylau hyd oes y combein. Mae'r gerdd hefyd yn ymdrin â'r tyndra seicolegol rhwng yr hiraeth o adael y ffarm a'r awydd am esmwythach byd.

Bwrw golwg ar hen ddull o amaethu a wneir yn y soned 'Myfyrdod ar hen bont Felin-wen, Boncath', hefyd. Mae'r bardd yn cofio am yr adeg pan oedd y rhod ddŵr yn troi ac amaethwyr y gymdogaeth yn dod yno i falu barlys. Dyma ddyfynnu'r soned yn llawn:

> Welwch chi ddim o'r dŵr, chi, heddi'n disgyn
>   Lawr dros y whîl ger talcen Felin-wen,
> Chlywch chi ddim o'r llwye'n dal y rhewyn,
>   Na'r ffrwd yn hollti dros y breiche pren.
> Welwch ddim o'r ceirt yn carto'r barlys
>   Lawr dros y rhiw, cyn croesi'r afon fach,
> Chlywch chi ddim o'r meini llwyd yn allwys
>   Y blawd yn ara' deg i ene'r sach.
> Pwy fu, chi, slawer dy' yn cario'i bwne
>   Ar gewn 'i asyn draw o Fwlch-y-gro's?
> Ond jiw, i beth rwy'n chwalu hen feddilie
>   Ar ben y bont a hithe'n hanner nos?
> Draw'n y pwll ma lleuad newy'n sheino
> A'r dŵr yn dal i fynd heb ddim i'w rwystro.

Mae bywyd yn llifo yn ei flaen a rhaid i ninnau ymuno â'r llif.

Eto i gyd, er mor odidog oedd yr hen amserau, y mae Reggie Smart yn barod i dderbyn her yr oes newydd hefyd. Y mae'r byd cyfoes yn cyrraedd yr aelwyd ar sgrîn y teledu ac yn peri iddo anesmwytho weithiau. Cafodd Rhyfel y Gwlff

argraff ddofn arno; ac yr oedd gweld y Cwrdiaid digartre yn
dianc i'r mynyddoedd anghysbell o flaen byddinoedd Saddam
Hussein yn loes i'w enaid. Gweld y ffoaduriaid truenus ar
newyddion y teledu yw mater y gerdd hir 'Lluniau' a
gofnodwyd ar ffurf dyddiadur wythnos; ac mae'n cynnwys
nifer o ddarluniau cofiadwy:

> Bron ddigywilydd mam
> Allan yn nannedd y gwynt...
> Hen ŵr yn cario ei oedran
> Ar gryman ei war...
> Hen wraig yn dwyn ei gofidiau
> Ym mhlygion ei charthenni...
> A'r gwynt dideimlad
> Yn rhewi'r corff yn gorn...

Wedi diffodd y teledu y mae'r golygfeydd yn dal yn fyw yn ei
gydwybod ac yn difetha awyrgylch foethus yr ystafell. Daeth
y pellter yn agos. Ond swm a sylwedd y gerdd yw ceisio
dangos mor ddiymadferth yw'r bardd ei hun (a phob
unigolyn) yn wyneb y fath sefyllfa.

Ond mae tynged ei filltir sgwâr a thir a daear Cymru yn
gonsyrn i Reggie Smart hefyd. Y mae llawer o'i gerddi yn
mynd i'r afael â ffawd yr amaethwr yn y byd sydd ohoni, uno
ffermydd i gael dau ben llinyn ynghyd, a thrafferthion y
cwotas llaeth. Y mae'r baledi 'Y Maes Carafanau' a 'Gwesty
Bach y Wlad' hefyd yn ddrych o'r hyn sy'n digwydd yng
Nghymru heddiw. Nid y lleiaf o'r problemau cyfoes yw nifer
y Saeson sy'n dylifo i fyw i'r ardaloedd cefn gwlad a throi'r
Gymru Gymraeg yn gymunedau Seisnig. Yn y gerdd
benrhydd 'Gororau' mae'r bardd yn drwm ei lach ar y
mewnfudwyr digywilydd sydd heb ddeall a heb ddymuno bod
yn rhan o'r gymdeithas frodorol:

> Diawch! Ichi wedi dod dros Glawdd Offa
> I godi gorore newy'
> Yn ein hardal ni,
> Ichi wedi dod i agor bwlche

Lle nad o'dd claw',
Ichi wedi dod i blannu drain
Lle nad o'dd ffin...

Y mewnfudwyr sydd biau gweithredoedd y tyddynnod a
brynasant, medd y bardd, ond ein cyndeidiau ni sydd wedi
talu'r pris. Wedi dwrdio'r estroniaid sy'n ynysu'r Cymry yn eu
gwlad eu hunain mae'n sylweddoli'n sydyn:

Jiw. Nawr wê'n i'n stando.
Sais wê Da'cu.

Mae'r sefyllfa'n gymhleth a dweud y lleiaf.

Gwythïen arall yng ngwaith Reggie Smart yw hiwmor a
doniolwch. Y mae ei gerddi ysgafn a doniol ymhlith ei
ddarnau mwyaf trawiadol. Dawn dweud stori mewn arddull
ddiddorol yw un o'i gryfderau. Weithiau, hefyd, y mae'r bardd
yn cael hwyl ar dynnu coes y darllenydd. Dyma a geir yn
'Twm Pen Isha'r Llain'. Mae'n disgrifio'r cymeriad rhyfedd
hwn ag afiaith a hiwmor:

A jiw, weden i, o holl ddynion y byd,
Twm yw'r oda' ohono nhw i gyd.
Ma'i got e yn yfflon a'i drowser e'n rhacs,
Syno'n talu rhent na'r un incwm tacs.
Mae'i wallt e'n drichid fel blew hen ddraenog,
A jiw, syno'n credu mewn helpu 'run cymydog...

Ond ar ôl dadansoddi nodweddion ei gymeriad mae'n datgelu
yn y llinell olaf un mai bwgan brain ydyw!

Mae Reggie yn aelod o Dîm Preselau ar Dalwrn y Beirdd;
ac enillodd amryw o wobrau mewn eisteddfodau (Gŵyl Fawr
Aberteifi yn fwyaf arbennig) am delynegion, sonedau, baledi,
cerddi digri, cerddi mewn *vers libre*, cerddi mewn tafodiaith ac
emynau. Cerddi yn nhafodiaith bro ei febyd, efallai, yw mêr ei
awen, ac mae'r dafodiaith bob amser yn felys ac yn naturiol i'r
glust. Y mae ei gerddi mawl i'w deulu hefyd ymhlith ei
gyfansoddiadau mwyaf nodedig. Ond uwchlaw popeth arall,
bardd a chanddo rywbeth i'w ddweud yw Reggie Smart, a

hwnnw yn ddweud cofiadwy. Enghraifft dda o'i ddawn a'i wreiddioldeb yw'r gerdd fer 'Antur', a dyma ei dyfynnu'n llawn:

> Roedd milltir ddoe yn bellter,
>   Pwy fentrai ma's o'r plwy?
> Ond nid yw ffin 'run afon
>   Yn peri gofid mwy.
> Ac i'r hen Goncord a'i thrwyn cam
> Nid yw Awstralia ond un llam.
>
> Nid yw yn ffasiwn mwyach
>   I wreiddio mewn un lle,
> Mae'r roced i ni'n gerbyd
>   A golau'r sêr yn dre;
> Ond gwae i ni fai mynd ar goll
> Pan ddelo'r antur fwyaf oll.

Llyfryddiaeth

Gerald Jones, *Ar Lwybr Mawl a Myfyrdod*, Cyhoeddiadau'r Gair, 1994.
Eirwyn George (gol.), *Blodeugerdd y Preselau*, Cyhoeddiadau Barddas, 1995.

EIRWYN GEORGE
(1936 –)

A r un ystyr nid yw'n waith hawdd i awdur geisio 'dweud gair' amdano'i hun mewn cyfrol yn ymdrin â gweithgarwch llenyddol rhai o awduron ei filltir sgwâr. Eto i gyd, onid y bardd neu'r llenor ei hun sy'n gwybod orau am y cymhelliad y tu ôl i'w ymdrechion i roi ei brofiadau ar ffurf cerdd neu ddarn o ryddiaith? Yr awdur, mae'n siŵr, yw'r mwyaf cymwys o bawb i *ddehongli* ei waith ei hun, boed hwnnw yn ddarn gwych neu yn ddarn gwachul. Yng ngoleuni'r gosodiad hwn yr ysgrifennwyd yr ysgrif hunanddadansoddol hon; a gadawer i eraill ddarganfod a gwyntyllu'r gwendidau.

Dechreuwn gyda'r ffeithiau moel. Fe'm ganed ar ffarm Tyrhyg Isaf yn unig blentyn Thomas Elwyn ac Emily Louisa George. Collais frawd pan oedd ychydig dros ei flwydd oed o glefyd llid yr ymennydd. Ffarmwr oedd fy nhad, gŵr diwylliedig, a oedd wrth ei fodd yn llunio penillion ar gyfer dathlu achlysuron arbennig yn yr ardal. Ni chafodd unrhyw hyfforddiant erioed yn y grefft o farddoni. Yr oedd Ta'cu hefyd, tad fy nhad (y mae gennyf frith gof amdano) yn cyfansoddi penillion crefyddol eu naws pan ddôi'r awen heibio. Pan oeddwn yn wyth oed symudodd 'Nhad a Mam o ffarm fynyddig Tyrhyg Isaf i ffarm doreithiog Castellhenri yn yr un plwyf. Mynychais ysgol fach Garn Ochr (sydd wedi cau bellach ers blynyddoedd). Yr oedd yr athrawon a'r prifathrawon yn newid yn aml iawn, ni chefais erioed flas ar fywyd na gwaith yr ysgol, ac ni ddysgais fawr ddim yno. Yr oeddem yn byw ryw dair milltir i'r gogledd o'r *landsker*, yr hen ffin ieithyddol rhwng y Benfro Gymraeg a'r Benfro Saesneg ac yr oedd pob capel yn y gymdogaeth (deg ohonynt i gyd) yn cynnal eisteddfod fach a elwid yn Gwrdd Cystadleuol bob blwyddyn. Annibynwyr oedd fy rhieni, aelodau yng nghapel Seilo, Tufton; ac er imi symud llawer yn ystod fy oes ni symudais erioed fy aelodaeth o Seilo ers imi gael fy nerbyn yn aelod yno yn ddeuddeg oed.

Pan oeddwn tua phedair oed fe benderfynodd 'Nhad y dylwn roi cynnig ar adrodd yn eisteddfodau bach y cylch. Ef oedd yn fy nysgu, treuliwn oriau yn ymarfer ar lawr y gegin, a chefais gryn lwyddiant ar fy ymdrechion hefyd. Rhoddais y gorau i adrodd am byth pan oedd y llais 'yn troi' tua'r pymtheg oed. Ond rwy'n siŵr fod y ffaith imi ddysgu cymaint o ddarnau ar y cof wedi rhoi imi eirfa gyfoethog a meithrin chwaeth at farddoniaeth yn ifanc iawn. Gan nad oedd llawer o siâp ar bethau yn yr ysgol fach cefais hyfforddiant personol yn y cartref (o dan anogaeth Mam) i sefyll arholiadau'r 11+. Llwyddais; ac wedi dechrau mynychu Ysgol Ramadeg Arberth cefais flas anghyffredin ar bob un o'r pynciau bron. Roeddwn yn lletya yn y dref yn ystod yr wythnos a dod adre i fwrw'r Sul. Ysywaeth, pan oeddwn yn bymtheg oed cafodd 'Nhad ddamwain ddifrifol drwy syrthio o ben tas wair adeg y cynhaeaf. Bu'n ffaeledig am hydoedd; a gadewais yr ysgol i weithio gartref ar y ffarm.

Rwy'n cofio fy nhad yn fy nysgu i fydryddu (peri imi gyfrif

â'm bysedd sawl sillaf oedd ymhob llinell o ryw gerdd adnabyddus) pan oeddwn yn ifanc iawn; ac arferwn gystadlu ar y delyneg yn eisteddfodau bach y cylch. Wedi gadael yr ysgol dechreuais fynychu Llyfrgell y Sir yn Hwlffordd a dod ar draws *Odl a Chynghanedd* (Dewi Emrys) – gwerslyfr ar Gerdd Dafod. Benthycais y gyfrol hon dros gyfnod o fisoedd a mynd ati i astudio'r adrannau ar y gwahanol fesurau yn f'amser sbâr. Arferwn fenthyca llyfrau barddoniaeth yn rheolaidd o'r Llyfrgell hefyd a chael blas anghyffredin ar ddarllen gweithiau Dewi Emrys, Wil Ifan, T. E. Nicholas ac ôl-rifynnau *Cyfansoddiadau a Beirniadaethau'r Eisteddfod Genedlaethol.*

Dylwn nodi hefyd imi gystadlu yn y gystadleuaeth radio 'Sêr y Siroedd' yn 1959. Cystadleuaeth oedd hi rhwng timau yn cynrychioli siroedd Cymru mewn chwech o gystadlaethau. Cyfansoddi limrig, triban neu englyn ar destun gosod (ei gael ryw awr ymlaen llaw) oedd tasg y beirdd. Collais y tro cyntaf am mai triban oedd gennyf ac englyn gan fy ngwrthwynebydd. Euthum yn ôl i'r Llyfrgell eto i fenthyca *Odl a Chynghanedd* a dysgu'r cynganeddion yn drwyadl er mwyn llunio englyn y tro nesaf! Yn 1959 hefyd yr enillais fy nghadair gyntaf yn Eisteddfod Clunderwen am bryddest ar y testun 'Y Ffordd Fawr'. Daeth y dwymyn gystadlu heibio wedyn, yr oeddwn yn derbyn rhaglenni Eisteddfodau Cadeiriol drwy'r post o bobman, a llwyddais i ennill dros ugain o gadeiriau am bryddestau ac awdlau mewn llai na phum mlynedd. Trysorwn y beirniadaethau yn fawr iawn a dysgais lawer wrth astudio sylwadau beirniaid fel Brinli Richards, R. Bryn Williams, Gwilym R. Tilsli, Geraint Bowen a William Morris.

Yn 1964 (ac iechyd fy nhad yn fregus iawn) penderfynais roi'r gorau i ffermio a bwrw blwyddyn yng Ngholeg Harlech. Dysgais lawer wrth draed y tiwtor Cymraeg, Geraint Wyn Jones, ac ennill ysgoloriaeth i ddilyn cwrs gradd yng Ngholeg Prifysgol Cymru, Aberystwyth. Braint fawr fy mywyd oedd cael mynychu darlithiau Gwenallt a Bobi Jones yn ddiweddarach. Wedi cymryd gradd anrhydedd yn y Gymraeg;

treulio blwyddyn yn paratoi *Geiriadur Termau*; a dilyn y cwrs
Hyfforddi Athrawon; cefais fy mhenodi yn athro Cymraeg yn
Ysgol Uwchradd Arberth; ac wedi hynny yn athro Cymraeg a
Hanes yn Ysgol y Preseli, Crymych, pan oedd James Nicholas
yn brifathro yno. Erbyn hyn yr oeddwn yn byw yn
Llandudoch a deuthum i gysylltiad agos â T. R. Jones, bardd
medrus a oedd yn hanu yn wreiddiol o Danygrisiau yn Sir
Feirionnydd, a gweinidog gyda'r Bedyddwyr yng ngogledd
Sir Benfro. Ffrwyth fy nghyfeillgarwch â T. R. oedd cyhoeddi
cyfrol o gerddi ar y cyd yn dwyn y teitl *O'r Moelwyn i'r
Preselau* yn 1975.

Y mae'r cerddi a gynhwysir gennyf yn y gyfrol hon (a
ysgrifennwyd mewn cyfnod o bum mlynedd) yn ymrannu'n
fras i ddau ddosbarth: cerddi hanes a cherddi mawl i
bersonau. Tyfais yn genedlaetholwr pybyr yn ifanc iawn.
Roedd 'Nhad yn Gymro twymgalon; deuthum i gysylltiad
agos â D. J. Williams, Abergwaun, yn fuan wedi imi adael yr
ysgol; a chymerwn ran ym mhrotestiadau Cymdeithas yr Iaith
pan oeddwn yn fyfyriwr yn y coleg. Yr oedd gennyf
ddiddordeb dwfn mewn hanes, roedd gwrhydri rhai o arwyr
Cymru'r gorffennol yn ennyn f'edmygedd, a phoenwn yn arw
wrth weld y mewnlifiad estron yn bygwth y dreftadaeth
Gymraeg. Y mae'r cerddi hanes a gynhwysir yn *O'r Moelwyn
i'r Preselau* yn dilyn yr un cynllun neu fformiwla sef gosod
olion gweladwy'r gorffennol mewn cyd-destun cyfoes. Diau
fod Derec Llwyd Morgan yn llygad ei le wrth ddweud yn ei
adolygiad ar y gyfrol hon yn *Y Genhinen* (Hydref 1975) fod y
bardd wedi osgoi efelychu Waldo a beirdd eraill y fro drwy
fynd ati i 'asio hanes anrhydeddus ei sir gyda dianrhydedd
heddiw'. Dyma'r union thema y bwriadwyd ei chyfleu yn y
cerddi 'Pentre Ifan', 'Glaniad y Ffrancod', 'Merched Beca'.
'Tyddewi' a 'Cantre'r Gwaelod'. Dylwn ddweud hefyd imi
ymhyfrydu mewn delweddau a symbolau yn gynnar iawn.
Cafodd barddoniaeth Gwenallt ddylanwad arnaf (enillais
ysgoloriaeth i fynd i Goleg Aberystwyth am draethawd
ymchwil ar 'Delweddau Gwenallt'), ac y mae'r llinell
allweddol yn ei gerdd 'Yr Awen' – 'Asio a wnawn ein profiadau

a'u cyfannu â delwedd a symbol', yn wir am fy null innau o gyfansoddi hefyd.

Rhai o'r bobl flaengar a fu'n ceisio diogelu'r dreftadaeth Gymraeg (a rhai o werthoedd y genedl yn ei chyfanrwydd hefyd) yw arwyr y cerddi mawl i bersonau yn *O'r Moelwyn i'r Preselau*. Cerddi yn edmygu aberth, safiad a gwrhydri rhai o arwyr y Gymru gyfoes ydynt. Rwy'n ei chyfri'n fraint imi fedru llunio llinellau o deyrnged i Waldo, Parri Roberts, Joseph James, D. J. Williams, T. E. Nicholas a Ffred Ffrancis. Gwneuthum ddefnydd helaeth o symboliaeth yn y cerddi mawl. Dyma ddarn o gerdd i Ffred Ffransis (a fu'n gyd-fyfyriwr â mi yn y coleg) pan ddringodd Ffred i ben trosglwyddydd teledu'r Preseli, ac aros yno am un noson gyfan, fel rhan o ymgyrch Cymdeithas yr Iaith dros sianel deledu Gymraeg:

> Fe'th welaf fel brân yn nythu ar fast Pentregalar.
> Oedd rhaid iti ddringo mor beryglus o uchel
> i dŵr y goleuadau, a'r nos
> sy'n ffitio mor esmwyth â helmet plismon
> ar gopaon y bryniau,
> a derbyn ar dy wyneb yr awel herfeiddiol?

Fe wêl y cyfarwydd ar unwaith fod dau ystyr i bopeth a ddywedir yn y dyfyniad uchod. Yr oedd y protestiwr yn edrych fel smotyn du yn y pellter wrth iddo sefyll (neu hongian) ar y mast; a chofiwn hefyd ar yr un pryd fod y *frân*, yn ôl un hen goel, yn aderyn proffwydol. Dringodd Ffred Fransis yn *uchel* nid yn unig i ben mast ond yn ei egwyddorion hefyd, ac roedd y ddau'n beryglus yn eu cyd-destun. Pum golau sydd ar fast y Preseli; ac mae'r *goleuadau* yn ei gyd-destun yn symbol o obaith drwy brotestio ar y tŵr. Digwyddodd y brotest yn ystod y *nos;* sydd hefyd yn awgrymu fod pobl yr ardal (a Chymru gyfan) yn derbyn yr anobaith ac yn ymddwyn yn ddifater ynghylch cyflwr yr iaith. Y mae'r ddelwedd *helmet plismon* yn dangos fod y gyfraith yn bwrw ei chysgod dros y weithred. Roedd y gwynt yn gryf ar y pryd; ac mae'r llinell olaf yn dweud fod yn rhaid i'r protestiwr dderbyn gwawd a sen y bobl yn ei *wyneb*. Gwneuthum ddefnydd helaeth o'r dechneg hon yn y cerddi mawl.

Uchelgais pob bardd cystadleuol, mae'n debyg, yw ennill naill ai y Goron neu'r Gadair yn y Genedlaethol. Erbyn 1981 yr oeddwn wedi priodi â Maureen Lewis o bentre Hermon (athrawes yn yr ysgol leol) ac wedi symud i fyw i bentre Maenclochog. Yr oedd testun y Goron yn Eisteddfod Genedlaethol Abertawe, 1982, 'Dilyniant o gerddi: Y Rhod', yn apelio ataf. Seiliais y dilyniant ar ddyfyniad o waith y bardd Saesneg Shelley: 'History is a cyclic poem written by time upon the memories of man'. Gwefr fawr oedd ennill yn Abertawe; ac nid oedd yr hyn a ddywedwyd yn y *Western Mail* drannoeth y coroni sef imi gyfansoddi'r cerddi yn ystod pythefnos o eira mawr ym mis Ionor yn gelwydd i gyd ychwaith. Rhod amser yw'r thema. Y mae'r gerdd gyntaf yn delweddu rhod ddŵr Llandudoch (y pentre y bûm yn byw ar ei gyrion am bymtheng mlynedd) i'r broses greadigol. Wedyn rwy'n ymweld â chwech o safleoedd yn Sir Benfro, lleoedd ag iddynt bwysigrwydd yn hanes twf y genedl Gymreig, yn nhrefn amser. Dyma lwybrau'r daith: Foel Drigarn (un o drigfannau'r dyn cyntefig); Tyddewi (un o gysegrleoedd cynnar y Ffydd Gristnogol yn ein gwlad); Castell Penfro (man geni Harri Tudur a rhyw ffurf amrwd ar ddatblygiad cenedlaetholdeb yng Nghymru); Capel Llangloffan (twf Ymneilltuaeth); Efail-wen (Terfysgoedd Beca); a ffarm Pentre Ifan, ar bwys yr hen gromlech, a oedd ar y pryd wedi ei meddiannu gan gymuned o hipis, – sefyllfa oedd yn rhoi'r argraff fod dyn yn ceisio dychwelyd at ffordd y bobl gyntefig o fyw. Mae'r gerdd olaf yn grynodeb lled-athronyddol o'r cerddi eraill, a cherdd sydd hefyd yn dangos mai ynom ni y mae'r egni creadigol sy'n creu hanes.

Ond y mae rhod amser yn rhoi dau dro crwn hefyd o fewn pob cerdd unigol. Dyma'r cynllun: (1) dechrau drwy syllu ar y presennol gweladwy; (2) tywys y darllenydd yn ôl at ryw ddigwyddiad o bwys yn y gorffennol; (3) symud ymlaen i'r presennol unwaith eto gan roi sylw i ryw fygythiad cyfoes sy'n berthnasol i'r hanes; (4) ymdeimlo â phwêr y gorffennol sydd o hyd yn ysbrydoliaeth i'n cynnal. Ystyriwn y gerdd 'Llangloffan' fel un enghraifft. Seiliwyd hi ar y llun adnabyddus o William Morgan, cyfieithydd y Beibl Cymraeg, ac mae'r gerdd yn dechrau drwy sylwi ar y presennol gweladwy:

> Defosiynol yw dy drem ar fur y festri,
> y carcharor mewn ffrâm o aur,
> a'th lygaid tanbaid yn treiddio i'n cydwybod.

Symudwn yn ôl wedyn i gyfnod cyfieithu'r Beibl yn 1588:

> Tybed
> a fu dewin y gwynt yn cyrlio dy locsyn
> wrth iti gamu o labordy'r Gair
> i nithio'r Duwdod yn dy bulpud tlawd
> ar fore Sul;
> a mwytho'r defaid strae yn Llanrhaedr-ym-mochnant?

Tafarn cyfagos lle

> mae'r lleidr unfraich yn pocedu'r cyflogau

yw'r bygythiad cyfoes yn Llangloffan. (Cyfeiriad sydd yma at y peiriant gamblo a elwir yn *one arm bandit* sy'n boblogaidd mewn rhai tafarndai). Y mae'r gerdd yn gorffen â'r llinellau:

> O! daliwn ein cydwybod o flaen dy lygaid,
> y diwygiwr mewn ffrâm o aur.

Nid yn unig y mae'r *carcharor* ar y dechrau wedi troi'n *ddiwygiwr* ar y diwedd ond y mae pwêr y gorffennol hefyd yn ysbrydoliaeth i'n cynnal yn wyneb y bythygion cyfoes. Felly, wrth edrych ar y dilyniant yn ei gyfanrwydd yr hyn sydd gennym yw un rhod fawr a chwe rhod fach y tu mewn iddi yn rhoi dau dro cyfan.

Wedi ennill y Goron unwaith rhaid oedd cynnig am yr ail. Teimlais imi gael hwyl reit dda arni yn Llangefni y flwyddyn ddilynol a gwefr fawr oedd clywed Dr John Gwilym Jones a draddodai'r feirniadaeth yn gosod fy mhryddest 'Clymau' yn ail (yn ei farn ef) mewn cystadleuaeth lle'r oedd naw yn deilwng o'r Goron. Y flwyddyn ddilynol yn Llanbedr Pont

Steffan dyfarnwyd fy mhryddest 'Llygaid' yn ail gan un o'r
beirniaid ac yn drydydd gan y ddau arall. Y flwyddyn wedyn
yn Eisteddfod Y Rhyl gosodwyd fy nilyniant o gerddi
'Glannau' yn y dosbarth cyntaf gan y tri beirniad hefyd. Gan
mai ymorol am ryw statws yn y byd cystadlu yr oeddwn ar y
pryd y mae'n rhaid imi gyfaddef fod cael fy nyfarnu yn
deilwng o'r Goron bedair blynedd yn olynol wedi rhoi mwy o
foddhad imi na'i hennill yn Abertawe. Cefais ryw hyder
newydd i fynd ati i gyfansoddi.

Mae crefft a chynllun yn bwysig imi. Lleolwyd y bryddest
'Llygaid' yn Oriel y Cerfluniau yn Neuadd y Ddinas,
Caerdydd. Y delwau marmor o rai o arwyr hanes Cymru ar
hyd y canrifoedd oedd yr ysbrydoliaeth. Dychmygwn weld eu
llygaid yn syllu ar y Gymru gyfoes ac yn dychwelyd yn y
cnawd i ryw faes priodol o fewn cylch eu diddordebau.
Euthum â Buddug (Boadicea) i gartre gwraig ifanc yng
Nghaerllion oedd yn brwydro dros addysg Gymraeg i'w
phlant ac yn colli'r frwydr; Dewi Sant yn mynd i Gwrdd
Diolchgarwch 'mewn llan anghysbell' lle nad oedd ond rhyw
dri yn bresennol yn yr oedfa; Gerallt Gymro yn troi i fyd
addysg; Dafydd ap Gwilym yn mynd i eisteddfod leol yng
nghefn gwlad Ceredigion i ddarganfod llwgr-wobrwyo yng
nghystadleuaeth y Gadair; Owain Glyndŵr yn gweld un o
brotestiadau Cymdeithas yr Iaith; Williams Pantycelyn yn
dychwelyd i westy Llwyn-gwair ac yn ei gael ei hun ynghanol
cabarét meddwol ar y Sul; a'r Cadfridog Thomas Picton yn
ymweld â chartre mam a gollodd ei mab yn rhyfel y Falklands.

Weithiau, rwy'n teimlo fod rhyw syniadau neu brofiadau yn
corddi y tu mewn imi a bod yn rhaid eu dodi ar bapur. Y mae
testun cystadleuaeth weithiau yn sbardun i fynd i'r afael â'r
ysgogiad. Dyma yn union a ddigwyddodd yn Eisteddfod
Genedlaethol Llanelwedd 1993. 'Llynnoedd' oedd testun y
Goron. Roeddwn i a Maureen wedi mynd i draeth Aber-mawr
un min nos ym mis Medi ac yn syllu ar lynnoedd o ferddwr a
adawyd ar y traeth gan weddillion y llanw. Bûm mewn Cartre
Nyrsio y diwrnod cynt ac roedd y llynnoedd llonydd, digyffro,
yn f'atgoffa am rai o breswylwyr y cartre, pobl dawedog a

diymadferth. Roedd y symbol yn ei gynnig ei hun, ar gyfer y bryddest.

Math o gerdd ymson yw 'Llynnoedd'. Dychmygol yw'r cymeriadau. Rwy'n cerdded o gwmpas y cartre ac yn ymateb i gyflwr ac amgylchiadau pump o'r cleifion. Dyma nhw: (1) dyn oedd wedi ceisio cyflawni hunanladdiad flynyddoedd yn ôl, i ddianc rhag ei ddyledion, ac sydd bellach wedi ei ddofi â chyffuriau. (2) Mewnfudwr o arlunydd, dyn athrylithgar a fu'n byw fel meudwy o fewn ei filltir sgwâr, sydd erbyn hyn yn methu â symud gan arthritis. (3) Gwraig wedi colli ei chof. (4) Gwraig ar fin marw o'r cancr. (5) Hen ffarmwr ffaeledig sy'n ffwndro ar adegau, ac yn meddwl ei fod yn mynd ar daith fugeiliol yn ei hen gynefin. Y mae'n daith sydd weithiau yn troi'n gynhyrfus.

Cerdd drist yw hi, a cherdd galed hefyd, sy'n ymdrin â rhai sefyllfaoedd ac amgylchiadau nad yw pawb eisiau sôn amdanynt nac eisiau meddwl amdanynt ychwaith bob amser. Mae rhan ola'r gerdd yn disgrifio marwolaeth yn nhermau llanw'r môr ar y traeth yn cipio'r llynnoedd i dragwyddoldeb:

> Y llynnoedd di-stŵr.
> Mae'r llanw'n ymbalfalu yn y pellter
> ar gyrion y bae,
> mae'n cydio â'i bawennau yn y creigiau
> wrth lusgo
>   fesul cam
>   dros wely'r swnd
> at geg yr aber.
>
> Heliwr y gwaed llugoer
> yn cludo'i wynder oer ar frig y tonnau
> liw amdo'r arch.
>
> O un i un yr ildiwch i'w ryferthwy
> yn gyrff o weddillion llonydd
> o'ch llercian hir ar forfa'r trai
> i lithro… llithro…
> ac ymgolli
> yn un â thragwyddoldeb y môr mawr.

Cyhoeddwyd *Llynnoedd a Cherddi Eraill* yn 1996. Y mae'r
gyfrol hon yn cynnwys detholiad o gerddi a gyfansoddwyd
dros gyfnod o 30 mlynedd. Bu gennyf ddiddordeb erioed
mewn ymhel â gwahanol fesurau cerdd dafod. Dyma sydd i
gyfrif, efallai, am yr amrywiaeth o ffurfiau a ddefnyddiwyd i
fynegi profiadau, – y delyneg, y soned (traddodiadol ac
arbrofol), trioledau, penillion telyn, tribannau, y faled, *vers
libre* (rhydd a chynganeddol), y traethodl, y cywydd, yr hir-a-
thoddaid, yr englyn, yr emyn, y gân Gristnogol, y bryddest a'r
dilyniant o gerddi.

Ymhlith fy ffefrynnau *i* y mae'r dilyniant 'Glannau'. Taith
ar hyd arfordir Sir Benfro ydyw; ac y mae'n ffaith i mi a
Maureen gerdded pob cam o Lwybr yr Arfordir o Landudoch
yn y gogledd i Amroth yn y de (cyfanswm o 186 o filltiroedd)
dros gyfnod o fisoedd. Mae 'Porth Clais' yn un o'r cerddi
rwy'n falch ohoni. Barddoniaeth y llygad yw dechrau'r gerdd
sy'n disgrifio'r wlad o amgylch Penmaendewi. Ond dyma
sylweddoli'n sydyn mai ym Mhorth Clais y glaniodd y Twrch
Trwyth ar dir a daear Cymru yn chwedl *Culhwch ac Olwen*.
Baedd gwyllt oedd y Twrch ac yr oedd yn rhaid i Gulhwch
ddod o hyd i'r ellyn, y grib a'r gwellaif oedd rhwng ei ddau
glust cyn y medrai briodi Olwen ei gariadferch. Ni fu erioed
greadur mwy peryglus a dinistriol. Fodd bynnag, cafodd
Culhwch gynhorthwy Arthur a'i filwyr i'w hela, a llwyddwyd
i gipio'r trysorau oedd rhwng ei ddeuglust cyn iddo gael ei
glwyfo'n arw a'i yrru i ddifancoll o dan donnau'r môr yn
nhueddau Cernyw. Teimlwn bresenoldeb y Twrch ym
mhobman. Rhaid oedd ail-fyw'r chwedl. Adeg machlud haul
oedd hi. Wrth syllu ar gochni'r machlud yn siglo ar frig y
tonnau yn un stribyn tua'r gorwel y sylweddolais fod yr haul
yn suddo i'r môr yn nhueddau Cernyw lle diflannodd y Twrch
clwyfedig yn y chwedl:

> Yn ymyl y traeth ym Mhorth Mawr
> mae'r gwaed o hyd yn byrlymu o'i glwyf
> yn rhimyn tonnau'r machlud,
> ac eco ei gynddaredd ar eu gweflau glafoerwyn,

fel petai'r gwrachod yn berwi'r ewyn yng nghrochan y
  creigiau
i alw'r baedd yn ôl o ebargofiant.

Dyma'r adeg yr oedd awyrennau o faes awyr Breudeth yn
chwyrnellu o gwmpas y lle ar eu teithiau ymarfer. Y gallu
dinistriol y mae'r Twrch yn symbol ohono yn dal yn y tir:

Onid ei berchyll ef
sy'n chwarae yn feunyddiol o amgylch y glannau hyn,
yn rhochian o'u gwâl filitaraidd,
yn hollti'r awyr ar eu cyrchoedd trwynfain
dros drum Clegyrfwya
a'u harswyd yn dirgrynu yn ein nerfau?

Ond wrth ei throi hi'n ôl tua'r car i ddychwelyd adre dyma
gyfarfod criw o ferlotwyr yn tuthian ar y ffordd fawr. Ni allwn
beidio â dychmygu mai rhai o farchogion Arthur yn
dychwelyd o'r helfa ar ôl trechu'r baedd gwyllt oeddynt:

ac atsain y fuddugoliaeth dan garnau eu meirch
yn wreichion o gof ein chwedloniaeth.

Ond dyma sylweddoli'n sydyn hefyd fod arfau rhyfel yn
rhywbeth y gellir eu gwaredu os dymunir. (A diolch i'r drefn
y mae Gorsaf y Llu Awyr yn Mreudeth *wedi* cau erbyn hyn).
Ond beth am yr ysfa ddinistriol sy'n gynhenid mewn dyn? –

Ar lan y môr ym Mhorth Melgan
fe fedrwn gyfnewid y gwellaif am sgrech awyrennau,
a'r ellyn am arfau *cruise*
ond O! na fedrem daflu i goludd y tonnau
y twrch sy'n trybaeddu ynom.

Dyna ddigon o draethu ar fy ngwaith fy hun. Ymhlith fy
ffefrynnau i yn *Llynnoedd a Cherddi Eraill* y mae'r soned 'Sir
Benfro'; y gerdd ar fesur traethodl i 'Tom' (y ceffyl gwedd); a'r
delyneg syml 'Foel Cwm Cerwyn'. Mynyddoedd y Preseli a
thir a daear y tyddynnod a'r pentrefi o'u hamgylch yw'r filltir
sgwâr o hyd. Rwy'n hoff iawn o gerdded y mynyddoedd a
theimlo'r awel yn goglais fy wyneb. Y mae'n iechyd i'r

meddwl. Rwy'n gyfarwydd hefyd â phob carn a chlogwyn o
lethrau grugog y Frenni Fach am y ffin â Sir Gaerfyrddin hyd
at gopa creigiog Carningli uwchlaw bwrdeistref Trefdraeth.
Profiad personol iawn, felly, sydd y tu ôl i'r englyn
'Mynyddoedd y Preseli':

>   Piau eu hedd? Bro'r copâu – a eilw'r
>   Galon o'i doluriau;
>   Hyd y fawnog dof innau,
>   Yma mae balm i'n bywhau.

Ni fedraf beidio â chofio ychwaith am safiad yr heddychwyr
i ddiogelu eu treftadaeth ar ddiwedd yr Ail Ryfel Byd. Yr oedd
y Swyddfa Ryfel wedi bwriadu meddiannu 16,000 o erwau'r
Preseli yn faes tanio i'r Fyddin. Y mae gennyf frith gof am fy
nhad a oedd yn aelod o'r Pwyllgor Amddiffyn yn mynd o
gwmpas ffermdai'r ardal â bocs tun yn ei law i gasglu arian i
dalu bargyfreithiwr i amddiffyn y fro. Ni fedraf anghofio
ychwaith y wên orfoleddus ar ei wyneb rai misoedd yn
ddiweddarach wrth fynd â'r un bocs tun o gwmpas yr un
cartrefi i fynd â'r arian yn ôl i'r bobl. Nid oedd eu hangen
mwyach oherwydd yr oedd y Swyddfa Ryfel wedi ildio i'r
gwrthwynebiad lleol. Heddiw, wrth edrych ar draws y tirwedd
a gweld cannoedd o ddefaid yn pori mewn heddwch ar y tir
diffaith rwy'n meddwl yn aml am frwydr galed a digyfaddawd
yr heddychwyr i fynd â'r maen i'r wal. Dyma'r ysgogiad y tu
ôl i'r englyn 'Buddugoliaeth y Preseli':

>   Hen gaer y bryniau gerwin – a heriodd
>   Fwlturiaid yr heldrin;
>   Caer o hedd yw'r llethrau crin,
>   Hi faeddodd rym Y Fyddin.

Llyfryddiaeth

Eirwyn George a T. R. Jones, *O'r Moelwyn i'r Preselau*, 1975.
Eirwyn George (gol.),*Blodeugerdd y Preselau*, Cyhoeddiadau Barddas, 1995.
Eirwyn George, *Llynnoedd a Cherddi Eraill*, Gwasg Gwynedd, 1996.

HEFIN WYN
(1950 –   )

Gŵr cadarn yr olwg ac argyhoeddiad yn ei lais yw Hefin Wyn. Gŵr pwyllog ymhob tywydd sydd bob amser yn dewis a dethol ei eiriau yn ofalus, boed hynny mewn sgwrs gyfeillgar neu mewn cyfweliad ffurfiol ar y cyfryngau. Daeth ei wyneb a'i lais yn gyfarwydd i wylwyr y teledu a gwrandawyr y set radio drwy Gymru benbaladr. Maged ef ym mhentre bach y Glog ar lan afon Taf yn unig blentyn y Parchedig A. Lloyd Harries a'i briod Esther Mary. Brodor o Fwlchnewydd, Sir Gâr, oedd ei dad, a'i fam yn hanu o'r un ardal – y ddau ohonynt wedi eu magu yn blant ffarm. Mae'n werth nodi fod Gwilym Williams y bardd o Dre-lech a laddwyd yn y Rhyfel Byd Cyntaf, ac awdur y gyfrol o farddoniaeth *Dan yr Helyg*, yn ewythr i'w fam.

Addysgwyd Hefin yn Ysgol Gynradd Hermon; Ysgol Uwchradd y Preseli, Crymych; a Choleg Prifysgol Cymru,

Aberystwyth. Wedi cymryd gradd anrhydedd yn y Gymraeg a dilyn cwrs Ymarfer Dysgu bu'n athro Cymraeg yn Ysgol Uwchradd Llanedeyrn yng Nghaerdydd. Ond ffeiriodd yr ystafell ddosbarth yn fuan am ddesg y newyddiadurwr. Bu'n ohebydd ar staff *Y Cymro* am wyth mlynedd gan weithio yng Nghroesoswallt ar y dechrau a symud i Gaerdydd yn ddiweddarach. Yn fuan wedi iddo ddychwelyd i'r brifddinas troes ei fryd tua'r cyfryngau gan weithio i'r BBC a HTV ar ei liwt ei hun. Gohebydd newyddion yw ei ddyletswyddau ar hyn o bryd. Yn 1989 dychwelodd i Sir Benfro i ymgartrefu yn ymyl cronfa ddŵr Llys-y-frân. Yno y ganed iddo ef a'i briod Gwenno (merch Geraint ac Eirlys Davies, Trefdraeth, ac athrawes ysgol uwchradd wrth ei galwedigaeth) dri o blant – Rhydian, Osian ac Eurgain. Yn 1999 symudodd y teulu ryw filltir a hanner i lawr y ffordd i fyw ar gyrion pentre bach Y Mot. Mae Hefin yn ŵr prysur dros ben ac ar ôl iddo ddychwelyd i Sir Benfro bu'n olygydd *Clebran*, papur bro'r Preseli, am saith mlynedd.

Y mae Hefin yn gwbl bendant ei farn fod y capel wedi bod yn ddylanwad trwm yn ei ddyddiau cynnar. Gweinidog eglwysi Annibynnol Brynmyrnach a Llwyn-yr-hwrdd oedd ei dad (am dros 30 mlynedd) ac mae Hefin yn gwbl sicr fod mynychu'r gwasanaethau deirgwaith ar y Sul wedi bod yn fodd iddo ymgyfarwyddo ag iaith goeth a meithrin geirfa sylweddol. Roedd 'inc yn ei waed' yn ifanc hefyd. Pan oedd yn ddisgybl yn Ysgol y Preseli fe enillodd fwy nag unwaith ar gyfansoddi traethawd yn y gystadleuaeth flynyddol a drefnwyd gan y *Western Mail*. Yn ystod ei gyfnod fel myfyriwr bu'n olygydd *Llais y Lli*, papur newydd Cymraeg Coleg y Brifysgol, Aberystwyth; a hefyd yn olygydd *Y Ddraig*, cylchgrawn llenyddol y myfyrwyr. Ef hefyd oedd golygydd *Curiad*, y cylchgrawn 'poblogaidd' ei gynnwys, a'i apêl yn fwyaf arbennig at y to ifanc, a ymddangosodd am y tro cyntaf ym mis Awst 1978.

Nid yw'n syndod yn y byd i Hefin Wyn fynd ati i ysgrifennu'r gyfrol *Doedd Neb yn Becso Dam* a gyhoeddwyd yn 1977. Yr oedd sêl ac eiddgarwch yr ifanc yn apelio ato, ac ef

hefyd oedd gohebydd adloniant *Y Cymro* ar y pryd. Cyfrol yw
hi yn bwrw golwg ar y grŵp pop Edward H. Dafis.
Ymddangosodd y grŵp ar lwyfan am y tro cyntaf ym
Mhafiliwn Corwen adeg Eisteddfod Genedlaethol Dyffryn
Clwyd 1973 a rhoi'r ffidil (neu'r gitâr â bod yn gywir) yn y to
yn yr un neuadd ym mis Medi 1976. Bedyddiwyd y grŵp yn
Edward H. Dafis ar ôl enw (neu ffugenw) colofnydd pop *Y
Faner*; a'i fwriad yn ôl y sylfaenwyr, Hefin Elis a Dewi Pws
Morris, oedd 'cynnig gwell dawnsfeydd Cymraeg nag a fu
erioed o'r blaen'.

Hanes ffurfio'r grŵp a brwdfrydedd ei ddilynwyr, hanes
cyhoeddi pump o recordiau, hanes yr afiaith a'r diflastod a
brofwyd mewn dawnsfeydd ac, wrth gwrs, hanes yr aelodau eu
hunain, yw cynnwys y gyfrol. Daw'r teitl o enw'r record hir a
gyhoeddwyd gan y grŵp ar gyfer Eisteddfod Genedlaethol
Aberteifi 1976, – record y gwerthwyd 1,635 o gopïau ohoni
mewn pedwar mis! Eto i gyd, prif gyfraniad y grŵp Edward
H. Dafis yn ôl Hefin Wyn oedd creu canu pop cwbl Gymraeg
a gwahanol ar y naw i'r canu pop Saesneg ac Americanaidd.
Maentumiai Hefin hefyd nad yw ef ei hun yn gerddor o
unrhyw fath! Ei ymateb i'r bwrlwm cymdeithasol a barodd
iddo fynd ati i ysgrifennu'r gyfrol, ac yr oedd cyflwyno hanes
grŵp pop hefyd yn rhywbeth hollol newydd yn y Gymraeg.

Dilynwyd *Doedd Neb yn Becso Dam* gan ei nofel *Bodio*; a
dywed ef ei hun eto mai rhoi sylw i fwrlwm afiaith yr ifanc
oedd y cymhelliad y tu ôl i'w chyfansoddi. Dyfarnwyd £50 o'r
wobr iddi gan Marion Eames yng nghystadleuaeth y nofel yn
Eisteddfod Genedlaethol Wrecsam 1977. Y mae Hefin Wyn ar
flaen ei draed yn pwysleisio dylanwad y nofel *On The Road*,
Jack Kerouac, ar ei nofel ef. Ond syndod mawr iddo oedd
gweld un adolygydd yn *Y Faner* yn ei gyhuddo o lên-ladrad
darnau o'r nofel honno. Siom iddo hefyd oedd darganfod fod
yr adolygydd hwnnw wedi methu â sylweddoli fod y
cyfeiriadau at *On The Road* ac arwyr nofelau Kerouac yn gwbl
fwriadol. Bu hyn yn achos i Hefin golli ffydd yn y sefydliad
llenyddol Cymreig dros dro o leiaf.

Profiadau Dewi Hopcyn, llanc ifanc a faged ar ffarm yn fab

i flaenor capel, wedi iddo fynd i Gaerdydd i fod yn athro ysgol yw byrdwn y nofel. Y mae ei fwriad yn bendant, – 'er mwyn y merched a'r rhialtwch y deuthum i'r ddinas'. Hanes sydd yma am fachgen deallus yn cicio yn erbyn y tresi, yn ymhyfrydu ac yn ymgolli ym mwrlwm afieithus y bobl ifanc yng Nghaerdydd, ac yn ei gael ei hun ar drugaredd llifeiriant bywyd y ddinas hefyd. Mae'n tywys y darllenydd i'r tafarndai a'r clybiau ac yn cael hwyl (a loes) wrth fercheta'n ddigywilydd. Mae Dewi yn dyheu am fyw bywyd yn ei anterth ac yn mwynhau ei benrhyddid liw nos. Tybed? Mae yna ddiflastod ac undonedd yn y ddinas hefyd. Ac, yn ei synfyfyrion digyswllt, y mae Dewi'n ffoi yn aml i flasu hamddenoldeb a 'bywyd gwell' y wlad yn ardal ei fagwraeth. Mae ganddo un droed yn drwm ar balmant y ddinas a'r llall yn ddwfn ym mhridd y meysydd a'r rhostir.

Weithiau y mae'r nofel yn ymdrin ag amgylchiadau a sefyllfaoedd 'amharchus' sy'n peri i ddarllenwyr sydêt, mae'n siŵr, grychu eu haeliau. Mae'n bosibl fod yr iaith hefyd mewn mannau heb fod yn dderbyniol i'r saint. Ond ni ellir amau'r gonestrwydd sy'n mynd drwy feddwl Dewi ar adegau nac ychwaith y siarad plaen sy'n nodweddu rhai o'r disgrifiadau. Mae'r awdur yn feistr ar ddefnyddio llif yr ymwybod. Yn wir, teimlir weithau fod yma ormod o synfyfyrio a hel meddyliau nes peri i'r darllenydd ddyheu am blot neu stori gyhyrog i gynnal ei ddiddordeb a'i chwilfrydedd. Ond mae'n deg dweud, efallai, mai math o ddatganiad cymdeithasol yw *Bodio* yn ei hanfod. Yr hyn sydd yma mewn gwirionedd yw ymateb llanc synhwyrus i'r Gymru sydd ohoni gyda chanolbwynt y digwyddiadau yn ninas Caerdydd. Mae Dewi'n aelod o Gymdeithas yr Iaith ac mae rhannau o'r nofel, a dan yr wyneb, yn feirniadaeth ddeifiol ar Gymreictod y Brifddinas. Mae agwedd elyniaethus plant yr ysgol tuag at ddysgu Cymraeg fel pwnc; ac ymateb anffafriol rhai o'r athrawon ynglŷn â chynnal Eisteddfod Gŵyl Ddewi yn yr ysgol, yn enghraifft deg o ddiffyg parch a diffyg dealltwriaeth. Y mae'r ddadl ffyrnig rhwng Dewi ac Iestyn yn fflat Morwen, un o'i gariadon, ynglŷn â beth yw 'Cymro' hefyd yn ddadl gyffredin ymhob cwr o Gymru.

Ond nid yw bywyd y wlad yn ddifrycheulyd ychwaith. Cawn olwg ar gulni Piwritaniaeth rhai o'r capeli gwledig. Mae Morwen, merch y Mans, wedi ei llethu gan orchmynion 'Paid... paid...' ei rhieni; ac y mae hyd yn oed mynd â'r hwch at y baedd ar y Sul yn bechod ym marn rhai o selogion y sêt fawr. Brithir y gyfrol hefyd â sylwadau lled-ddychanol a hiwmor crafog. Mae Dewi wrth iro'i lwnc ynghanol rhialtwch tŷ tafarn yn dweud wrth ei gariad, 'Mae canu emynau yn waith sychedig,' a chyfeirir at y bobl anhysbys a fu'n peintio sloganau anweddus ar wal y stryd liw nos fel 'artistiaid y gwyll'. Nid oes pall ar y sylwadau cellweirus. Y mae'r awdur (neu Dewi yn y nofel) byth a hefyd yn cyferbynnu bywyd y wlad a bywyd y dref. Lle dymunol yw'r wlad gan amlaf – y gwanwyn yn blaguro a'r gwartheg a'r defaid yn pori'n hamddenol ar y caeau – o'i chymharu â bywyd aflan ac aflednais y ddinas.

Daw'r gwladwr i'r amlwg hefyd yn ei gymariaethau cynnil. Wrth synfyfyrio yn y ddinas dywed Dewi fod 'yr atgofion yn llifo fel cawodydd o dywysennau ŷd o wddwg sach'. 'Igamogamu fel llysywen' a wna Gareth Edwards ar y cae rygbi; a 'diflannu i'w tyllau o gartrefi fel cwningod i ymddangos eto gyda'r hwyr' a wna ieuenctid Caerdydd. Cymhariaeth drawiadol hefyd yw dweud fod gwesty moethus El Garcos 'yn gynnes fel bing beudy llawn gwartheg'. Y mae cyffelybiaethau o fywyd cefn gwlad yn frith drwy'r nofel.

Un o ragoriaethau pennaf *Bodio* yw dawn yr awdur i greu awyrgylch. Mae'r ddyfais trem-yn ôl (*flashback*) hefyd yn rhywbeth sy'n digwydd yn gyson yng nghwrs y nofel. Cyfoethogir yr ymson a'r disgrifio yn aml gan sylwadau ac ymadroddion athronyddol. Dyma'r athronydd yn ei elfen:

> Doedd bod ar eich pen eich hun yn y pentref ddim yn gyfystyr ag unigrwydd. Cyflwr o lonyddwch oedd. Ond yma yn y ddinas, unigrwydd yw bod ar eich pen eich hun.

Yn aml iawn hefyd mae'n llwyddo i grynhoi sefyllfa mewn un frawddeg gofiadwy. Nofel yn dangos addewid am lenor aeddfed yw *Bodio*.

Seiliwyd y nofel *Bowen a'i Bartner* ar sgript pennod ola'r gyfres deledu o'r un enw gan Siôn Eirian. Aeth Hefin Wyn ati i roi cnawd am yr esgyrn fel petai a throi hynt a helynt cymeriadau'r sgrîn yn ddeunydd darllen. Rwy'n cofio Nansi Rees fy hen athrawes Saesneg yn Ysgol Uwchradd Arberth ers talwm yn dweud nad da o beth oedd darllen nofel a gweld ffilm ohoni wedyn. Yn ôl Miss Rees mae pawb yn dychmygu gweld y cymeriadau a'r sefyllfaoedd wrth ddarllen nofel neu stori. Ac, os nad yw'r cymeriadau yn y ffilm yr un fath â'r cymeriadau sydd eisoes yn y dychymyg, y mae'n bosibl i'r gwyliwr gael ei siomi'n arw. Mae'n rhaid imi gyfaddef i hyn ddigwydd i mi wrth wylio cyfres o storïau byrion o waith gwahanol awduron wedi eu haddasu ar gyfer y teledu ar ddechrau'r saithdegau. Yr oedd dehongliad yr addasydd o un o storïau D. J. Williams ac un o storïau Kate Roberts yn gwbl wahanol i'm dehongliad i! Fel arall y mae hi gyda *Bowen a'r Bartner*. Y nofel sy'n dilyn y rhaglen deledu. Yr oedd hyn hefyd yn rhywbeth newydd yn y Gymraeg. Ni welais y gyfres deledu ac nid oes gennyf syniad faint o gnawd a roes Hefin Wyn am y sgerbwd wrth ei hymhelaethu ar ffurf nofel.

Hanes Cledwyn Gurney wedi ei wisgo fel Siôn Corn yn herwgipio merch saith oed o siop Caldwells ynghanol dinas Caerdydd yw cnewyllyn y nofel. Y mae'r stori'n cael ei hadrodd yn feistrolgar a sawl is-blot yn cydredeg drwy'r cyfanwaith i gyrraedd yr uchafbwynt o ddal y ffoadur wedi iddo garcharu'r ditectif a'i gadw ar wystl mewn bwthyn yn y wlad. Teimlaf, rywsut, mai stori *am* dditectif ac nid 'stori dditectif' sydd yma yn bennaf. Y mae'r cymeriadau i gyd yn gredadwy er bod y diweddglo, efallai, yn tueddu i fod yn 'rhy hawdd'. Mae'r nofel yn darllen yn rhwydd – brawddegau ystwyth ac arddull fywiog a di-lol. Llwyddodd yr awdur hefyd i ddal diddordeb y darllenydd drwy gydol y daith yn ogystal â chreu tensiwn a chwilfrydedd mewn mannau. Mae'n wir nad oes rhyw wirioneddau mawr yn cael eu datgelu am y natur ddynol na pheth wmbredd o ddeunydd i gnoi cil arno yn *Bowen a'i Bartner*. Nofel i'w darllen a'i mwynhau ydyw.

Ymweliad â Bolifia yn Ne America i baratoi deunydd ar gyfer 'Y Byd ar Bedwar' ar S4C oedd y sbardun y tu ôl i'r llyfr taith *Lle Mynno'r Gwynt*. Anfonwyd 'hanes y daith' yn Bolifia ynghyd â hanes taith arall yn ardal y Preseli i gystadleuaeth Y Fedal Ryddiaith yn Eisteddfod Genedlaethol Bro Delyn 1991. Dywed Prys Morgan, un o'r tri beirniad, yn ei feirniadaeth swyddogol yn y *Cyfansoddiadau*: 'Mae'r darn ar Folifia yn wych a phe bai wedi ehangu ychydig ar y darn hwnnw, gan hepgor y Preseli, byddai'n agos iawn at frig y gystadleuaeth (onid ar y brig).' Angharad Tomos a gipiodd y dorch am ei nofel *Si Hei Lwli*.

Mae *Lle Mynno'r Gwynt* yn llyfr taith hynod o ddiddorol a darllenadwy. Wrth grwydro tiriogaeth a oedd yn gwbl ddieithr iddo mae'r awdur yn cael ei synnu dro ar ôl tro gan yr hyn a welsai ac a glywsai mewn gwahanol ardaloedd. Prif arbenigrwydd y gyfrol yw iddo lwyddo i gyfleu'r syndod a'r rhyfeddod hwn ym meddwl a dychymyg y darllenydd.

Y mae ganddo lygad i sylwi'n fanwl ar fân-bethau ac y mae'r ffaith iddo gael tywysydd siaradus yn ychwanegu at stôr ei wybodaeth am y bobl a'u ffordd o fyw. Y mae'r ffeithiau hanesyddol weithiau yn syfrdanol. Dyma un enghraifft:

> Mae cyfartaledd o ddau blentyn yn cael eu lladd bob dydd ar strydoedd Sao Paulo heb fod neb yn hidio am hynny, a heb fod neb yn cael ei ddwyn i gyfrif am eu llofruddio.

Yn wir, fe fyddai'r ddihareb 'Digon i'r diwrnod ei ddrwg ei hun' yn arwyddair priodol i ddiffinio ffilosoffi arwynebol trigolion y parthau hyn. Nid ydynt yn poeni am yfory nac yn gofidio am yr hyn a ddigwyddodd ddoe. Bywyd gorhamddenol yw eu bywyd hwy gan amlaf, ac nid yw'r athrawon hyd yn oed yn siŵr o droi i fyny yn yr ysgolion i ddysgu'r plant! Y mae yn y gyfrol lawer o ddeunydd i'r sawl sy'n ymddiddori mewn hanes a chymdeithaseg i gnoi cil arno. Rhoddir sylw i'r fasnach gocên (anghyfreithlon wrth gwrs);

ansefydlogrwydd gwleidyddol y wlad (yn y 70au cafwyd chwe
arlywydd o fewn deuddydd); y puteiniaid yn chwarae'r ffon
ddwybig yn y clybiau nos; ac arferion a thraddodiadau o bob
math.

Y mae'r awdur yn feistr ar lunio brawddegau cytbwys ac
ymadroddion cyfochrog a hefyd ar gyflwyno enwau a
syniadau yn barau sy'n ein hatgoffa weithiau am arddull
ysgrifau Owen M. Edwards. Dyma un darn byr i brofi'r
gosodiad (fi biau'r italeiddio):

> Esboniodd fod y mynydd dros y canrifoedd wedi
> profi'n *gysur* ac yn *rhyferthwy*, yn *falm* ac yn *fwgan* i'r
> campesinos. Ei *sefydlogrwydd* oedd eu *hiachawdwriaeth*
> a'i *gynddaredd* oedd eu *hunllef*.

Nid y lleiaf o nodweddion ei arddull ychwaith yw ei allu i
ddisgrifio'n fanwl heb ddweud gormod.

Ni ellir amau nad yw'r awdur wedi llwyddo i ddod i
adnabod y wlad a'i thrigolion yn dda ar ei ymweliad. Mae'n
dadansoddi, ac yn cydymdeimlo hefyd, â ffordd y bobl o fyw
mewn amgylchiadau cyfyng ac amheus. Nid ymwelydd yn
crwydro o fan i fan i fwynhau (neu guchio ar) y golygfeydd
sydd yma, ond llenor sensitif yn ymateb i guriad calon y darn
hwn o Dde America. Llwyddodd i roi inni gipolwg ar
bersonoliaeth a chymeriad un o wledydd y Trydydd Byd.

Llyfr taith o gwmpas Canada yw *Pwy Biau'r Ddeilen?*
Cyfuniad o waith (swyddogol) a gwyliau oedd y cymhelliad y
tu ôl i'r ymweliad. Bu ymateb ffafriol yr adolygwyr i'r gyfrol
Lle Mynno'r Gwynt hefyd yn hwb i Hefin Wyn fynd ati i
gofnodi ei brofiadau mewn gwlad wahanol i Bolifia mewn
sawl ystyr. Cythruddwyd ef i raddau hefyd pan ddywedodd un
o'i gyfeillion wrtho ei fod wedi cael blas ar ei bamffledyn *Lle
Mynno'r Gwynt*! (Mae'r gyfrol honno, gyda llaw, yn 82 o
ddudalennau). Y tro hwn fe benderfynodd Hefin, a defnyddio
ei eiriau ef ei hun 'ysgrifennu llyfr taith mwy sylweddol o ran
ei faint', wrth fynd i'r afael â *Pwy Biau'r Ddeilen?*

Tywys y darllenydd o ddinas i ddinas yng nghwmni cyd-
newyddiadurwr o Ganada yw patrwm y daith. Yn dilyn

teithiau mewn car a theithiau mewn awyren y mae'r awdur yn
llwyddo i gasglu llawer o wybodaeth yn ymwneud â hanes a
thraddodiadau'r wlad. Wrth holi barn hwn a'r llall y mae'n
llwyddo hefyd i ddehongli'r hanes a bwrw ei linyn mesur ar
arferion y bobl a'u ffordd o fyw. Dadlennir inni lawer o
fanylion cyfoes yn ymwneud â'r trigolion ac, yn naturiol
ddigon, y mae Hefin wrth ei fodd yn dod o hyd i rai o'r Cymry
Alltud sydd wedi ymgartrefu y tu draw i Fôr Iwerydd.

Ond, ac y mae'n ond go bwysig, yn hynt a helynt y
Brodorion Cyntaf – yr Indiaid Cochion – y mae prif
ddiddordeb yr awdur. Fel Cymro Cymraeg y mae'n
ymwybodol o fodolaeth a pharhad yr hil leiafrifol sy'n mynnu
cadw ei hawliau mewn amgylchiadau anodd a chyfyng. Gwlad
ieuanc yw Canada ym marn rhai pobl a'i phoblogaeth yn 27 o
filiynau o drigolion cymysg o ran tras, iaith a thraddodiadau.
Y syniad o fabwysiadu'r fasarnen fach fel arwyddlun o
genedligrwydd 'y wlad newydd' yw byrdwn y gyfrol. Dyma
arwyddocâd ei theitl. Ond gofyn yn ddwys a wna'r awdur gan
bwy y mae'r hawl i'w galw eu hunain yn frodorion y wlad.
Onid oedd yr Indiaid Cochion yno ganrifoedd cyn i'r dyn
gwyn gymryd at yr awenau? Y maent yn dal i frwydro o hyd i
gadw eu hunaniaeth, eu tir a'u defodau.

Un o ddarganfyddiadau mwyaf diddorol Hefin Wyn yng
Nghanada oedd dod o hyd i hanes y Parchedig Peter Jones
(Kahkewaquonaby), yr Indiad o dras Gymreig. Datblygodd i
fod yn un o bregethwyr (a chenhadwr) mwyaf egnïol y
Methodistiaid a disgrifiwyd ef fel gŵr a fu'n bont rhwng
diwylliant yr Indiad a diwylliant y dyn gwyn. Ond siom fawr
i Hefin (a'r darllenydd) oedd methu â dod o hyd i unrhyw
wybodaeth am ei wreiddiau teuluol yng Nghymru.

Penllanw'r daith, efallai, oedd ymweliad yr awdur â mangre
Brwydr Oka yn 1990. Yr oedd yr awdurdodau wedi
penderfynu gosod tarmac ar draws mynwent gladdu'r
Mohawk i fod yn faes parcio i'r clwb golff. Bu gwrthdaro
ffyrnig. Dywed un o'r trigolion: 'Dyw rheolau a deddfau'r
cyngor lleol ddim yn berthnasol i dir cysygredig y Mohawk'.
Doedd ganddynt ddim dewis ond rhwystro aelodau'r clwb

golff rhag meddiannu'r fynwent drwy osod eu cyrff yn llythrennol ar y darn tir. Amddiffyn oeddent ac nid ymosod. Y canlyniad fu ymosodiad arfog gan bedair mil (ie, 4000) o filwyr y wladwriaeth i geisio symud deugain (40) o Ryfelwyr Mohawk o'u cuddfannau. Ond dal eu tir a wnaeth y brodorion a bu'n rhaid i'r awdurdodau roi'r gorau i'w bwriad.

Y mae Hefin Wyn yn gweld arwyddocâd Brwydr Oka yn gyfystyr â 'Penyberth' yng Nghymru. Wrth deithio o fan i fan ni ellir peidio â theimlo ei fod, dro ar ôl tro, yn uniaethu sefyllfa'r Indiaid yng Nghanada ag amgylchiadau'r Cymry yn eu gwlad eu hunain. Onid yw'r Cymry'n medru deall eu tristwch, eu hanfodlonrwydd – a'u llawenydd hefyd. Cyfrol yn ymwneud â hunaniaeth cenedl, a llef dros y lleiafrifoedd, yw *Pwy Biau'r Ddeilen?* Dylid nodi hefyd fod yr awdur, yn ei gyfweliadau cytbwys â'r trigolion, wedi llwyddo i ddangos llawer o'r cymhlethdodau gwleidyddol a chymdeithasol sy'n dal i fodoli yn y 'wlad newydd'.

Mae'n amlwg fod tafodiaith ei fro enedigol yn apelio'n fawr at Hefin Wyn. Fe ysgrifennodd bytiau o hanesion diddorol yn y cyfrolau *Wês Wês*, (a olygwyd gan Gwyn Griffiths a John Phillips) yn bwrw golwg ar rai o gymeriadau brith ardal y Preseli ers talwm. Straeon llafar ysgrifenedig, efallai, yw'r diffiniad cywiraf ohonynt, ac wedi'r cwbl, onid iaith lafar yw pob tafodiaith yn ei hanfod? Y mae blas y dafodiaith yn drwm hefyd ar ei ysgrif 'Tywysydd Taith Ddiddorol' a enillodd iddo Fedal Ryddiaith Eisteddfod Llanbedr Pont Steffan 1997. Portread ydyw o Jac Williams, Pontiago, yn tywys ymwelwyr o gwmpas llecynnau hanesyddol ardal Pen-caer yn ystod blwyddyn daucanmlwyddiant Glaniad y Ffrancod yn Abergwaun.

Paratoi deunydd ar gyfer y Cwrs M.A. mewn Ysgrifennu Creadigol (1997-98) yng Ngholeg y Drindod, Caerfyrddin, a barodd i Hefin Wyn ddechrau barddoni. Pan oedd y teulu ar eu gwyliau yn Llydaw yr aeth ati i ysgrifennu dilyniant o wyth o gerddi *vers libre* dideitl fel 'paratoad' ar gyfer y cwrs. Y teithiwr unwaith eto yn rhoi ei sylwadau ar bapur. Ymateb i agwedd rhai o'r bobl a gyfarfu yn Llydaw i gyflwr y genedl

Lydewig yw'r thema ganolog. Y mae'r rheolwr gwesty di-hid,
y dafarnwraig oedd yn barod i wadu ei threftadaeth er mwyn
uniaethu â diwylliant 'Easy Rider', y gwragedd na theimlent
unrhyw gywilydd o fethu â siarad Llydaweg, a'r gwladgarwyr
ymarferol, yn cael eu lle yn y darlun. Cenedlgarwr o deithiwr
sydd yma eto yn gweld ac yn synhwyro'r tebygrwydd rhwng
Cymru a Llydaw, ac yn dyheu am adferiad y gwerthoedd a
gollwyd gyda threigl amser. Daw'r cenedlgarwr i'r amlwg
hefyd yn y gerdd 'Tŵr Llundain' a ysgrifennwyd fel ymateb i
ganlyniad y Refferendwm ar Ddatganoli yn 1997. Y mae
gweld enw Gruffydd ap Llywelyn (tad y Llyw Olaf, a fu farw
wrth geisio dianc o'r carchar yn Llundain yn 1244) ymhlith y
creiriau yn ei daro fel mellten. Gwêl y bardd y carcharor marw
nid yn unig yn symbol o gaethiwed canrifoedd, ond mae'n
synhwyro ei enaid yn gorfoleddu yn y Tŵr. Ni fu'r ymgyrchu
yn ofer. Bardd optimistaidd yw Hefin Wyn.

Ymhlith ei gerddi mwyaf trawiadol ar gyfer y cwrs M.A. y
mae ei ddarnau hunangofiannol i'w blant ei hun. Onid yw'r
disgrifiad o'r gêm rygbi rhwng Cymru a Lloegr a chwaraewyd
gan y ddau grwt ar lawr y lolfa yn enghraifft deg o ymateb y
'tad doeth' i'r sefyllfa? Cawn olwg mewn rhai o'r cerddi hefyd
ar ddiniweidrwydd a chwilfrydedd y plentyn bach; a'n
cyflwyno i oes fodern y seiber greaduriaid. Cerddi *am* blant ac
nid cerddi *i* blant ydynt, ac mae'n hawdd gweld fod y darnau
hyn yn agos iawn at galon y bardd.

Y mae ei gerddi i gymeriadau yn ddiddorol. Darnau
cyffrous eu rhythmau yw 'Meic' a 'Jarman' yn dadlennu'r
ddeuoliaeth ym mhersonoliaeth dau ganwr pop adnabyddus.
Cerdd goffa i ddau o sêr y tyrfaoedd – Ronnie Williams a
Sonny Bonno – yw 'Ronnie a Sonny'. Bu'r ddau farw yr un
wythnos, y naill yng Nghymru a'r llall yng Nghaliffornia, a'r
ddau ohonynt fel ei gilydd a'u poblogrwydd wedi pylu:

Pydrodd eich cyrff
cyn eu gosod mewn eirch.
Piclwyd eich ymenyddiau
cyn eu dileu.
Diffoddwyd eich canhwyllau
cyn i'r gwêr doddi.

Y mae'r llefaru ar adegau yn gignoeth a di-flewyn-ar-dafod. Ond mae rhyw dynerwch sensitif yn perthyn i'r portread o 'Pendefig Pen-lan', – y ffarmwr diwylliedig a'r capelwr selog o dueddau Dyffryn Tywi. Ie, gwladwr yw Hefin Wyn yn y bôn hefyd heb ddyheu am ddim ond 'am fod yn un â'r dderwen braff' i brofi'r glaw a'r awel yn eu noethni.

Gwladwr o fardd a luniodd y bryddest 'Wele'n Gwawrio' hefyd. Ymffrost y gwahanol fathau o adar ar doriad dydd yn lleisio eu cenadwri yw swm a sylwedd y cyfan. Gwrandewch ar un ohonynt:

Myfi yw'r fronfraith,
gwyliwch fy ffedog frychog.
Cyn i'r haul ddiwel ar y ddôl
dwi'n cynganeddu'r cread.
Clywch fy nodau
yn llathru'r awel,
yn llithro llywethau'r tir,
yn llithro ar hyd y llethrau.
Pwy na saif yn syfrdan stond
o weld lledrith y llwydrew?

Onid oes gan yr adar hwythau eu rhan yn ffurfio prydferthwch y cread a'i gyflwyno o'r newydd bob bore?

Daw amlochredd ei ddawn i'r amlwg yn ei gasgliad o storïau byrion a gyfansoddodd ar gyfer y Cwrs M.A. Y mae rhychwant ei themâu (cyfoes gan amlaf); a'i ddull o gyflwyno ei storïau yn amrywio'n fawr. Oherwydd iddynt gael eu llunio fel rhan o 'gwrs', dyma paham, efallai, y mae rhai ohonynt yn argyhoeddi yn fwy na'r lleill. Diddorol yw sylwadau'r awdur ei hun ynglŷn â natur a phwrpas ei storïau yn y 'Cyflwyniad' i'r cynhaeaf terfynol. Mae'n werth dyfynnu un gosodiad o'i eiddo sy'n dadlennu ei athroniaeth a'i fwriad wrth ymhel â'r ffurf hon o lenydda:

Mae'n rhaid wrth hedyn o brofiad cyn mynd ati i lunio stroi fer gan obeithio cymhwyso'r darlun i gyfleu rhyw wirionedd am y natur ddynol. ...Oherwydd fy nghefndir ceisiaf wneud hynny o safbwynt Cymreig.

Llyfryddiaeth

Hefin Wyn, *Doedd Neb yn Becso Dam*, Cyhoeddiadau Sain, 1977.
Bodio, Gomer, 1979.
Bowen a'i Bartner, Hughes a'i Fab, 1986.
Lle Mynno'r Gwynt, Gomer, 1992.
Pwy Biau'r Ddeilen?, Gomer, 1994.
Casgliad o Gerddi ynghyd â rhai Straeon Byrion (Deunydd a baratowyd ar gyfer y Cwrs M.A. mewn Ysgrifennu Creadigol, Coleg y Drindod, Caerfyrddin, 1998).

WYN OWENS
(1956 –)

Bardd sy'n cymryd ei grefft o ddifri yw Wyn Owens; a
lladmerydd ei filltir sgwâr 'ym mawn Mynachlog-ddu
gyffredin blwy' chwedl W. R. Evans. Ganed ef yn un o
chwech o blant i Benjamin a Glenys Owens; a'i fagu mewn
cymdogaeth a oedd ar y pryd yn un o ardaloedd Cymreicaf
Cymru gyfan. Mynychodd yr ysgol leol ym Mynachlog-ddu ac
Ysgol Uwchradd y Preseli yng Nghrymych. Byd yr arlunydd
oedd ei brif ddiddordeb ac wedi gadael yr ysgol, bu'n fyfyriwr
yng Ngholeg Celf Dyfed, Caerfyrddin; Epsom School of Art
and Design; a'r Academi Frenhinol yn Llundain. Hwyrach
fod llinell gyntaf un o delynegion mwyaf adnabyddus Eifion
Wyn – 'mae'n werth troi'n alltud ambell dro' – yn taro'r
hoelen ar ei phen hefyd wrth sôn am Wyn Owens. Clywais ef
yn dweud droeon iddo brofi rhyw chwithdod anghyffredin
wedi iddo fynd i'r coleg. Yr oedd yr ymdeimlad o gael ei

ddiwreiddio a'i dynnu allan o'r awyrgylch Cymreig wedi gadael rhyw fwlch yn ei hanes. Clywsom am rai beirdd yn cael rhyw allfa i'w hawen wedi gadael cartref ac yn gweld ardal eu magwraeth yn ddim ond rhyw baradwys bell a digyfnewid i diwnio tannau eu hiraeth. Clywsom am eraill, wedi iddynt dreulio y rhan fwyaf o'u hoes 'oddi cartref', yn dychwelyd i fyw i'r hen gynefin ar ôl ymddeol. Ond ysywaeth, nid eu cynefin hwy ydoedd bellach, yr oedd ardal y cof a'r dychymyg wedi newid yn llwyr, a'r profiad o ddychwelyd yn achos siom a dadrithiad. Ond mae hanes Wyn Owens yn wahanol. Wedi iddo ddychwelyd yn ŵr ifanc i fwrw angor yn ei filltir sgwâr fe ddaeth Wyn yn fwy ymwybodol o werthoedd bro ei fagwraeth – ei diwylliant a'i thraddodiadau; a'r dylanwadau anghydnaws sy'n bygwth y dreftadaeth honno hefyd.

Yn 1980 y bu iddo ddechrau ymhel â barddoniaeth. Yr oedd eisoes wedi dysgu rheolau'r gynghanedd o dan gyfarwyddyd John Dennis Jones ei athro Cymraeg yn Ysgol y Preseli fel rhan o faes llafur gwersi'r ysgol. Bu dysgu darnau o farddoniaeth ar y cof (englynion a cherddi Cristnogol gan amlaf) ar gyfer eu hadrodd yn y Cwrdd Plant yng nghapel Bethel Mynachlog-ddu hefyd yn fodd iddo feithrin chwaeth at farddoniaeth yn ifanc iawn. Ond hap a damwain, efallai, fu iddo ddechrau barddoni ei hun. Gosodwyd tasg iddo o ran hwyl gan ei gyfaill Lyn Lewis Dafis (sydd bellach ar staff y Llyfrgell Genedlaethol) i gyfansoddi englyn ar y testun 'Y Gromlech'. Yn wir, fe lwyddodd Wyn i gyfansoddi chwech ar ei gynnig cyntaf! Ymunodd â dosbarth y Prifardd Dic Jones ar Gerdd Dafod yn Ysgol y Preseli yn 1988. Mae'n cyfaddef ei fod yn amheus iawn o'i ddawn brydyddu ar y dechrau. Ond fe ddatblygodd tîm o'r dosbarth i gystadlu yn y gystadleuaeth radio Talwrn y Beirdd; a chafodd Wyn ei hun yn aelod o'r tîm hwnnw. Ond mae'n mynnu fod cymdeithasu â'r beirdd yn bwysicach o lawer iddo na cheisio cwblhau'r tasgau.

Fel un a faged (ac sy'n byw) yn nhawelwch y wlad y mae'n naturiol fod byd y gwladwr yn fyw iawn yn ei farddoniaeth. Y mae nifer o'i destunau yn adlewyrchu'r tirlun a'r gymdogaeth.

Dyma ei bennill cyntaf mewn cyfres o hir-a-thoddeidiau ar y testun 'Heddwch':

Diniwed oeddem, di-hid ein dyddiau,
Heb wendid, heb ofid oedd ein hafau.
Gorwel heulog fu'n ein hannog ninnau,
A di-sigl ydoedd ein disgwyliadau.
Ni welem, ni chlywem amhlau – gri'r brain,
Na'r pry'n filain drwy y pren afalau.

Cyfeirio at yr elfennau annymunol sy'n tarfu ar dawelwch a thangnefedd y gwladwr a wneir yn y ddwy linell olaf. Onid oes rhywbeth sy'n arswydus yng nghri'r brain? Dyma linellau sy'n gyforiog o symbolaeth ac sy'n dangos fod y gwladwr yn ei amlygu ei hun yng ngwaith y bardd nid yn unig yn ei eirfa a'i destunau ond yn ei ddelweddau hefyd. Mae Wyn yn athro'r Gymraeg fel ail iaith mewn dosbarthiadau nos ac yn y soned 'Eironi' mae'n gweld y dysgwyr sy'n mynychu'r gwersi

Fel gwenyn yn synhwyro neithdar mewn gardd gerllaw...

cyn iddynt fynd i'r afael â'r dasg o feistroli'r eirfa a'r cystrawennau yn ôl y galw. Y mae ei farddoniaeth yn frith o gymariaethau o'r fath sy'n deillio o fyd natur.

Ardal Mynachlog-ddu, ei thirwedd a'i thraddodiadau, yw milltir sgwâr Wyn Owens. Ond ysywaeth, fe welodd y mewnlifiad estron yn newid ansawdd a theithi'r gymdeithas oedd mor agos at ei galon. Fe welodd yr ysgol leol yn cau; ffermdai'r gymdogaeth naill ai yn mynd i ddwylo Saeson dŵad neu'n troi'n adfeilion o ganlyniad i'r newid mewn dulliau o amaethu. Yn y gerdd 'Galargan Mynachlog-ddu' a ysgrifennwyd ar ffurf Englynion y Beddau yn *Llyfr Du Caerfyrddin* (a mesur a ddefnyddiwyd gan amryw o feirdd yn ddiweddarach i farwnadu unigolion a chymdeithas) y mae'n bwrw golwg ar dyddynnod a thai annedd yr ardal sydd wedi colli eu cymeriad a'u troi'n llochesau i fewnfudwyr annibynnol sy'n tyrru dros Glawdd Offa:

Piau'r ardd ym Mryncleddau?
Tri o blant yn gwneud eu ffau.
Saeson yn magu gwreiddiau...

Piau'r Llethrau yn un rhes?
Os nad gwag yw eu hanes,
Bob yn fferm daeth Lloegr yn nes...

Cofiwn mai Bryncleddau oedd cartref E. T. Lewis yr
hanesydd lleol a groniclodd hanes gogledd Sir Benfro a
gorllewin Sir Gâr mewn pump o gyfrolau cynhwysfawr. Ef
oedd prifathro Ysgol Mynachlog-ddu am tua 30 mlynedd a
bu'n asgwrn cefn i ddiwylliant yr ardal am gyfnod maith. Y
'Llethrau' yw nifer o ffermydd y plwyf sy'n cynnwys 'Llethr'
yn rhan o enw'r lle, a chartrefi hen ŷd y wlad cyn i lanw'r
mewnfudwyr oresgyn y gymdogaeth. Gwelodd Wyn Owens y
gymdeithas gydweithredol y sonia Waldo Williams amdani yn
ei gerdd enwog 'Preseli' -'Hon oedd fy ffenestr, y cynaeafu a'r
cneifio.' – yn ymddatod ac yn diflannu o'r tir. Y mae ei
delyneg 'Bro' yn werth i'w dyfynnu'n llawn oherwydd y mae'n
ddrych o'r hyn a ddigwyddodd yn ardal Mynachlog-ddu yn
ystod y degawd diwethaf:

Beth sydd ar ôl i'w ddweud.
Pan fo'r gwynt dros erwau'r rhos
Mor fain â iaith y chwarae
Ar yr iard?

Pa fodd y canfyddwn eto o dan y cegid
Alaw yr afon hithau,
Tra bo grŵn y llanw'n corddi
Tros ein mynd a'n dod?

Beth sydd ar ôl i'w wneud,
Ond mwmial ein rhwystredigaeth,
I'w chwalu'n ddarnau gan y gwynt
Uwch erwau'r rhos?

Yno, lle mae blodau'r eithin
Yn eu miloedd
Eleni mor felyn ag erioed.

Ac yno lle pawr y ddafad mor ddi-hid
O'r cyfarth ym mharthau'r
'Bluestone View'.

Mae'n werth sylwi ar ei gelfyddyd gynnil hefyd – y gwynt yn
fain 'fel iaith y chwarae ar yr iard' sy'n awgrymu fod yr iaith
estron wedi diorseddu'r iaith frodorol i raddau helaeth
ymhlith y to ifanc. Eto i gyd, mae blodau'r eithin yn dal i
flodeuo ar y llethrau ac yn aros yn ddigyfnewid drwy'r
oesoedd. Arwyddocaol hefyd yw'r enw 'Bluestone View' (y
garreg las hanesyddol ar Garn Meini) sy'n dangos fod enwau
Saesneg ffansïol yn disodli'r hen enwau Cymraeg ar lethrau'r
Preseli. Mae'r tirlun yn aros yr un fath, a'r gymdeithas yn
dieithrio ac yn newid ei chymeriad.

Ond nid yw'r bardd ei hun yn barod i dderbyn yr
estroneiddio. Yn ei gywydd 'Y Filltir Sgwâr', y cywydd a
enillodd iddo'r wobr gyntaf yn Eisteddfod Genedlaethol Bro
Dinefwr 1996, y mae'n deisyf am wroldeb Owain Glyndŵr a
grym y Brenin Arthur i frwydro ymlaen i ddiogelu'r
dreftadaeth ym mhlwyf Mynachlog-ddu. Dyma blwyf
Thomas Rees, Carnabwth, hefyd, y gwron di-dderbyn-wyneb
a arweiniodd y fintai leol i chwalu tollborth gyfagos Efail-wen
ar ddechrau Terfysgoedd Beca yn y bedwaredd ganrif ar
bymtheg. Er gwaethaf y brwydro yn erbyn y llif y mae modd
dyheu am fuddugoliaeth; a dywed yn ei englyn cofiadwy 'Beca
1989' ar achlysur dathlu chwalu'r glwyd gyntaf yn Efail-wen:

Ond er bod SOLD ar ddoldir
Ysbryd Twm sy biau'r tir.

Ni all y bardd ychwaith beidio â chanu i enwogion ardal ei
gynefin. Ymhlith ei gerddi mwyaf teimladwy y mae ei gyfres
o benillion 'Er Cof' a gyfansoddwyd ar ffurf Englynion y
Beddau wedi eu cynganeddu, i goffáu Tonwen Adams a
laddwyd mewn damwain erchyll ar Sgwâr y Glandy ym mis
Awst 1991. Yr oedd Tonwen yn un o bileri'r ardal, yn
athrawes Ysgol Sul, yn gyn-athrawes yr ysgol leol, yn
flaenllaw gyda gweithgareddau'r Urdd, a llawer mwy. Yr oedd

hi newydd gael ei derbyn yn aelod o Orsedd y Beirdd hefyd fel
cydnabyddiaeth o'i llafur diflino yn y filltir sgwâr. Naws
personol iawn sydd i'r 'englynion' gyda chyffro a thynerwch
yn y mynegiant. Dyma'r diweddglo:

> Piau'r bedd ar lan Cleddau?
> Un o'r praidd, un o'r gwreiddiau.
> Piau'r Awr? Un sy'n parhau.

Y mae Wyn Owens, yr un fath â'r rhan fwyaf o feirdd Sir
Benfro, o ran hynny, yn defnyddio amrywiaeth mawr o
fesurau i fynegi ei brofiadau. Ymhlith ei ffurfiau niferus y
mae'r cywydd, yr hir-a-thoddaid, englynion o bob math, y
mesur-tri-thrawiad, yr awdl, *vers libre*, (cynganeddol a
digynghanedd), sonedau (llaes a thraddodiadol), y delyneg,
tribannau a thrioledau. Y mae Wyn yn diwtor dosbarthiadau
nos i ddysgu Llydaweg i oedolion a throsodd rai cerddi o'r
iaith honno i'r Gymraeg – dwy ohonynt ar gynghanedd. Diau
iddo arfer â disgyblaeth o'r cychwyn cyntaf. Y mae ei ddarnau
cynharaf bron yn ddieithriad naill ai yn gerddi cynganeddol
neu yn sonedau. Clywais ef yn dweud fod mynd ati i
gyfansoddi ar ryw ffurf neu fesur arbennig yn fwy o her iddo
yn aml na'r testun ei hun. Yr oedd arfer â disgyblaeth yn rhan
o'i brentisiaeth fel bardd. Pan ddaeth Eisteddfod
Genedlaethol Urdd Gobaith Cymru i Fro'r Preseli yn 1995 fe
ysgrifennodd Wyn ddarn i gyfarch yr Ŵyl ar fesur
Tawddgyrch Cadwynog! Ymarfer ei ddawn a chael hwyl ar
chwarae â geiriau oedd y cyfan.

Y mae crefft y bardd yn bwysig i Wyn a lluniodd rai cerddi
ar ffurf un trosiad neu ddelwedd estynedig. Y ddyfais hon a
ddefnyddir yn ei gywydd 'Y Bardd Gwlad' – cywydd
buddugol Eisteddfod Genedlaethol Aberystwyth 1992.
Cywydd ydyw sy'n disgrifio'r amaethwr wrth ei waith-bob-
dydd yn nhermau rhai o fesurau Cerdd Dafod. (Rwy'n cofio
Wyn yn dweud rywdro fod y ffaith fod rhai beirdd gwlad o
safon fel Alun Cilie a Dic Jones yn amaethwyr hefyd yng
nghefn ei feddwl wrth fynd ati i gyfansoddi'r cywydd). Dyma
ddarn byr i ddangos ei grebwyll:

I'w lain bu'n cywain sawl cân,
Tresi aur odlau'r ydlan.
O'r rhos bu'n seinio soned,
O'i grofft rhoes bennill i'w gred.

Y mae'n gywydd crefftus iawn, wedi ei saernïo'n gywrain, a
llwyddwyd i gyplysu byd yr amaethwr a byd y bardd yn un
ddelwedd estynedig o'r dechrau i'r diwedd. Y ddelwedd
estynedig a ddefnyddir hefyd yn y cywydd 'Gair o Groeso i
Eisteddfod Genedlaethol yr Urdd Bro'r Preseli 1995'. Y mae'r
bardd yn ei ddull dyfeisgar yn uniaethu nodweddion y tirlun
â rhai o brif weithgareddau'r Ŵyl a brithir y cywydd â
chwpledi trawiadol fel

Onnen Sbaen ar daen dros dir
Yn fedal am wddw'r feidir...

Onid Onnen Sbaen a'i chadwyni aur ẏn hongian rhwng ei
changhennau yw un o'r coed amlycaf a mwyaf niferus sy'n
blodeuo ar gloddiau gogledd Sir Benfro yn yr haf?

Dyfais arall a ddefnyddir gan Wyn Owens yn ei
farddoniaeth weithiau yw datblygu syniad, neu ymateb i
wrthrych penodol, i fagu ystyr ehangach ag iddo arwyddocâd
symbolaidd. Y ddyfais neu'r dechneg hon a ddefnyddir yn y
gerdd vers libre cynganeddol 'Y Ffynnon' (un o'i ddarnau
gorau) a cherdd a enillodd iddo'r wobr yn Eisteddfod
Genedlaethol Bro Delyn 1991 am gerdd ddi-odl ar
gynghanedd. Yn y paragraff agoriadol mae'n sôn amdano ef ac
un o'i gyfoedion yn yr ysgol yn mynd i gyrchu dŵr o ffynnon
gyfagos:

Ar ein taith uniaith yno
Ac yn ôl, ein hegni oedd
Egni cynnwrf egin cynnar.

Ond y mae taith y ffynnon yn symbol hefyd o barhad yr iaith
Gymraeg yn y parth hwn o Ddyfed. Ysywaeth, mae'r darlun
wedi newid yn yr ail baragraff:

Mae gennyf frith gof am gnaf o Fawrth gaeafol
A ddaeth am dro i briddo breuddwyd
Ac ysigo daffodil.

Dyfodiad estroniaid i'r ardal yw'r bwgan dinistriol; a dywed
yn y diweddglo:

Ac yn helaeth, gwenoliaid
Gorffennaf sydd ger y ffynnon
Heddiw a'u trem ar hedd y trumau.

Y twristiaid ('Saeson hinon ha', chwedl Gwilym R. Tilsli)
sydd biau'r dydd bellach. Onid yw'r ffynnon y mae Waldo yn
galw arnom i'w chadw 'rhag y baw' yn ei gerdd 'Preseli', y
ffynnon sy'n cynrychioli gwerthoedd diwylliannol a
chymdogol y fro, wedi ei llygru eisoes? Y mae'n gerdd
gyfoethog a chyforiog ei symbolaeth, cerdd sy'n garthasis o'r
syniadau fu'n corddi'r bardd am hydoedd cyn iddo ei
hysgrifennu, a cherdd sy'n dangos cryn feistrolaeth ar
gyfrwng y *vers libre* cynganeddol.

Gellid trafod yn helaeth hefyd ei ddefnydd o dafodiaith
bro'r Preseli mewn rhai o'i gerddi. Fe aeth i'r afael hefyd ag
un o'r cyfryngau mwyaf anodd ym maes prydyddiaeth sef
ysgrifennu cerddi mewn tafodiaith ar gynghanedd. Gan fod
Wyn yn arlunydd hefyd, yn canolbwyntio'n bennaf ar fyd
natur a'r bywyd llonydd yn ei gynefin, gellid ymdrin â'r
berthynas sy'n bodoli rhwng y ddwy gelfyddyd. 'Mae
barddoniaeth ac arlunio yn agos iawn at ei gilydd,' meddai.
'Rwy'n gweld llun mewn cerdd yn aml iawn. Y cyfrwng sy'n
wahanol.' Y mae'r olygfa o elyrch ar y llyn ym Mhenclacwydd
yn y gerdd *vers libre* cynganeddol 'Darlun' (yn ogystal â'r
myfyrdod sy'n deillio o'r olygfa); a hefyd y disgrifiad
synhwyrus o adfail Pensarn yn awdl 'Y Cwm' gystal
enghreifftiau â dim o ddawn y bardd i osod darluniau yn
nychymyg y darllenydd. Ni fyddai trafodaeth ar farddoniaeth
Wyn Owens yn gyflawn ychwaith heb sôn am ei gerddi
cyfarch i aelodau'r teulu. Y mae i'w awen ogwydd
cymdeithasol yn ogystal â nodyn personol. Dywed Wyn fod

llunio englynion a chywyddau cyfarch i'r teulu agos ar achlysur priodas neu ddathlu pen-blwydd yn rhoi gwefr fawr iddo. Dyma ddyfynnu un englyn o'r gyfres 'Ifan' i ddangos sioncrwydd ei awen wrth ymateb i fyd y plentyn:

A'th ddiléit, wyt athletwr – ymhob dim,
 Heb daw, wyt bencampwr.
Er dy oed, wyt bêl-droediwr
Solet, ac fe heriet ŵr.

Clywsom ddweud fod rhai beirdd yn gynnyrch traddodiad barddol rhyw ardal arbennig, neu yn gynnyrch Eisteddfod Genedlaethol yr Urdd, a hyd yn oed yn gynnyrch y rhaglen Sêr y Siroedd ar y radio ers talwm. Ond efallai mai cystadlu ar Dalwrn y Beirdd oedd y prif sbardun i Wyn Owens gymryd ei grefft o ddifri yn ystod ei gyfnod cynnar fel bardd. Rwy'n cofio Talwrn Bach y papurau bro yn cael ei gynnal yn Llandysilio. Cystadleuaeth oedd hi rhwng beirdd dalgylch *Clebran, Y Llien Gwyn* a'r *Cardi Bach*. Trefnwyd Rownd I o fewn cylch y papurau bro i ddewis y goreuon ar gyfer yr ornest fawr; a gofynnwyd i mi dafoli ymdrechion beirdd *Clebran*. Un o'r tasgau oedd llunio cwpled yn cynnwys y gair 'Ionawr'. Ar fy llw, y diwrnod cyn y dyddiad cau dyma Wyn yn dod i'm gweld â ffeil daclus yn ei law. Yr oedd wedi cyfansoddi cwpled cynganeddol ar gyfer *bob dydd* o'r mis gyda help *Almanac y Teulu*. Awdl o gyfansoddiad, – ac nid oedd yn eu plith yr un cwpled talcen slip ychwaith.

Ateb y dasg o lunio cwpled yn cynnwys y gair 'ffôn' a ysgogodd un o'i gwpledi mwyaf cofiadwy ar Dalwrn y Beirdd:

Y ffôn sy'n pontio'n ffiniau
 Yw'r ffôn all eto'n pellhau.

Dyma fynegi gwirionedd sy'n siarad drosto'i hun. Rwy'n siŵr hefyd fod gan bob bardd ei ffefrynnau o blith ei gerddi ei hun. Y mae Wyn o'r farn (ac rwy'n cytuno'n llwyr) fod ei gerdd gynganeddol 'Ar y Trên' yn un o'i gyfansoddiadau mwyaf llwyddiannus. Cerdd ydyw i'r Cardi Bach, y trên oedd yn siwrneio ei ffordd rhwng Hendy-gwyn ac Aberteifi ers talwm

cyn i fwyell Beeching ddisgyn ar nifer o'r rheilffyrdd yn
chwedegau'r ganrif ddiwethaf. Un o gystadlaethau Talwrn y
Beirdd a ysgogodd y gerdd hon hefyd a dyma dri phennill
ohoni:

> Yn rhydd drwy elltydd Taf i Lanfallteg,
> Union ei dwc yn ei fynd a dod.
> Llinyn y daith yn clymu cymdeithas
> A darn o'r bryniau mewn cerbydau'n bod.
>
> Gwelaf eilwaith ger Gwâl-y-filiast
> Y glyn yn hydrefu'n fud, a rhwng
> Ei afflau o liw y ceffyl haearn
> Ar ben yr awr ac yn fawr ei fwng.
>
> O glwyd i glwyd, a dyma Langlydwen,
> Tawel ei lun yn cyrcydu'n y cwm.
> Pa freuddwyd? Pa arswyd pan welaf orsaf
> Heno dan fwgwd o rwd mor drwm?

Cerdd yn ymwneud ag amser yw hi – y bardd yn dychmygu
gweld y trên yn teithio heddiw drwy'r gorsafoedd sydd wedi
cau, a cherdd sydd hefyd yn cyferbynnu doe a heddiw yn
Nyffryn Taf. Rwy'n cofio hefyd am Gerallt Lloyd Owen yn
dweud yn ei sylwadau ar y radio fod y disgrifiad o fwg yr injan
fel mwng ceffyl yn ei atgoffa o ddawn Tudur Aled yn ei
gywydd 'Gofyn March'. Erbyn hyn, fodd bynnag, mae Wyn yn
teimlo fod cystadlu ar y Talwrn yn tueddu i lyffetheirio ei
awen ac yn peri iddo lusgo syniadau at y testunau gosod. Un
o wendidau cystadlu! Eto i gyd, ar gyfer Talwrn yr Ŵyl Gerdd
Dant yn Hendy-gwyn y lluniodd ei englyn delweddol cadarn
ar y testun 'Telyn':

> O lwyfan y mewnlifiad – dwy alaw
>   O'r delyn sy'n dŵad:
>   Alaw hen ein diflaniad
>   Ac alaw praw' o'n parhad.

Y mae mwy na chyferbynnu yn yr englyn uchod.

Thema arall sy'n digwydd yn gyson ym marddoniaeth Wyn
Owens yw'r ddeuoliaeth sy'n rhan o'r natur ddynol. Mae'n

gweld y ddeuoliaeth sydd mewn ardal, mewn cymdeithas, ac yn bennaf oll y ddeuoliaeth sy'n rhan o'i bersonoliaeth ef ei hun. Dywed yn esgyll ei englyn i Ysgol y Preseli, un o'r englynion o waith beirdd y gymdogaeth a gerfiwyd ar lechen y tu allan i Neuadd y Farchnad yng Nghrymych:

> Mae cyfoeth, nerth a noethni
> Y Frenni Fawr ynof i.

(Y Frenni Fawr yw'r mynydd sy'n wynebu iard Ysgol y Preseli). Onid Sir Benfro hefyd yw un o'r lleoedd amlycaf i weld y ddeuoliaeth gymdeithasol sy'n rhan o'i thirwedd? Mae'n wir fod y ffin ieithyddol a elwir yn *landsker* wedi gwahanu'r Benfro Gymraeg yn y gogledd a'r Benfro Saesneg yn y de oddi ar y ddeuddegfed ganrif ac yn dal i fodoli i raddau helaeth hyd y dydd heddiw. Y mae dyfroedd afonydd Cleddau Wen yn y gorllewin a Chleddau Ddu yn y dwyrain hefyd yn cofleidio rhannau helaeth o'r sir ar eu ffordd i ymuno â'i gilydd i ffurfio culfor eang y Daugleddau yn nhiriogaeth y de. Gweld teulu Cymraeg yn symud o ogledd y sir i fyw yn un o ardaloedd y de ac yn codi'r plant yn uniaith Saesneg a symbylodd Wyn i gyfansoddi'r englyn 'Sir Benfro':

> Dwy lef sydd yn dylifo'n ddwy afon
> Ddwfwn drwy Shir Bemro
> Yw Cledde'r cywilyddio
> A Chledde'r cartre a'r co'.

Llyfryddiaeth

Cyfansoddiadau a Beirniadaethau Eisteddfod Genedlaethol Bro Delyn 1991.
Cyfansoddiadau a Beirniadaethau Eisteddfod Genedlaethol Aberystwyth 1992.
Alan Llwyd (gol.), *Barddas* (casgliad o gerddi), Gorffennaf/Awst 1993.
Iwan Llwyd, Myrddin ap Dafydd (gol.), *Cywyddau Cyhoeddus*, Carreg Gwalch, 1994.
Gerallt Lloyd Owen (gol.), *Pigion Talwrn y Beirdd*, Gwasg Gwynedd, 1994.
Eirwyn George (gol.), *Blodeugerdd y Preselau*, Cyhoeddiadau Barddas, 1995.
Cyfansoddiadau a Beirniadaethau Eisteddfod Genedlaethol Bro Dinefwr 1996.
Myrddin ap Dafydd (gol.), *Cywyddau Cyhoeddus 2*, Carreg Gwalch, 1996.
Elwyn Edwards (gol.) *Angel a Thinsel*, Cyhoeddiadau Barddas, 1996.